职业教育汽车类专业"互联网+"创新教材

汽车电气设备构造与维修

主　编　刘淑军　路进乐
副主编　杨一楠　闫江川
参　编　张立恒　李沂轩　崔彦辉　王彦伟
主　审　智刚毅

机械工业出版社

本书根据汽车维修行业职业需求、岗位要求以及"1+X"技能等级证书鉴定标准组织教材内容，采用"行动导向、任务引领、学做结合、理实一体"的原则进行教学任务设计，突出体现了以学生为主体，并在教材内容中有机融入了"课程思政"，实现了"课程思政"与"技能培养"的有机融合。

本书主要内容包括：汽车电气设备的认知和常用诊断工具的使用、电源系统的检修、起动系统的检修、照明及信号系统的检修、仪表和报警装置的检修、辅助电气设备的检修、空调系统的检修、汽车电路图的识读与分析共八个学习项目。

本书可作为中等职业学校汽车类专业教材，也可供汽车维修行业人员参考。

为方便教学，本书配有电子课件和课后习题答案，凡选用本书作为授课教材的教师均可登录 www.cmpedu.com，以教师身份注册后免费下载。

图书在版编目（CIP）数据

汽车电气设备构造与维修/刘淑军，路进乐主编. —北京：机械工业出版社，2021.8（2025.8 重印）

职业教育汽车类专业"互联网+"创新教材

ISBN 978-7-111-68981-2

Ⅰ.①汽⋯ Ⅱ.①刘⋯ ②路⋯ Ⅲ.①汽车-电气设备-构造-职业教育-教材②汽车-电气设备-车辆修理-职业教育-教材 Ⅳ.①U472.41

中国版本图书馆 CIP 数据核字（2021）第 169322 号

机械工业出版社（北京市百万庄大街 22 号　邮政编码 100037）

策划编辑：曹新宇　责任编辑：曹新宇

责任校对：郑　婕　封面设计：马精明

责任印制：单爱军

北京盛通数码印刷有限公司印刷

2025 年 8 月第 1 版第 5 次印刷

210mm×285mm・17.75 印张・334 千字

标准书号：ISBN 978-7-111-68981-2

定价：58.00 元

电话服务	网络服务
客服电话：010-88361066	机 工 官 网：www.cmpbook.com
010-88379833	机 工 官 博：weibo.com/cmp1952
010-68326294	金 　书 　网：www.golden-book.com
封底无防伪标均为盗版	机工教育服务网：www.cmpedu.com

前言

为全面贯彻落实国务院印发的《国家职业教育改革实施方案》，为我国经济社会发展提供有力的人才和智力支撑，编者遵循"知行合一"的教学理念，充分借鉴"双元制"先进职业教学模式，根据职业教育的教学特点，以提高学生的职业能力和职业素养为宗旨，在进行广泛的企业、行业调研的基础上编写了本教材。编者在教材编写中，坚持把"立德树人"贯穿到教学任务设计的各个环节，秉承"专业技能来源于实践、服务于社会"的原则，把"学好技能、成就自己、服务社会、报效国家"的思想融入整个教材的编写过程，着重培养学生安全意识、环保意识、团队协作能力和精益求精的工匠精神，体现了课程思政的灵魂，实现了课程思政与技能培养的有机融合。

本书根据汽车维修行业职业需求和岗位要求，依据汽车维修行业的能力标准和"1+X"证书技能等级鉴定标准组织其内容，采用"行动导向、任务引领、学做结合、理实一体"的原则进行教学任务设计，突出体现了以学生为主体，强调学生在做中学，实现了理实一体化教学模式。

随着时代的发展，本书及时将新技术、新工艺、新规范纳入教学内容，强化了学生实习实训内容，并配套开发信息化资源，适应了"信息化+职业教育"的发展需求，运用现代信息化技术改进教学方式方法。本书主要内容包括：汽车电气设备的认知和常用诊断工具的使用、电源系统的检修、起动系统的检修、照明及信号系统的检修、仪表和报警装置的检修、辅助电气设备的检修、空调系统的检修、汽车电路图的识读与分析共八个学习项目。

本书由刘淑军、路进乐担任主编，杨一楠、闫江川担任副主编，智刚毅担任主审，张立恒、李沂轩、崔颜辉、王彦伟参编。具体编写分工如下：李沂轩编写了项目一、项目二；张立恒编写了项目三、项目四；杨一楠编写了项目五、项目六部分内容；闫江川编写了项目七部分内容；刘淑军编写了项目八；崔颜辉编写了项目七部分内容；王彦伟编写了项目六部分内容。

由于编者水平有限，书中难免有不妥之处，敬请读者批评指正。

编 者

二维码索引

名称	二维码	所在页码	名称	二维码	所在页码
1 解体发电机		35	6 盆形电喇叭结构		92
2 直流电动机工作原理		51	7 喇叭继电器控制电路		92
3 滚柱式单向离合器工作原理		53	8 电磁式燃油表		100
4 带保护继电器的起动电路原理图		61	9 电动刮水器		120
5 电容式闪光继电器原理图		90	10 电动座椅		163

目 录

前言
二维码索引
项目一　汽车电气设备的认知和常用诊断工具的使用 ………………………………………… 1
　　任务一　汽车电气设备的认知 ……………………………………………………………… 2
　　任务二　汽车电气电路常用诊断工具的使用 ……………………………………………… 7
项目二　电源系统的检修 ………………………………………………………………………… 14
　　任务一　蓄电池的使用与维护 ……………………………………………………………… 15
　　任务二　交流发电机的检修 ………………………………………………………………… 28
　　任务三　电压调节器的检测 ………………………………………………………………… 39
项目三　起动系统的检修 ………………………………………………………………………… 47
　　任务一　起动机的拆检 ……………………………………………………………………… 48
　　任务二　点火开关起动式起动系统电路故障诊断 ………………………………………… 59
　　任务三　一键起动式起动系统电路故障诊断 ……………………………………………… 65
项目四　照明及信号系统的检修 ………………………………………………………………… 71
　　任务一　汽车照明系统的识别 ……………………………………………………………… 72
　　任务二　汽车照明电路的检修 ……………………………………………………………… 75
　　任务三　汽车信号装置的检修 ……………………………………………………………… 88
项目五　仪表和报警装置的检修 ………………………………………………………………… 97
　　任务一　汽车仪表装置的检修 ……………………………………………………………… 98
　　任务二　汽车报警装置的检修 ……………………………………………………………… 108
项目六　辅助电气设备的检修 …………………………………………………………………… 118
　　任务一　风窗刮水洗涤装置的检修 ………………………………………………………… 119
　　任务二　中控门锁的检修 …………………………………………………………………… 127
　　任务三　电动车窗的检修 …………………………………………………………………… 135
　　任务四　电动天窗的检修 …………………………………………………………………… 145
　　任务五　电动后视镜的检修 ………………………………………………………………… 156
　　任务六　电动座椅的检修 …………………………………………………………………… 162

任务七　汽车倒车辅助装置的检修 …………………………………………………… 167

项目七　空调系统的检修　173
　　任务一　汽车空调系统的认知 …………………………………………………………… 174
　　任务二　制冷系统部件的检修 …………………………………………………………… 180
　　任务三　制冷系统工作状态的检查 ……………………………………………………… 197
　　任务四　制冷剂的加注 …………………………………………………………………… 204
　　任务五　制冷系统常见故障的诊断与排除 ……………………………………………… 209
　　任务六　汽车自动空调系统的认知 ……………………………………………………… 214

项目八　汽车电路图的识读与分析　223
　　任务一　汽车电路的认识 ………………………………………………………………… 224
　　任务二　汽车电路图形符号的识别 ……………………………………………………… 234
　　任务三　汽车电路图的识读 ……………………………………………………………… 245
　　任务四　汽车 CAN 数据总线的认识 …………………………………………………… 253

附录　捷达轿车电路图　264

参考文献　277

项目一　汽车电气设备的认知和常用诊断工具的使用

项目目标

通过对本项目的学习，学生能够：

1. 了解汽车电气设备的现状及其发展趋势；
2. 掌握汽车电气设备的基本组成、分类和特点；
3. 了解汽车电气设备故障诊断的方法和步骤；
4. 掌握汽车电气设备检测工具的使用方法。

任务一 汽车电气设备的认知

任务目标

1. 理论目标
掌握汽车电气设备的基本组成、分类及其特点，了解电子技术在汽车上的应用现状和发展趋势。

2. 技能目标
能够正确指认汽车主要电气设备的型号、额定工作电压、安装位置和搭铁方式，能够正确指认灯光系统和信号装置的种类、数量、颜色和控制开关；能够结合电路图分析电路的特点及其组成。

3. 素养目标
养成积极主动的学习态度；严格遵守岗位操作规程，确保工具、设备和自身的安全；具有良好的团队协作精神和较高的组织沟通能力；树立"6S"的管理理念。

任务准备

随着现代电子技术的发展，电子电气装置在汽车上得到了日益广泛的应用。汽车电气设备在汽车上所占的比重已经超过30%，是汽车重要的组成部分。

现代汽车电气系统一般包括电源和用电设备。

一、汽车电气系统的基本组成（图1-1）

1. 电源系统
汽车电源系统包括蓄电池、发电机及其电压调节装置。

2. 用电设备

（1）起动系统　起动系统用于起动发动机，主要包括起动机和控制电路。

（2）照明信号系统　照明系统用于提供车辆夜间安全行驶必要的照明，包括车外照明和车内照明；信号系统用于提供安全行车所必需的信号，包括音响信号和灯光信号。

（3）仪表及报警系统　仪表及报警系统用来监测发动机及汽车的工作情况，使驾驶人能够通过仪表及报警系统装置及时得到发动机及汽车运行的各种参数及异常情况，确保汽车正常地运行。

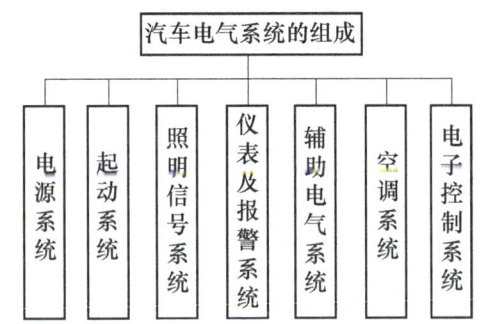

图1-1 电气系统的组成

（4）辅助电气系统　辅助电气系统主要包括车辆的电动车窗、电动后视镜、风窗刮水器、电动座椅、电动天窗和中控门锁等电气设备，其作用是减轻驾驶人的驾驶强度，提高驾驶及乘坐的舒适性。

（5）空调系统　空调系统用于保持车内适宜的温度和湿度，使车内空气清新。主要包括制冷、供暖、通风和空气净化等装置。

（6）电子控制系统　电子控制系统主要包括电控燃油喷射系统、电控点火系统、电控自动变速器、制动防抱死装置和电控悬架系统等。

二、汽车电气系统的特点

1. 低压直流电

汽车电气设备采用直流电源供电。汽油车电气设备普遍采用12V直流电源供电，柴油车电气设备多采用24V直流电源供电。汽车上的起动机工作时由蓄电池提供直流电源，发电机输出直流电给蓄电池充电。

2. 并联单线

汽车各电气设备均采用并联连接（图1-2），蓄电池与发电机之间以及所有用电设备之间都采用正极接正极，负极接负极。

单线制是指从电源到用电设备只用一根导线连接，另一根用车身金属部分来代替作为电器回路的方式，该种导线连接方式节省导线，电路简化清晰，安装检修方便，电气设备不需要与车体绝缘，所以现代汽车电气设备普遍采用单线制（图1-3）。

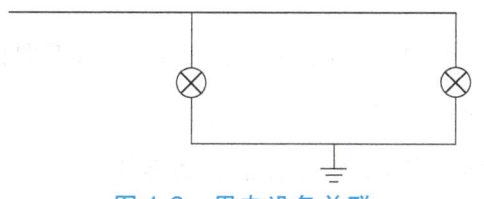

图1-2　用电设备并联

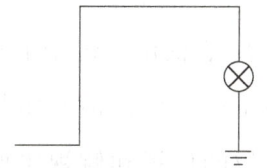

图1-3　单线制电气设备

3. 两个电源

两个电源是指车上的蓄电池和发电机，如图1-4所示。

4. 负极搭铁

汽车电气设备采用单线制连接时，蓄电池的负极接到车架或车身上，故称为负极搭铁。汽车的底盘及发动机是由金属制造的，具有良好的导电性能，因此，汽车电气设备的负极直接或间接通过导线与车架或车身金属部分相连，即用汽车的金属机体作为一

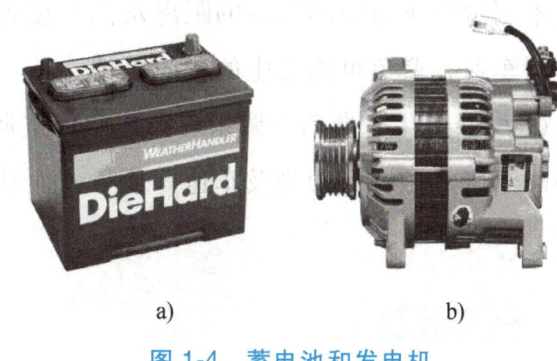

图1-4　蓄电池和发电机

a）蓄电池　b）发电机

条公共的与电源负极相连的导线。

三、现代汽车电气设备的现状及趋势

1. 电子技术在汽车上的应用

（1）发动机系统　电子技术在发动机系统中主要应用在电控燃油喷射系统、怠速自动控制系统、废气再循环系统和电子点火系统。

（2）电控自动变速器　根据行驶路况改变换档规律（如经济模式、运动模式、动力模式）。

（3）电控悬架　根据不同的路况改变悬架的弹性系数、减振器的阻尼系数和车身高度。

（4）防抱死制动系统、驱动防滑控制系统　最大限度地利用路面上的附着系数，使车辆在制动和起步、加速过程中，避免"滑拖"和"滑转"。

（5）电控动力转向系统　当汽车在中高速区域转向时，既能提供最优的动力放大倍率，又能保证稳定的转向手感，提高了高速行驶的操纵稳定性。

（6）自动空调系统　自动空调系统能够根据驾驶人所设定的温度，不断地检测车内外温度，进行自动调节，保持车内的温度和湿度在最佳范围内。

（7）车载信息系统　车载信息系统是运用计算机、卫星定位、通信、控制等技术提供安全、环保及舒适性等功能和服务的汽车电子设备。

2. 汽车电子技术的应用趋势

（1）信息化　传统的车速里程表、发动机转速表、燃油表已远不能显示需要的信息，倒车镜、后视镜使用起来也不方便，传统的"三表"可能集体淘汰，取而代之的是全方位的后视和侧视摄像头，以及一块集网络、诊断和数字显示功能于一体的触摸式液晶屏幕。信息化的另一个应用是车载动态信息系统，将集成已有的道路自主导航、电子地图、车辆定位动态显示和轨迹回放等技术。

（2）安全性　新的发展方向是主动安全性。通过采用雷达、光学和超声波传感器等技术测量汽车与周围物体的距离及汽车接近物体时的速度。该数据可用于提醒驾驶人控制车速，避免可能发生的碰撞事件。

（3）舒适化　自动空调系统和智能化空调系统根据乘员设定的温度，自动搜集车内外的温度、湿度、阳光及车速等信号，而获得空调运行最佳的模式，并且随时自动调节。

任务计划

通过课前预习，分组讨论，制订任务计划，填入表1-1中。

项目一　汽车电气设备的认知和常用诊断工具的使用

表 1-1　任务计划表

工具及设备准备			
任务实施流程	检修项目	操作步骤	检修主要内容
	就车指认汽车主要电气设备	识别蓄电池型号、额定电压及安装位置	
		识别发电机型号、额定电压及安装位置等	
		识别起动机型号、额定电压及安装位置等	
	就车指认汽车照明和信号系统	识别照明系统的种类和数量	
		识别信号系统的种类和数量	
	汽车电路特点的分析	指认由哪几个电路组成	
		指认电路的特点	
		指认用电设备——照明灯的电源种类	

任务实施

按照下列要求，结合桑塔纳 2000 电路实验台（或教学实习用车）按系统进行操作，观察。

一、就车指认汽车主要电气系统

指认蓄电池、发电机、起动机的型号及额定电压、安装位置、搭铁极性及搭铁位置，填入表 1-2 中。

表 1-2　汽车电源、起动机特征识别

名称	型号	额定电压	搭铁极性	搭铁位置	安装位置
蓄电池					
发电机					
起动机					

二、就车指认汽车照明和信号系统

指认照明系统、信号装置的种类、数量和颜色，控制开关的名称，填入表 1-3 中。

表 1-3　汽车照明、信号装置识别

名称	示宽灯	前照灯	转向信号灯	制动灯	倒车信号灯	电喇叭
数量						
颜色						
控制开关名称						

三、分析电路图

分析图1-5的含义，填写表1-4。

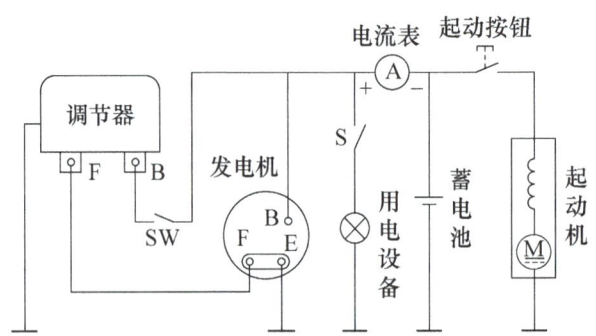

图1-5　汽车电气设备连线示意图

表1-4　汽车电路特点的分析

序号	回 答 内 容
1	该电路图由哪几个电路系统组成？
2	在本电路中，起动机、蓄电池、发电机、电压调节器的接线有何共同点？
3	电路中用电设备——照明灯，可用哪些设备作为它的电源？

任务测评

按照表1-5的要求对本次任务的完成情况进行任务测评。

表1-5　任务测评表

评价项目		评 价 标 准	配分	得分
专业知识技能	40分	能够描述汽车电气设备的组成	10	
		能够描述汽车电气系统的功用	10	
		能够描述汽车电气设备的基本特点	10	
		能够描述汽车电气设备的发展趋势	10	
任务完成情况	40分	任务完成的情况（圆满完成、基本完成、未完成）	15	
		任务完成的质量（优秀、良好、不及格）	15	
		在小组完成任务过程中所起的作用（主要、协助、未参与）	10	
职业素养	20分	能够积极主动参与学习	10	
		能够与小组成员团结协作	5	
		能够服从工位安排，执行实训室"6S"的管理规定	5	
综合评议				

任务练习

1. 汽车电气设备系统由_____和_____两部分组成。
2. 汽车用电设备由_____、_____、_____、_____、_____和_____六个系统组成。
3. 汽车电气系统具有_____、_____、_____和_____的特点。
4. 汽车电子技术在汽车上的应用有_____、_____和_____的趋势。

任务二　汽车电气电路常用诊断工具的使用

任务目标

1. 理论目标

了解汽车电气电路常用诊断工具的名称,掌握汽车电气系统的故障种类,熟知电气系统故障检测的流程。

2. 技能目标

掌握检测工具的使用方法,掌握检测汽车电气系统故障的两种方法。

3. 素养目标

养成积极主动的学习态度,严格遵守岗位操作规程,确保工具、设备和自身的安全,具有良好的团队协作精神和较高的组织沟通能力,树立"6S"的管理理念。

任务准备

一、汽车电气系统故障的种类

1. 电气设备故障

电气设备故障包括机械损坏、烧毁,电子元件击穿、老化等。

2. 电路故障

电路故障包括短路、断路、接触不良或绝缘不良。

二、汽车电气系统故障检修的流程

汽车电气电路的故障主要由零部件质量差与老化、装配安装质量差、使用不当、环境因素等原因引起的。为了提高工作效率,迅速排除故障,故障检修应该遵循的流程,如图1-6所示。

三、汽车电气系统故障诊断的常用方法

1. 直观法

当汽车电气系统某个部分发生故障时，会出现冒烟、火花、异响、焦臭和高温等异常现象。通过人体的感觉器官，对汽车电器进行直观检测，判断出故障的所在部位，提高了检修速度。

2. 检查熔丝法

当汽车电气系统出现故障时，首先应查看熔丝是否完好。如汽车在行驶过程中，若某个电器突然停止工作，同时该支路上的熔断器熔断，说明该支路有搭铁故障存在；某个系统的熔丝反复烧断，则表明该系统一定有类似搭铁的故障存在，应排除搭铁点故障后更换相同规格熔断器。

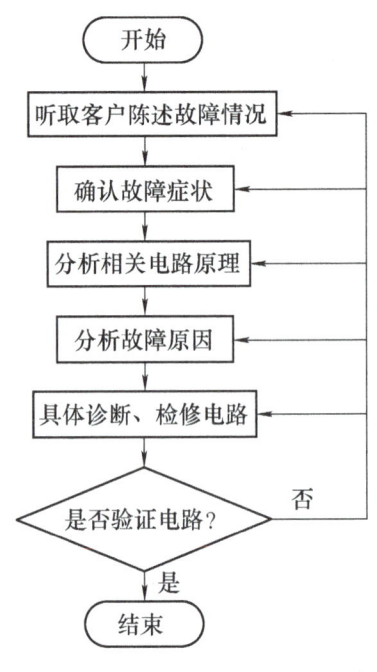

图 1-6　汽车电气系统故障诊断检修的流程

3. 低压搭铁试火法

低压搭铁试火法用于判断线束或导线有无断路。拆下用电设备的某一线头对汽车的金属部分搭铁碰试，根据火花的有无，判断是否断路。注意：试火不能用于检测汽车电子电路，以免损坏电子元件。

4. 试灯法

用一个汽车灯泡作为临时试灯，检测线束是否断路或短路，电器或电路有无故障等。此方法特别适合检测不允许直接短路的带有电子元件的电器。当使用试灯法时应注意试灯的功率不要太大，在测试电子控制器的控制（输出）端是否有输出时尤其要慎重，防止控制器超载损坏。

5. 短路法

短路法又叫作短接法，即将某段导线或某一电器短接后观察用电器的变化。

6. 替换法

替换法用于故障原因比较复杂的情况，对可能产生的故障原因逐一进行排除。具体的做法是：用完好的零部件替换被认为有故障的零部件，这样做可以试探出怀疑是否正确。若替换后故障消除，说明怀疑成立；否则，安装回原件，进行新的替换，直至找到真正的故障部位。

7. 模拟法

模拟法是对发生故障的条件模拟验证后，进行诊断故障。常见的模拟方法有：车辆振动模拟、热敏感性（温度）模拟（注意：不要将电气元件加热到60℃以上）、浸水模拟（注意：不得将水直接喷在电气元件上）、用电负载模拟、冷起动或热起动模

拟等。

8. 仪器法

随着汽车电气设备的日趋复杂，在维修中，特别是电子设备较多的车辆，使用专用的仪器是十分必要的。现代汽车上计算机控制系统越来越多，利用故障诊断仪读取故障码和数据流进行故障诊断非常快捷，能有效地缩小故障范围，甚至能直接完成故障定位。因此对于计算机控制系统的故障，应优先采用故障诊断仪的方法。

四、汽车电气系统检修时的注意事项

1）当拆卸蓄电池时，先拆下负极（-）电缆；当安装蓄电池时，最后连接负极（-）电缆。

2）当拆卸或安装元件时，应切断电源。

3）当更换烧坏的熔断丝时，用同规格的熔断丝。

4）无论好坏器件，都应轻拿轻放，避免其承受过大的冲击。

5）检修传统汽车电气故障时可用低压搭铁试火法判断故障的部位，而在装有电子设备的汽车上，不允许使用这种方法。

 任务计划

通过课前预习，分组讨论，制订任务计划，填写表1-6。

表1-6 任务计划表

工具及设备准备			
任务实施流程	检修项目	操作步骤	检修主要内容
	短路法检测电路、查找故障	用跨接线短路法找出故障原因	
	试灯法检测电路、查找故障	用试灯法找出故障原因	
	汽车专用数字式万用表的使用	进行信号频率、温度、点火线圈一次侧电路闭合角测试	
		进行频宽比、转速、起动机起动电流测试	
		对氧传感器、喷油器喷油脉宽进行测试	
	汽车故障诊断仪的使用	用汽车故障诊断仪对车辆进行故障码读取、清除操作	

 任务实施

一、用短路法检测电路故障

如图1-7所示，闭合开关，灯泡不亮，用跨接线短路法找出故障原因。

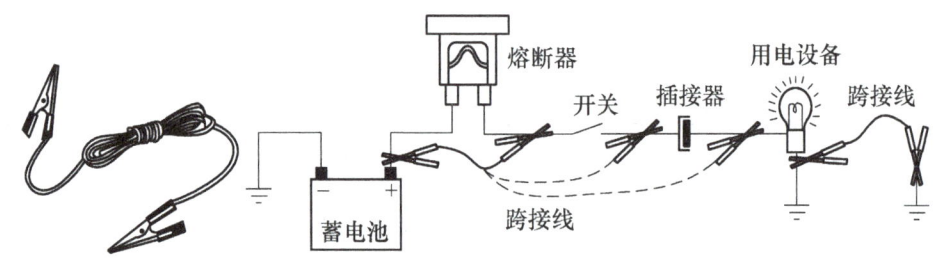

图 1-7　跨接线短路检测法

使用时注意：切勿将跨接线直接跨接在蓄电池的两端或蓄电池正极和搭铁之间。

二、用试灯法检测图 1-8 所示电路并且找出故障原因

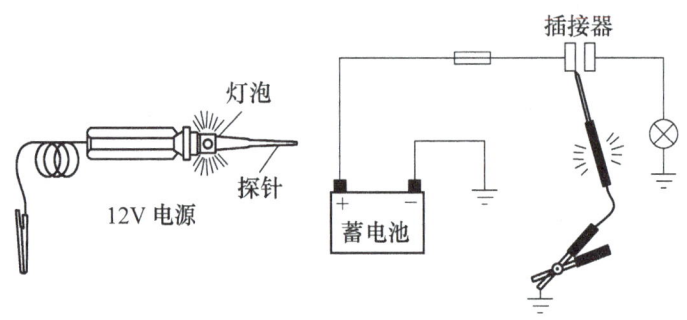

图 1-8　试灯检测法

三、汽车专用数字式万用表的使用与测量

汽车专用数字式万用表不但具有测量交直流电压与电流、电阻、频率、电容、占空比、温度、闭合角和转速的功能，而且具有自动断电、自动变换量程、模拟条图显示、峰值保持、数据锁定和电池测试等功能（图 1-9）。汽车专用数字式万用表配备有相应的检测附件，如热电偶适配器、热电偶探头、电感式拾取器及 AC/DC 感应式电流钳等。汽车专用数字式万用表的使用方法如下：

1. 信号频率的测试

测试项目选择开关置于频率（Freq）档，黑线（自汽车万用表搭铁插孔引出）搭铁，红线（自汽车万用表公用插孔引出）接被测信号线，显示屏显示被测频率。

2. 温度的检测

测试项目选择开关置于温度（Temp）档，按下功能按钮（℃／℉），黑线搭铁，探针线插头端插入汽车万用表温度测量插孔，探针端接触被测物体，显示屏显示被测温度。

3. 点火线圈一次侧电路闭合角的检测

测试项目选择开关置于闭合角（Dwell）档，黑线搭铁，红线接点火线圈负接线

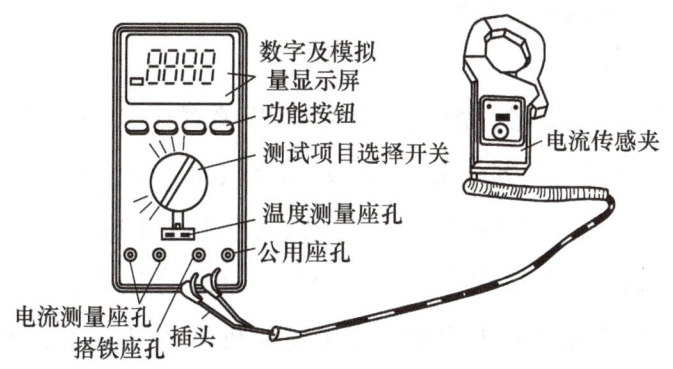

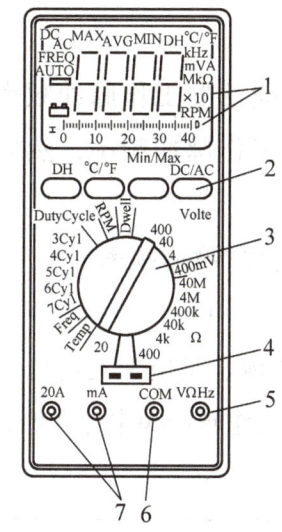

图 1-9 汽车专用数字式万用表

1—4 位数字及模拟量显示器　2—功能按钮　3—测试项目（功能）选择开关
4—测量温度插座　5—测量电压、电阻、频率、闭合角、
频宽比与转速公用插座　6—公共搭铁插座　7—测量电流插座

柱，发动机运转，显示屏显示点火线圈一次侧电路闭合角。

4. 频宽比的测量

测试项目选择开关置于频宽比（Duty Cycle）档，黑线搭铁，红线接电路信号，发动机运转，显示屏显示脉冲信号的频宽比。

5. 转速的测量

测试项目选择开关置于转速（r/min）档，将转速测量专用插头插入搭铁插孔与公用插孔中，感应式转速传感器（汽车万用表附件）夹在某一缸的高压点火线上，发动机运转，显示屏显示发动机转速。

6. 起动机起动电流的测量

测试项目选择开关置于"400V"档（1mV 相当于 1A 的电流，即用测量电流传感器电压的方法来测量起动机起动电流），把霍尔传感器夹在蓄电池正极导线上，其引线插头插入电流测量插孔，按下最小/最大功能按钮，拆下高压点火线，用起动机转动曲轴 2~3s，显示屏显示起动电流。

7. 氧传感器的测试

拆下氧传感器线束插接器，测试项目选择开关置于"4V"档，按下 DC 功能按钮，使显示屏显示"DC"，再按下最小/最大功能按钮，将黑线搭铁，红线与氧传感器相连；然后发动机以怠速（2000r/min）运转，使氧传感器温度达到 360℃ 以上。此时，如混合气浓，氧传感器输出电压为 0.8V；如混合气稀，氧传感器输出电压为 0.1~0.2V。当氧传感器温度低于 360℃ 时（发动机处于开环工作状态），氧传感器无电压输出。

8. 喷油器喷油脉宽的测量

测试项目选择开关置于频宽比档，测出喷油器工作脉冲频率的频宽比后，再将选择开关置于频率（Freq）档，测出喷油器的工作脉冲频率，然后按下面公式计算喷油器的喷油脉宽：

$$喷油脉宽 = 频宽比 / 喷油频率$$

9. 用万用表对整车电路实训台架（或教学用车）进行检测

用万用表测量蓄电池电压、起动机起动电流、蓄电池充电电流、发动机怠速时转速、冷却液温度、喷油器工作脉冲频率的频宽比、工作脉冲频率等数值，并且填写表 1-7。

表 1-7 万用表检测数值表

项目	蓄电池电压/V	起动电流/A	充电电流/A	发动机转速/(r/min)	冷却液温度/℃	喷油器频宽比（%）	喷油器工作频率/Hz
数值							

四、汽车故障诊断仪的使用

故障诊断仪通过数据通信线以串行的方式获得控制 ECU 的实时数据参数，包括故障信息、实时运行参数、控制 ECU 与故障诊断仪之间的相互控制指令。故障诊断仪有通用故障诊断仪和专用故障诊断仪两种，如图 1-10 和图 1-11 所示。

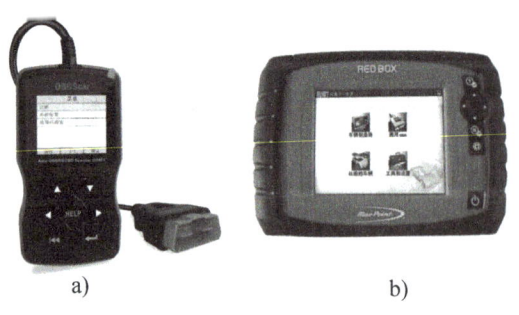

图 1-10 汽车通用故障诊断仪

a) OBD Scar 汽车诊断依据 b) RED BOX 汽车故障诊断仪（俗称为红盒子）

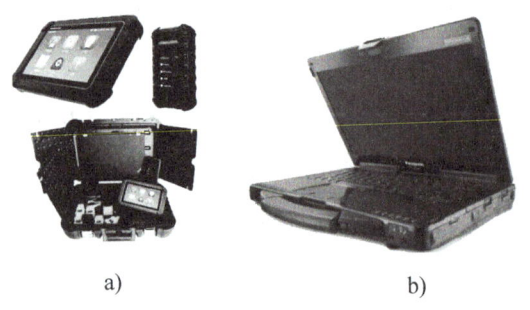

图 1-11 汽车专用故障诊断仪

a) 大众 宝马 别克 t6 专用故障诊断仪
b) 大众 奥迪 vas6 150b 专用故障诊断仪

通用故障诊断仪的主要功能包括 ECU 版本的识别、故障码的读取和清除、动态数据参数的显示、传感器和部分执行器的功能测试与调整、某些特殊参数的设定、维修资料及故障诊断提示、路试记录等。通用故障诊断仪测试的车型较多，使用范围较宽，与专用故障诊断仪相比，通用故障诊断仪无法完成某些特殊功能。

任务测评

按照表 1-8 对本次任务的完成情况进行任务测评。

表 1-8 任务测评表

评价项目		评价标准	配分	得分
专业知识技能	40 分	能使用短路法检查电路故障	10	
		能用试灯法检查电路	10	
		能掌握汽车专用数字式万用表的使用与测量	10	
		能简单掌握汽车故障诊断仪的使用	10	
任务完成情况	40 分	任务完成的情况（圆满完成、基本完成、未完成）	15	
		任务完成的质量（优秀、良好、不及格）	15	
		在小组完成任务过程中所起的作用	10	
职业素养	20 分	能积极主动参与学习	10	
		能与小组成员团结协作	5	
		能服从工位安排，执行实训室"6S"管理规定	5	
综合评议				

任务练习

1. 汽车电气系统故障检测常用的诊断方法有_____、_____、_____、_____、_____、_____、_____和仪器法八种。

2. 汽车专用数字式万用表除具有一般万用表的功能外，还具有_____、_____、_____、_____、_____、_____、_____的功能。

3. 汽车故障诊断仪有_____和_____两种类型，故障诊断仪具有_____、_____、_____、_____以及某些特殊参数的设定、维修资料及故障诊断提示、路试记录等功能。

4. 跨接线短路法常用于对电路_____故障的检测。

5. 试灯法常用于对电路_____故障的检测。

项目二 电源系统的检修

项目目标

通过对本项目的学习,学生能够:

1. 了解蓄电池的分类和工作原理,掌握蓄电池的结构及其型号的含义;
2. 掌握蓄电池的使用、检测与维护方法;
3. 了解交流发电机的分类和功用、构造、工作原理及检测维修方法;
4. 了解电压调节器的原理,掌握电压调节器的检测方法;
5. 掌握充电指示灯常见的故障诊断与排除方法。

任务一　蓄电池的使用与维护

 **任务目标**

1. 理论目标

了解蓄电池的功用、分类和工作原理，掌握蓄电池的结构及其型号的含义。

2. 技能目标

掌握蓄电池的使用、检测与维护方法，会使用万用表测量蓄电池的断路电压，会使用密度计测量蓄电池的电解液密度，会使用充电设备对蓄电池进行充电，能够用高功率放电计测量蓄电池的技术状况。

3. 素养目标

养成积极主动的学习态度；严格遵守岗位操作规程，确保工具、设备和自身的安全；培养良好的团队协作精神，提高组织沟通能力；树立"6S"的管理理念。

 **任务准备**

一、蓄电池的功用

汽车上用电设备所需的电能由蓄电池和发电机两个电源供给。蓄电池在充电时将电源的电能转变成化学能储存起来，在用电时将储存的化学能转变成电能供给用电设备。发电机和蓄电池并联工作，全车用电设备均与两个电源并联连接。蓄电池有如下功用：

1）当发动机起动时，向起动机和点火系统供电。

2）当发动机低速运转时，向用电设备和发电机励磁绕组供电。

3）当发动机中、高速运转时，将发电机剩余电能转化为化学能储存起来。

4）当发电机过载时，协助发电机向用电设备供电。

5）蓄电池相当于一个大电容器，能够吸收电路中出现的瞬时过电压，保护电子元件，保持汽车电气系统电压的稳定。

二、蓄电池的分类

蓄电池按照电解液的成分不同，分为碱性蓄电池和酸性蓄电池两大类。

汽车上一般采用铅酸蓄电池，其主要用途是起动发动机。车用蓄电池可分为以下四种：普通蓄电池、干荷式蓄电池、湿荷式蓄电池和免维护蓄电池。四种蓄电池的特点见表2-1。

汽车电气设备构造与维修

表 2-1 四种蓄电池的特点

类 型	特 点
普通蓄电池	新蓄电池的极板不带电,使用前需按照规定加注电解液并且进行初充电,初充电的时间较长,使用中需要定期维护
干荷式蓄电池	新蓄电池的极板处于干燥的已充电状态,电池内部无电解液。在规定的保存期内,如需使用,只需按照规定加入电解液,静置 20~30min 即可使用,使用中需要定期维护
湿荷式蓄电池	新蓄电池的极板处于已充电状态,蓄电池内部带有少量的电解液。在规定的保存期内,如需使用,只需按照规定加入电解液,静置 20~30min 即可使用,使用中需要定期维护
免维护蓄电池	使用中不需要维护,可用 3~4 年不需补加蒸馏水,极桩腐蚀极少,自放电少

三、铅酸蓄电池的结构

铅酸蓄电池由三只或六只单格蓄电池串联而成,每只单格蓄电池的额定电压为 2V,串联成 6V 或 12V,以供汽车选用。其主要由极板、隔板、电解液、外壳、接线柱和联条组成,如图 2-1 所示。

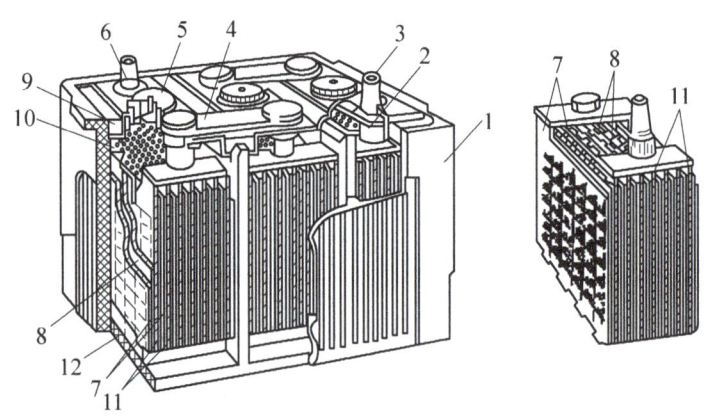

图 2-1 铅酸蓄电池的结构

1—蓄电池外壳 2—极桩衬套 3—正极柱 4—联条 5—加液孔盖
6—负极柱 7—负极板 8—隔板 9—封料 10—护板 11—正极板 12—肋条

1. 极板

极板是蓄电池的核心部分。蓄电池在充放电过程中,电能与化学能的相互转换是依靠极板上的活性物质与电解液中硫酸的化学反应来实现的。极板分为正极板和负极板两种,极板由栅架(图 2-2)和活性物质组成。栅架由铅锑合金浇铸而成。正极板上的活性物质为二氧化铅(PbO_2),深棕色;负极板上的活性物质为海绵状纯铅(Pb),深灰色。正极板的强度较低,所以在单格蓄电池中,负极板总比正极板多一片,保证每一片正极板都处于两片负极板之间,保持其放电均匀,以防止变形。

2. 隔板

隔板主要在正负极板间起绝缘作用,使电池结构更加紧凑。其特征如下:

图 2-2 放射形栅架

1）隔板有许多微孔，可使电解液畅通无阻。

2）隔板一面平整，另一面有沟槽，在安装时，沟槽应该面对正极板，并且与底部垂直，当进行充放电时，电解液能够通过沟槽及时供给正极板。当正极板上的活性物质 PbO_2 脱落时能迅速通过沟槽沉入蓄电池壳体底部。

极板和隔板如图 2-3 所示。

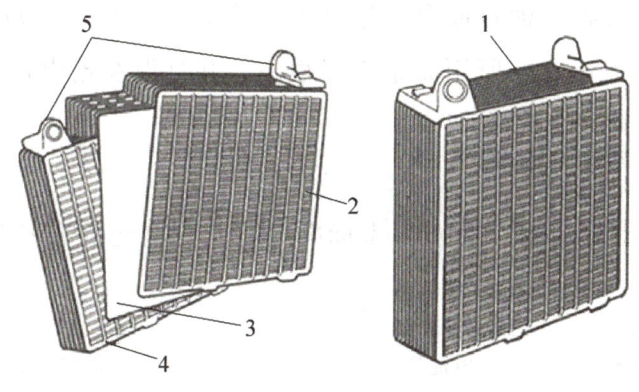

图 2-3 极板和隔板

1—极板组总成　2—负极板　3—隔板　4—正极板　5—极板联条

3. 电解液

电解液由纯硫酸（H_2SO_4）与蒸馏水按一定比例配制而成，其密度一般为 1.24～1.30g/cm³。电解液应符合标准，含有杂质会引起蓄电池自放电和极板溃烂，从而影响蓄电池的使用寿命。电解液在蓄电池的化学反应中，起到离子间导电的作用，并且参与蓄电池的化学反应。不同地区完全充足电的蓄电池电解液的密度见表 2-2。

4. 外壳

外壳用于盛装电解液和极板组。外壳应耐酸、耐热、耐振动冲击。外壳分为橡胶外壳和聚丙烯塑料外壳两种。普遍采用的是塑料外壳，其具有壳壁薄、重量轻、易于热封合、生产率高等优点。外壳为整体式结构，壳内间壁分成 3 个或 6 个互不相通的单格。

表 2-2 不同地区完全充足电的蓄电池电解液的密度

气候条件	完全充足电的蓄电池 25℃时电解液的密度/(g/cm³)	
	冬季	夏季
冬季温度低于-40℃的地区	1.30	1.26
冬季温度高于-40℃的地区	1.28	1.25
冬季温度高于-30℃的地区	1.27	1.24
冬季温度高于-20℃的地区	1.26	1.23
冬季温度高于0℃的地区	1.24	1.23

5. 极柱

蓄电池各单格电池串联后，两端的正负极桩穿出电池盖，用于连接外电路。正极桩标"+"号涂红色，负极桩标"-"号涂蓝色或绿色等。蓄电池的极桩用铅锑合金浇铸。

6. 联条

联条用于连接蓄电池各单格。传统的联条安装在蓄电池外壳之外，不仅浪费材料、容易损坏，还导致蓄电池自放电，这种连接方式已被穿壁式联条所取代。当采用穿壁式联条连接单格电池时，所用联条尺寸很小，并且设在蓄电池内部。

四、铅酸蓄电池的型号

《铅蓄电池产品型号编制方法》国家标准规定，蓄电池的型号为：

第Ⅰ部分表示串联的单格电池数，用阿拉伯数字表示，蓄电池的标准电压是该数字的两倍。

第Ⅱ部分表示电池的类型和特征，用两个汉语拼音字母表示。第一个字母为"Q"表示起动型铅蓄电池。第二个字母表示电池的结构特征。（如：干荷式蓄电池用"A"表示，薄型极板用"B"表示，免维护蓄电池用"W"表示。）

第Ⅲ部分表示额定容量，也称为蓄电池 20h 放电率容量，用阿拉伯数字表示，单位为 A·h，单位略去不写。蓄电池的额定容量是指：将充足电的新蓄电池，在电解液温度为 20~30℃，以 20h 放电率的放电电流（即 $0.05C_{20}$ 安培）连续放电至电池平均电压降到 1.75V 时，输出的电量称为蓄电池的额定容量，用 C_{20} 表示，单位为 A·h。

在其后用一个字母表示特殊性能，如：高起动率用"G"表示，塑料槽用"S"表示，低温起动性好用"D"表示。例：6-QA-60 代表额定电压为 12V、额定容量为 60A·h 的起动型干荷式蓄电池。蓄电池型号各部分的含义见表 2-3。

表 2-3 蓄电池型号各部分的含义

第一部分	第二部分		第三部分	
串联的单格电池数	蓄电池的类型	蓄电池的特征	蓄电池的额定容量	特征
用阿拉伯数字表示	用大写的汉语拼音字母表示，如： Q—起动用铅蓄电池 N—内燃机车用蓄电池 M—摩托车用蓄电池	用大写的汉语拼音字母表示，如： A—干荷式蓄电池 H—湿荷式蓄电池 W—免维护铅蓄电池 B—薄型极板 无字母—普通铅蓄电池	20h 放电率容量，单位为 A·h，单位略去不写	用大写的汉语拼音字母表示，如： G——高起动率 D——低温性能好 S——塑料槽蓄电池

五、铅酸蓄电池的工作原理

铅酸蓄电池的工作原理是化学能和电能相互转化的过程。铅酸蓄电池由浸渍在电解液中的正极板（二氧化铅 PbO_2）和负极板（海绵状纯铅 Pb）组成，电解液是硫酸（H_2SO_4）的水溶液。工作原理是：当蓄电池和负载接通放电时，正极板上的 PbO_2 和负极板上的 Pb 都变成 $PbSO_4$，电解液中的 H_2SO_4 减少，相对密度下降；充电时按照相反的方向变化，正负极板上的 $PbSO_4$ 分别恢复成原来的 PbO_2 和 Pb，电解液中的硫酸增加，相对密度变大。充、放电过程用以下方程式表示：

$$PbO_2 + 2H_2SO_4 + Pb \underset{充电}{\overset{放电}{\rightleftharpoons}} 2PbSO_4 + 2H_2O$$

1. 放电特性

1）开始放电阶段：端电压由 2.14V 迅速下降至 2.10V。

2）相对稳定阶段：端电压由 2.10V 缓慢下降至 1.85V。

3）迅速下降阶段：端电压由 1.85V 迅速下降至 1.75V。

4）蓄电池放电终了的特征：单格电压降到放电终止电压（电池终止电压和放电电流有关），电解液密度降到最小终止值。

2. 充电特性

在恒电流充电过程中，蓄电池的端电压和电解液的密度随时间变化。

1）充电开始阶段：端电压迅速上升。

2）稳定上升阶段：端电压缓慢上升至 2.4V。

3）充电末期：电压迅速上升至 2.7V，并且稳定不变，电解液呈沸腾状态；活性物质还原反应结束后的充电称为过充电，充电电流用于电解蓄电池电解液内的水分子，产生氢气和氧气，应避免长时间过充电。

4）充电停止后端电压逐渐下降至静止电动势。

5）蓄电池充电终了的特征：端电压和电解液密度上升到最大值，并且在 2h 内不上升；电解液剧烈地冒气泡，呈沸腾现象（电解水）。

六、蓄电池的充电种类和充电方法

1. 充电种类

（1）初充电　新蓄电池或修复后的蓄电池（更换极板）在使用之前的首次充电称为初充电。

（2）蓄电池的补充充电　蓄电池在使用过程中，如果发现起动机运转无力，灯光比平时暗淡，冬季放电超过25%、夏季放电超过50%，储存不用已近一个月的普通蓄电池，必须进行补充充电。另外，由于汽车上使用的蓄电池进行的是定电压充电，不可能使蓄电池充电充足，为了有效防止硫化，最好2~3个月进行一次补充充电。

2. 充电方法

蓄电池的充电方法有常规充电法和快速充电法两种。常规充电法有定电压充电和定电流充电两种，快速充电法又称脉冲快速法。

（1）定电压充电　在充电过程中，充电电压保持恒定不变的充电方法称为定电压充电。

蓄电池与发电机并联连接，此时对蓄电池的充电即为定电压充电。其特点是在充电开始时，充电电流很大，随着蓄电池电动势的不断提高，充电电流逐渐减小。充电终了，充电电流将自动减小到零。定电压法充电速度快，4~5h内蓄电池就可获得本身容量的90%~95%，比定电流充电时间大大缩短。定压充电法适合对具有不同容量的蓄电池进行充电。其主要缺点是不能调整充电电流的大小，因而不能保证蓄电池彻底充足电。定电压充电法不适合初充电和去硫化充电。

采用定电压充电方法时，蓄电池常采用并联连接，如图2-4所示，要求各并联支路的单格电压总数相等，但各蓄电池的型号、容量以及放电程度可不同。但要注意，并联蓄电池的数目必须按照充电设备的最大输出电流来决定。当采用此种方法充电时，电源电压调在蓄电池的总单格数乘2.5（V）为宜。

（2）定电流充电　在充电过程中，充电电流保持恒定不变，随着蓄电池电动势的逐步提高，增加充电电压的方法称为定电流充电。当充到蓄电池单格电压升到2.4V（电解液开始冒气泡）时，再将充电电流减小一半后保持恒定，直到蓄电池完全充足。定流充电的连接方式如图2-5所示。

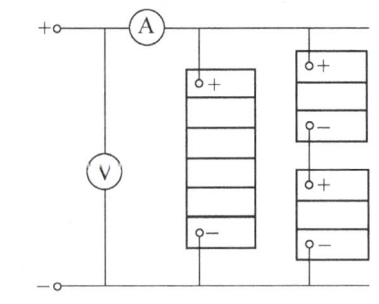

图2-4　定电压充电的连接方式

在充电工作间使用充电器对蓄电池充电时，常采用定电流充电法。因为它具有较大的适用性，可任意选择和调整电流，适用各种不同条件（新蓄电池的初充电，使用中的蓄电池补充充电以及去硫充电等）下蓄电池的充电，其主要缺点是充电时间长，需要人工调节充电电流。

当进行定电流充电时，被充蓄电池常采用串联法，即把同容量的蓄电池串联起来接入充电电源。

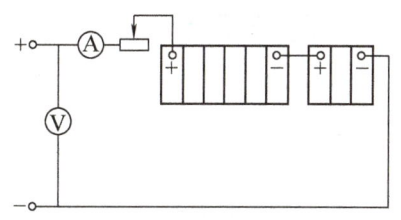

图 2-5　定流充电的连接方式

（3）脉冲快速法　充电初期采用大电流，使电池在较短的时间内达到额定容量的 60% 左右，当单格电压上升到 2.4V，电解液开始分解冒出气泡时，在控制电路的作用下，停止大电流充电。

脉冲充电时先停充 24~40ms，接着再放电或反充，使电池反向通过一个较大的脉冲电流，以消除浓差极化和极板孔隙形成的气泡，然后停止放电 25ms。按脉冲期循环充电直到充足。

脉冲快速法的充电方法显著的特点是充电速度快，充电时间大大缩短。采用这种方法充电的缺点是由于充电速度快，析出的气体总量虽减少，但出气率高，对极板活性物质的冲刷力强，故使活性物质易脱落，因而对极板的使用寿命有一定影响。下列蓄电池不能进行快速脉冲充电：

1）未经使用过的新蓄电池。
2）液面高度不正确的蓄电池。
3）各单格电解液密度不均匀的蓄电池，各单格电压差大于 0.2V。
4）电解液混浊并带褐色（极板活性物质脱落）。
5）极板硫化。
6）充电时电解液温度超过 50℃ 的蓄电池。

任务计划

通过课前预习，分组讨论，制订任务计划，填写表 2-4。

表 2-4　任务计划表

工具及设备准备			
任务实施流程	检修项目	操作步骤	检修主要内容
	对蓄电池进行维护	清洁蓄电池外部	
		检测蓄电池接线柱紧固情况	
		检查、疏通加液孔盖通气孔	
		检测、调节电解液密度	
	检测蓄电池	蓄电池正、负接线柱分辨、检测	
		蓄电池外部检测	
		蓄电池液面高度检查调整	
		蓄电池放电程度检测	
	对蓄电池进行充电	对新蓄电池进行初充电	
		对使用中蓄电池进行补充充电	

一、维护蓄电池

1. 普通蓄电池的维护

准备一块正在使用的普通蓄电池,为使其处于完好的技术状态,对其进行以下维护工作:

1)保持蓄电池外部的清洁,清除蓄电池上的灰尘、泥土和极柱、电线头上的氧化物,擦去电池上部和外表面的电解液和污物。

2)检查蓄电池在车上安装是否牢靠,极柱是否松动,接线是否紧固。

3)检查并疏通加液孔盖上的通气孔,检查和调整各单格电池内电解液的液面高度。

4)根据当时的季节,及时调整电解液密度。

2. 免维护蓄电池的维护

> **蓄电池使用注意事项**
>
> 1)大电流放电时间不宜过长,使用起动机,每次的时间不超过5s,相邻两次起动之间应该间隔15s。
>
> 2)尽量避免蓄电池过放电和长期处于亏充电状态下工作,放完电的蓄电池应该在24h内充电。
>
> 3)冬季使用蓄电池要特别注意保持充足电状态,以免电解液密度降低而结冰。在不结冰的前提下,尽可能用密度偏低的电解液,如液面过低,当需加添蒸馏水时只能在充电前进行,尽可能地使水和电解液混合。冷车起动前,注意发动机和蓄电池的预热。

免维护蓄电池具有使用中不需要加蒸馏水、自行放电量小、失水量小、起动性能好、使用寿命和储存寿命长、使用方便等优点。准备一块免维护蓄电池,使用过程中应注意以下几点:

1)免维护蓄电池在使用时,保持其外部的清洁。

2)使用中,应经常查看内装电解液密度计指示器的颜色。

3)当电解液密度计指示器的颜色变成黑色时,应该及时进行补充充电。充电过程中将充电机电压调到14.4V,电流调到最大值,开始充电。充电过程中查看蓄电池有无溢漏、冒气或温度高于45℃等现象。若出现上述现象,应该停止充电,查找原因,并且予以排除。每隔1h查看电解液密度计指示器,若出现绿色说明充电完成,然后进行负荷试验。

二、检测蓄电池

1. 分辨蓄电池正、负接线柱

在使用蓄电池的过程中需要分辨蓄电池的正、负接线柱，一般有以下几种方法：

1）根据蓄电池上的正、负标记识别。蓄电池上铸有"+"（或P）的接线柱为正接线柱，有"-"（或N）的接线柱为负接线柱。

2）根据蓄电池接线柱所涂的颜色识别。蓄电池正接线柱涂红漆，负接线柱涂黑漆。

3）无标记时正负接线柱的识别。根据接线柱的粗细，粗一些的锥形接线柱为正极，细一些的为负极；看接线柱的自然颜色，呈深褐色的为正接线柱，浅灰色的为负接线柱；看接线柱的表面硬度，用螺钉旋具在接线柱表面轻划，较坚硬的为正接线柱，反之为负接线柱。

4）用万用表检测识别。有的蓄电池没有任何标记，或者蓄电池使用长久、标记被腐蚀损坏、辨别不清。万用表置直流电压20V档，红表棒与黑表棒分别接触蓄电池的两个极桩，如果显示的数值是"+"值，则红表棒接触的是正极，黑表棒接触的是负极，如果显示的数值是"-"值，则红表棒接触的是负极，黑表棒接触的是正极。

2. 外部检测

1）检测蓄电池封胶有无开裂和损坏，极柱有无破损，壳体有无泄漏，否则应该修理或者更换。

2）疏通加液孔盖的通气孔。

3）清洁蓄电池的外壳，用钢丝刷或极柱接头清洗器清洁极桩和电缆夹子上的氧化物，清洁后涂抹一层凡士林或润滑脂。

3. 检测蓄电池电解液的液面高度

1）用玻璃管测量法，如图2-6a所示。工具：内径为3~5mm的玻璃管。液面高度

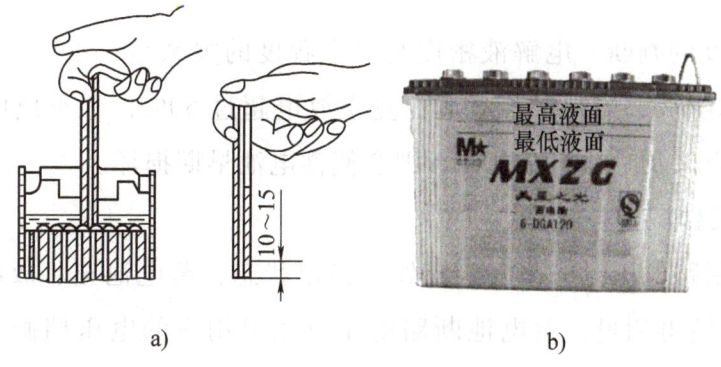

图2-6 蓄电池电解液液面的检测

a）玻璃管测量法 b）观察液面高度指示线法

标准值为 10~15mm。

2）观察液面高度指示线法，如图 2-6b 所示。正常液面高度应该介于两线之间，当液面过低时，应加入蒸馏水补充。

4. 检测蓄电池电解液密度

电解液密度是判断蓄电池容量的重要标志。蓄电池充、放电或加注蒸馏水后，应该静置 0.5h 后再测量。

（1）用吸入式密度计测量电解液密度　吸入式密度计的使用方法如图 2-7 所示。测得的密度值应用标准温度（25℃）予以校正（同时测量电解液温度）。不同温度条件下电解液密度修正值见表 2-5。通过对各个单格电池电解液密度的测量，确定蓄电池是否失效。如果单格电池之间的密度相差 $0.05g/cm^3$，说明该电池失效。

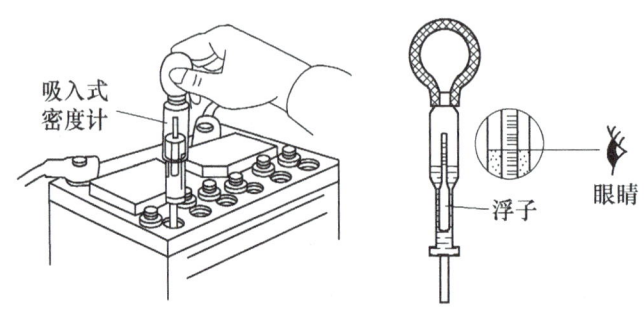

图 2-7　吸入式密度计的使用方法

表 2-5　不同温度条件下电解液密度修正值

电解液温度/℃	密度修正值/(g/cm³)	电解液温度/℃	密度修正值/(g/cm³)
40	0.0113	10	-0.0113
35	0.0075	5	-0.0150
30	0.0037	0	-0.0188
25	0	-5	-0.0255
20	-0.0037	-10	-0.0263
15	-0.0075		

（2）放电程度的判断　电解液密度与放电程度的关系是：密度每下降 $0.01g/cm^3$ 相当于蓄电池放电 6%，当判定蓄电池在夏季放电超过 50%，冬季放电超过 25% 时不宜再继续使用，应该及时补充充电，否则会使蓄电池早期损坏。

5. 蓄电池断路电压的测量

测量蓄电池断路电压时，蓄电池应处于稳定状态，蓄电池充、放电或加注蒸馏水后，应静置 0.5h 后再测量。蓄电池断路电压可用万用表的电压档测量，将万用表的正、负表笔分别与蓄电池的正、负极相接即可，如图 2-8 所示。

蓄电池端电压可以反映蓄电池的存电程度，它们之间的关系见表 2-6。

表 2-6 蓄电池的端电压与存电程度之间的关系

存电状态(%)	100	75	50	25	0
蓄电池电压/V	>12.6	12.4	12.2	12	<11.9

6. 蓄电池的技术状态检测

高率放电计是模拟起动机工作状态，检测蓄电池容量的仪表。如图 2-9 所示，高率放电计由一只电压表和一只负载电阻组成。当进行检测时，蓄电池对负载电阻的放电电流可达 100A 以上，所以能比较准确判定蓄电池的容量和基本性能，是目前普遍使用的检测仪表。以 12V 蓄电池为例，其使用方法如下：

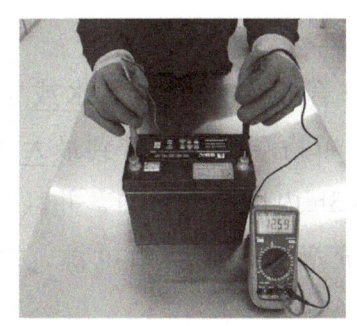

图 2-8 万用表测量蓄电池的方法

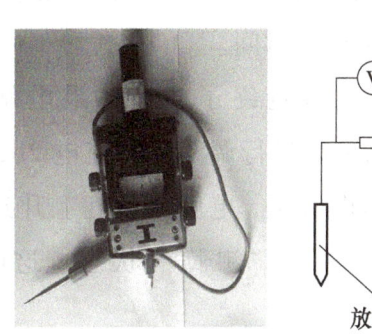

图 2-9 高率放电计的使用方法

将高率放电计的正、负放电针分别压在蓄电池的正、负极柱上，保持 15s，若电压保持在 9.6V 以上，说明性能良好，若稳定在 11.6~10.6V 范围内，说明存电充足，若电压迅速下降，说明蓄电池已经损坏。注意：此项测量不能连续进行，必须间隔 1min 后才可以再次检测，以防止蓄电池损坏。

三、对蓄电池进行充电

1. 初充电

1）检查蓄电池外壳有无破裂，拧下加液孔盖的螺塞，检查通气孔是否畅通。

2）根据不同季节和环境温度调节电解液密度，将适当密度、温度低于 30℃ 的电解液从加液孔处缓缓加入蓄电池内，液面要高出极板上沿 10~15mm。

3）蓄电池加入电解液后，要静止 3~6h，让电解液充分浸渍极板。电解液充分渗透到极板内部后电解液有所减少，液面下降，应再加入电解液把液面调整到规定值。待蓄电池内温度低于 30℃ 时，将充电机与蓄电池相连，准备充电。蓄电池常用充电机实物如图 2-10 所示。

4）新蓄电池可能在存放过程中有一部分极板硫化，在进行充电时容易过热，因此初充电时应用的电流较小，充电分为两个阶段进行。第一阶段的充电电流约为蓄电池额定容量的 1/15，充电至电解液中有气泡析出，蓄电池单格端电压达到 2.4V。第二阶段充电电流约为蓄电池额定容量的 1/30。在充电过程中，应该经常测量电解液的密度和温度。充电初期密度会有降低情况，不需要调整它，当液面高度低于规定值时，用相同密度的电解液调至规定值。如果充电时电解液的温度上升到 40℃ 时，则应该停止充电或将充电电流减半。如果温度继续上升到 45℃ 时，则应该停止充电，采用水冷或风冷实行人工降温，待

图 2-10　蓄电池常用充电机实物

冷至 35℃ 以下时再继续充电。整个初充电大约需 60h，在初充电过程中，如减少充电电流则应该延长充电时间。

5）当初充电接近终了时，如果电解液密度不符合规定，用蒸馏水或密度为 1.40g/cm^3 的稀硫酸进行调整，再充电 2h，直至蓄电池单格端电压上升到最大值，并且在 2~3h 内不再增加。电解液密度上升到最大值，2~3h 内也不再增加，并且产生大量的气泡，电解液呈"沸腾"状态。这时蓄电池已充满电，应切断电源，以免过充电。

2. 对使用中的蓄电池进行补充充电

1）拆下蓄电池，清除蓄电池盖上的脏污，疏通加液孔盖上的通气小孔，清除极柱和导线接头上的氧化物。

2）旋下加液孔盖，检测电解液的液面高度，如果高度不符合要求，应该添加蒸馏水，但如果确定是电解液溢出的原因导致液面下降，则应该用密度为 1.40g/cm^3 的稀硫酸调配，电解液液面高出极板上缘 10~15mm。

3）用高率放电计检测各单格电压的放电情况，要求蓄电池各个单格电池的读数（电压值）基本一致。

4）将蓄电池与充电机相连。补充充电也分为两个阶段：第一阶段的充电电流约为蓄电池额定容量的 1/10，充至单格电压为 2.3~2.4V；第二个阶段的充电电流约为容量的 1/20，充至单格电压为 2.5~2.7V，电解液密度达到规定值，并且在 2~3h 内基本不变，蓄电池内产生大量气泡，电解液呈"沸腾"状态，此时电池已充足，时间约为 15h。

5）将加液口盖拧紧，擦净蓄电池表面，便可使用。

充电注意事项

充电的种类很多，但注意事项基本相同：

1）严格遵守各种充电方法的充电规范；在充电过程中，要密切观察各单格电池的电压和密度变化，及时判断其充电程度的技术状况；在充电过程中，密切注

意蓄电池的温度。

2）当初充电时应该连续进行，不能长时间间断。

3）当配制和灌入电解液时，要严格遵守安全操作规则和器皿的使用规则。

4）充电场所要备用冷水、浓度为10%的苏打溶液或10%的氨水溶液；充电室要安装通风装置；并且要严禁明火；充电设备不应和蓄电池放置在同一工作间，充电时应该先接牢电池线，再打开充电机的电源开关。停止充电时应该先切断电源，再拆下电池线。严防火花发生。

任务测评

按照表2-7的要求对本次任务的完成情况进行任务测评。

表2-7 任务测评表

评价项目		评价标准	配分	得分
专业知识技能	40分	能够正确维护蓄电池	10	
		能够正确检测蓄电池的技术状况	20	
		能够正确对蓄电池进行初充电和补充充电	10	
任务完成情况	40分	任务完成的情况（圆满完成、基本完成、未完成）	15	
		任务完成的质量（优秀、良好、不及格）	15	
		在小组完成任务过程中所起的作用（主要、协助、未参与）	10	
职业素养	20分	能够积极主动参与学习	10	
		能够与小组成员团结协作	5	
		能够服从工位安排，执行实训室"6S"管理规定	5	
综合评议				

任务练习

1. 蓄电池由____、____、____、____、____和_____组成。
2. 蓄电池充电终了的特征：_____。
3. 蓄电池放电终了的特征：_____。
4. 蓄电池型号6-QA-60的含义：6—_____，QA—_____，60—_____。
5. 对蓄电池进行放电程度检测常用的方法有_____、_____、_____和_____等。
6. 判断蓄电池正负接线柱的方法有_____法、_____法、_____法和_____法等。

任务二 交流发电机的检修

任务目标

1. 理论目标
了解交流发电机的分类和功用,熟悉交流发电机的构造和工作原理。

2. 技能目标
能够进行发电机的拆装和检测,并且对其出现的故障进行分析和排除。

3. 素养目标
养成积极主动的学习态度;严格遵守岗位操作规程,确保工具、设备和自身的安全;培养良好的团队协作精神;提高组织沟通能力;树立"6S"的管理理念。

任务准备

一、充电系统的组成与电路

电气系统主要包括蓄电池、交流发电机、电压调节器、点火开关和充电状态指示装置等部分,如图 2-11 所示。

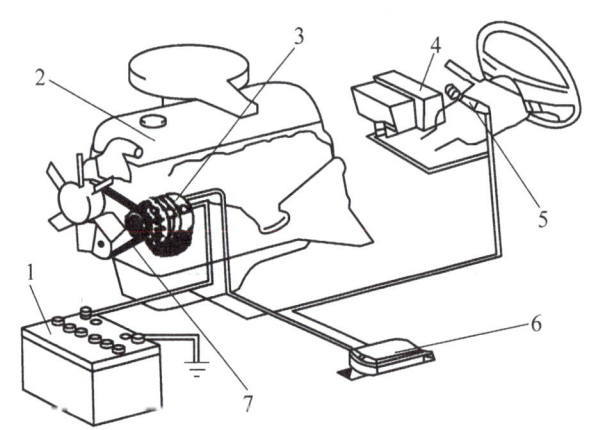

图 2-11 充电系统的组成

1—蓄电池 2—发动机 3—发电机 4—充电指示灯 5—点火开关 6—电压调节器 7—驱动带

二、交流发电机的功用、类型与型号

1. 交流发电机的功用

发电机是汽车的主要电源,其功用是在发动机正常运转时(怠速以上),给所有用电设备(起动机除外)供电,同时给蓄电池充电。

2. 交流发电机的分类

汽车发电机包括直流发电机和交流发电机。由于交流发电机在许多方面优于直流发电机，直流发电机已趋于淘汰。目前汽车均采用交流发电机，其按照不同的方法分为以下几类：

（1）按总体结构分类

1）普通交流发电机（使用时需要配装电压调节器的发电机）。

2）整体式交流发电机（发电机和调节器制成一个整体的发电机）。

3）带真空泵式交流发电机（和汽车制动系统用真空助力泵安装在一起的发电机）。

4）无刷式交流发电机（不需要电刷的发电机），如JFW1913。

5）永磁式交流发电机（磁极为永久磁铁制成的发电机）。

按总体结构分类常见的三种类型的交流发电机如图2-12所示。

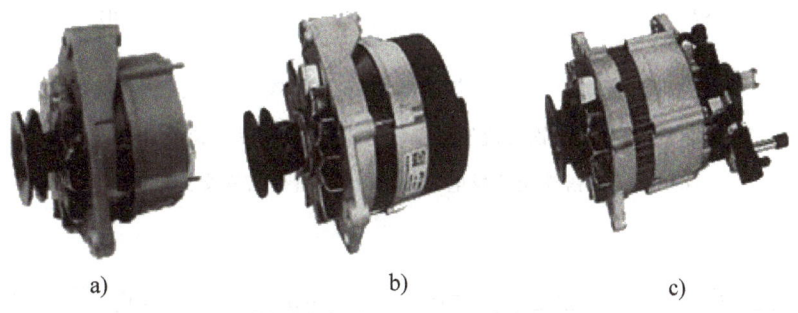

图2-12 按总体结构分类常见的三种类型的交流发电机

a）普通交流发电机 b）整体式交流发电机 c）带真空泵式交流发电机

（2）按整流器的结构分类

1）六管交流发电机，如JF1522（东风汽车用）。

2）八管交流发电机，如JFZ1542（天津TJ7130型汽车用）。

3）九管交流发电机，如（日本日立、三菱、马自达汽车用）。

4）十一管交流发电机，如JFZ1913Z（奥迪、桑塔纳汽车用）。

按整流器结构分类的四种常见类型的交流发电机如图2-13所示。

（3）按磁场绕组搭铁形式分类

1）内搭铁型交流发电机，磁场绕组的一端（负极）直接搭铁（和壳体相连）。

2）外搭铁型交流发电机，磁场绕组的一端（负极）接入调节器，通过调节器后再搭铁。

内、外搭铁型交流发电机的磁场绕组搭铁形式如图2-14所示。

3. 交流发电机的型号

车用交流发电机的型号根据各国家或地区的规定各有不同，根据规定，我国汽车

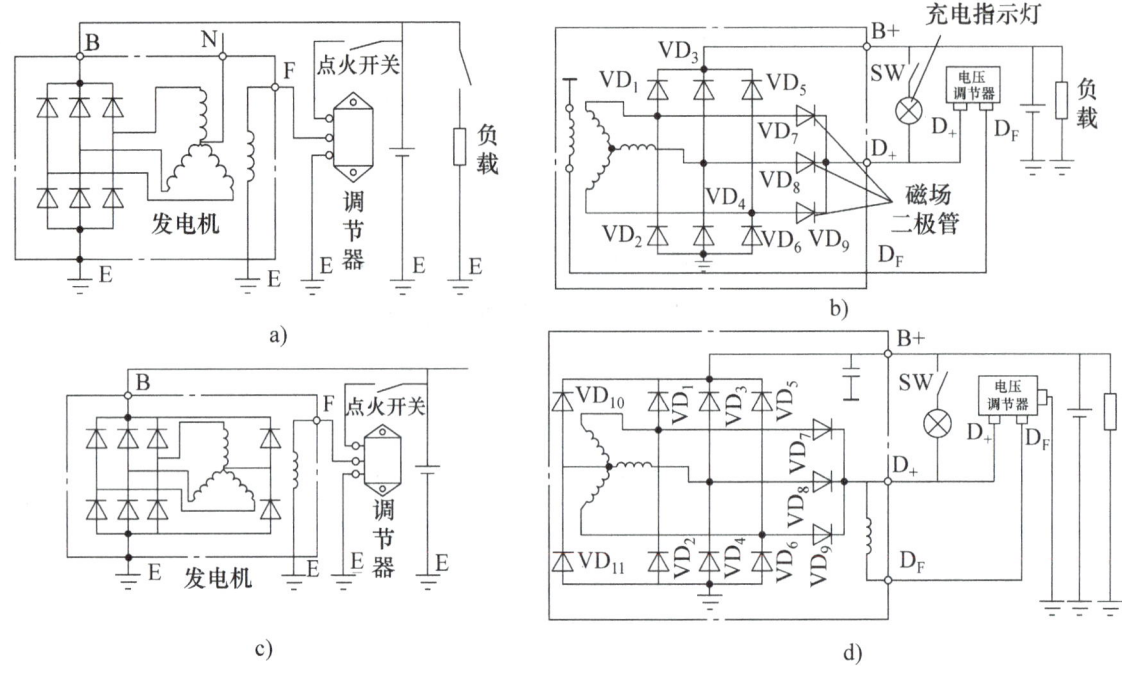

图 2-13 按整流器结构分类四种常见类型的交流发电机

a）六管内搭铁交流发电机　b）九管内搭铁交流发电机
c）八管内搭铁交流发电机　d）十一管外搭铁交流发电机

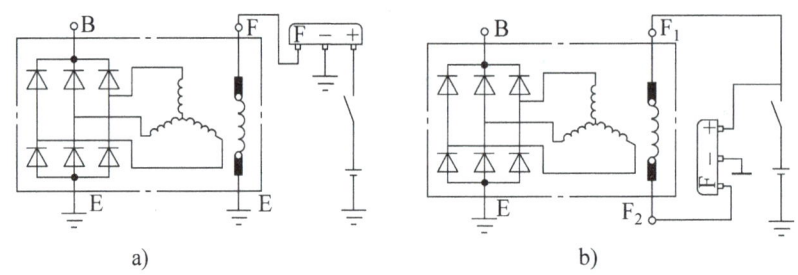

图 2-14 内、外搭铁型交流发电机的磁场绕组搭铁形式

a）内搭铁型交流发电机　b）外搭铁型交流发电机

交流发电机的型号如下：

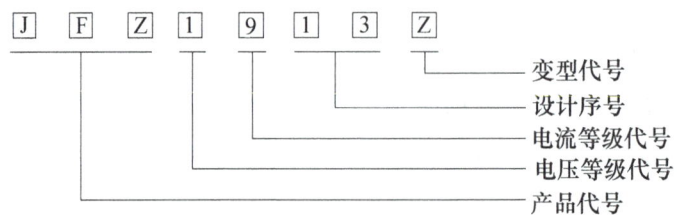

第1部分为产品代号。交流发电机的产品代号有JF、JFZ、JFB、JFW四种，分别表示交流发电机、整体式交流发电机、带真空泵式交流发电机和无刷式交流发电机。

第2部分为电压等级代号。用1位阿拉伯数字表示，1—12V；2—24V；6—6V。

第 3 部分为电流等级代号。

第 4 部分为设计序号。

第 5 部分为变型代号。

三、交流发电机的结构

汽车发电机多采用三相同步交流发电机，其结构按其类型的不同而不同。普通式与整体式的车用交流发电机在结构上大同小异，而与无刷式、永磁式在结构上有较大的差异。

普通式交流发电机的结构如图 2-15 所示，它包括定子、转子、电刷、整流器、前后端盖、风扇及带轮等。

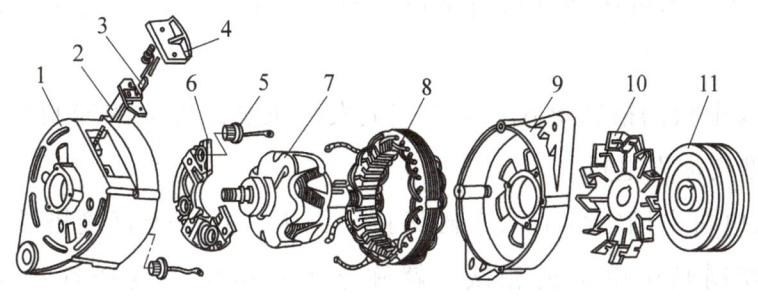

图 2-15　普通式交流发电机的结构

1—后端盖　2—电刷架　3—电刷　4—电刷弹簧压盖　5—硅二极管
6—元件板　7—转子总成　8—定子总成　9—前端盖　10—风扇　11—V 带轮

1. 定子总成

定子总成是产生和输出交流电的部件，又叫作电枢，由定子铁心和定子绕组组成，如图 2-16 所示。定子铁心由相互绝缘的内圆带槽的环状硅钢片叠成。定子槽内置有三相对称绕组，三相绕组大多数采用 Y 形（星形）联结，也有用△形联结的。当定子绕组为 Y 形连接时，三相绕组的公共结点称为中性点。从三相绕组的中性点引一根导线到发电机外，标记为 N。N 点电压称为中性点电压。

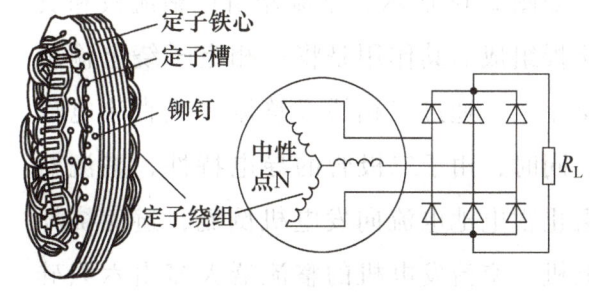

图 2-16　交流发电机定子总成构造

2. 转子

转子的作用是形成发电机的磁场。它主要由两块爪极、磁场绕组和集电环组成，如图 2-17 所示。两个电刷安装在与端盖绝缘的电刷架内，通过弹簧力与集电环保持接触。当电机工作时，两电刷与直流电源连通，为磁场绕组提供定向电流并产生旋转的磁场。

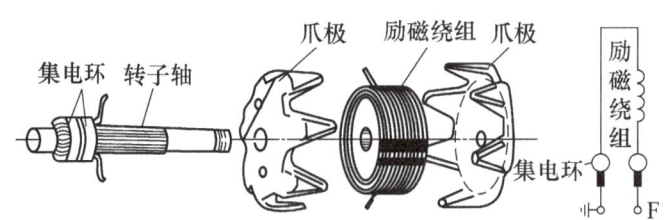

图 2-17 交流发电机转子总成构造

（1）交流发电机的励磁　通电给交流发电机的磁场绕组，使其产生磁场，称为励磁。交流发电机的励磁方式采用他励和自励相结合的方式。

1）当发电机输出电压低于蓄电池端电压时，发电机的励磁电流由蓄电池供给，称为他励。

2）当发电机输出电压达到蓄电池电压时，发电机的励磁电流由自己供给，称为自励。

（2）交流发电机的搭铁形式　根据交流发电机励磁电流的控制形式，可分为内搭铁型、外搭铁型交流发电机。

1）连接发电机电刷组件的两个磁场接线柱中，有一个直接搭铁，另一个接调节器，由调节器控制励磁电流的相线，就称这种发电机为内搭铁型交流发电机，如图 2-14a 所示。

2）连接发电机电刷组件的两个磁场接线柱均与发电机外壳绝缘，并且有一个通过开关接电源，另一个接调节器，调节器控制励磁电流的搭铁，就称这种交流发电机为外搭铁型交流发电机，如图 2-14b 所示。

交流发电机的搭铁形式必须与调节器的搭铁形式一致。汽车电源系统较多采用内搭铁型发电机和内搭铁型调节器。

3. 整流器

如图 2-18 所示，整流器由正整流板和负整流板组成。其作用是将三相定子绕组输出的交流电，通过三相桥式整流变成直流电输出；同时，由于二极管的导电特性，整流器可阻止蓄电池电流向发电机倒流，避免烧坏发电机。交流发电机的整流器大多由六只硅二极管组成。

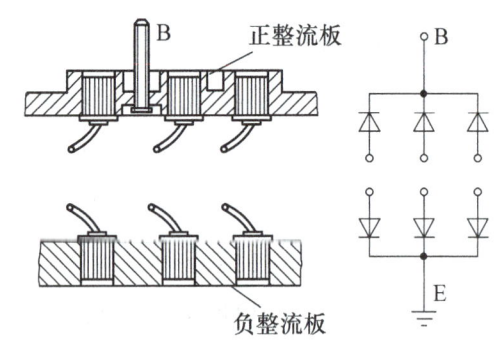

图 2-18 整流器

正极管，中心引线为二极管的正极，外壳为负极。所有正极管的负极通过正整流板连在一起形成发电机的正极，该接线柱即为发电机的正极接线柱，用 "B" 表示。

负极管，中心引线为二极管的负极，外壳为正极。所有负极管的正极通过负整流板连在一起形成发电机的负极，与发电机外壳相连。

4. 前后端盖

前后端盖的作用是支撑转子总成并且封闭内部构造。它由铝合金制成，具有轻便、阻磁（减少漏磁）和散热性能好等优点。

5. 电刷与电刷架

电刷是通过集电环给励磁绕组提供电流的元件。电刷安装在电刷架内，通过弹簧与集电环紧密接触，如图 2-19 所示。电刷架根据发电机类型的不同，其安装位置也不同。安装在发电机后端盖上的称为外装式，这种结构便于电刷的维护与更换；与整流器安装在一起的称为内装式，当维护或更换电刷时，将发电机后端盖上的防护罩拆下。

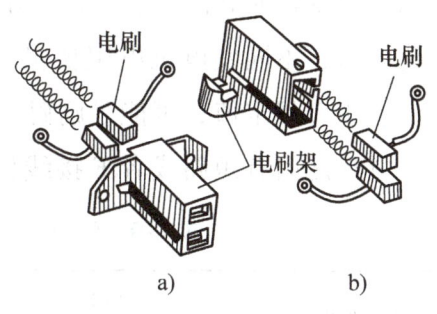

图 2-19 电刷与电刷架
a）外装式 b）内装式

6. 带轮及风扇

带轮的作用是通过传动带将发动机的转矩传递给发电机的转子轴。风扇的作用是当发电机工作时，通风冷却发电机内部，防止发电机温度过高。

 任务计划

通过课前预习，分组讨论，制订任务计划，填写表 2-8。

表 2-8 任务计划表

工具及设备准备			
任务实施流程	检修项目	操作步骤	检修主要内容
	交流发电机不解体检测	交流发电机的就车检测	
		用万用表对交流发电机进行整体检测	
		对交流发电机进行不解体检测	
	交流发电机解体检测	交流发电机的拆卸	
		交流发电机的解体	
		交流发电机解体后检测	
		交流发电机组装	
		交流发电机安装	
		整体式交流发电机接线柱识别	

任务实施

一、不解体检测交流发电机

1. 交流发电机的就车检验

就车检验法就是在汽车上进行检验。关闭点火开关，将一块 0～50V 的电压表接到

发电机 B 接线柱与 E 接线柱之间。起动发动机，并提高转速，当发电机转速为 2500r/min 时，电压应在 14V 以上，电流应为 10A 左右。此时打开前照灯、电动刮水器等电气设备，电流若为 20A 左右，则表明发电机工作正常。

2. 用万用表对交流发电机进行整体检测

（1）励磁绕组检测　普通交流发电机外壳接线柱如图 2-20a 所示。检测励磁绕组时，如图 2-20b 所示，用指针式万用表 R×1 档（数字万用表 R×200 档）测量 F 与 E 之间的电阻，不同发电机电阻值见表 2-9。若超过规定值，可能是电刷与集电环接触不良；若小于规定值，可能是励磁绕组有匝间短路或搭铁故障；若电阻为零，可能是两个集电环之间有短路或者 F 接线柱有搭铁故障。

表 2-9　常用交流发电机各接线柱之间电阻标准值

交流发电机型号		F(F1)与 E(F2)间电阻/Ω	B 与 E 间		N 与 E 间	
			正向	反向	正向	反向
有刷	JF11、JF13、JF15、JF21	5～6	指针式：40～50Ω 数字式：≈1200Ω	指针式：>10000Ω 数字式：1Ω	指针式：10Ω 数字式：≈510Ω	指针式：>10000Ω 数字式：1Ω
	JF12、JF22、JF23、JF25	19.5～21				
无刷	JFW14	3.5～3.8				
	JFW28	15～16				

（2）定子绕组检测　如图 2-20c 和 d 所示，用万用表 R×1 档（数字式万用表二极管档位）测量 B 与 E 之间的正反向电阻值（数字式万用表显示为二极管管压降），若正向示值在 40～50Ω 时（数字式万用表显示为二极管管压降），反向示值在 10kΩ（数字式万用表显示为 1Ω）可认为无故障；若正向示值在 10Ω（数字式万用表显示值接近于 0）左右，说明有失效的整流二极管，需拆检；若万用表正向示值为 0（或接近于 0），则说明有不同极性的二极管击穿，需拆检。若交流发电机有中性抽头（N）接线柱，用万用表 R×1 档（数字式万用表二极管档位），测量 N 与 E 以及 N 与 B 之间的正反向电阻值（数字式万用表显示为二极管管压降），可进一步判断故障在正极管还是在负极管。

3. 对交流发电机进行不解体检测

对教学用 JF11 型交流发电机进行不解体检测，根据检测结果填写表 2-10。

表 2-10　交流发电机不解体检测

检测项目		检测结果	分析判断是否正常
F 与 E 之间电阻值/Ω			
B 与 E 间/Ω	正向		
	反向		
N 与 E 间/Ω	正向		
	反向		
外观检测			

二、解体交流发电机

1. 拆卸与安装

1）拆下蓄电池负极搭铁线。

2）取下发电机后端插接器上的导线插头。

3）调节发电机传动带松紧度调节螺栓,使发电机传动带放松,取下传动带。

4）拆卸发电机紧固螺母,取下螺栓,拿下交流发电机。

在拆卸发电机的过程中从发动机总成上拆卸下来的零件如图 2-20 所示。

解体发电机

 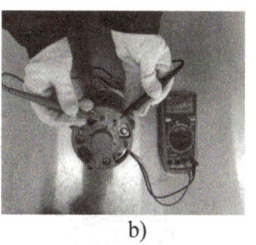 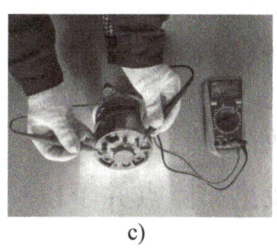 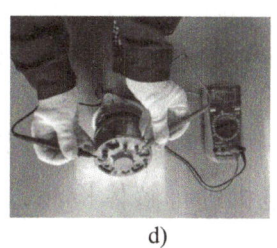

a)   b)   c)   d)

图 2-20 交流发电机不解体检测图

a) 普通交流发电机外壳接线柱   b) 检测励磁绕组   c)、d) 万用表正反检测整流器及字子绕组

发电机安装时按照与拆卸相反的顺序进行。安装完后调整交流发电机传动带、动力转向油泵及空调压缩机传动带的张紧力。

2. 交流发电机的拆解步骤

1）当拆解定子与前盖时,用螺钉旋具插入前盖与定子铁心间的间隙内,将前盖与定子分开,如图 2-21 所示。

如果它们难于分开,用塑料槌轻轻地敲打前盖,同时用螺钉旋具撬它们。注意:不要将螺钉旋具插入太深,以免损伤定子线圈。

2）如图 2-22 所示,将发电机带轮一端朝上,用台虎钳固定转子拧松后拆卸带轮。

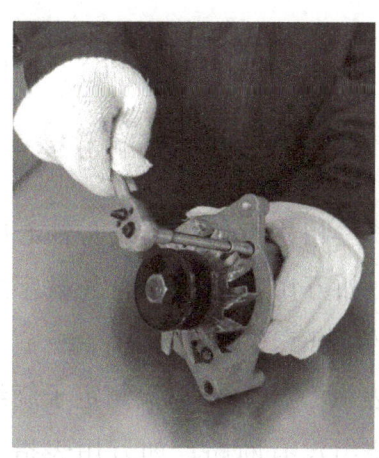   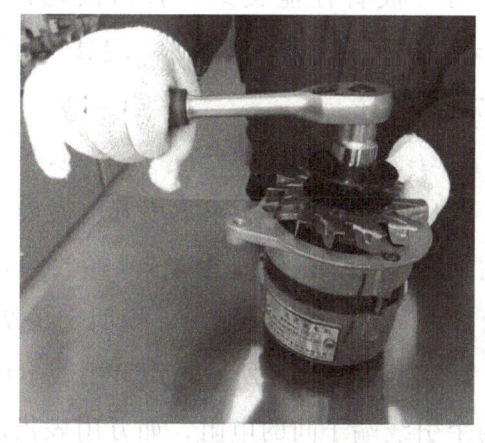

图 2-21 分解定子与前盖   图 2-22 拆卸带轮

3）如图 2-23 所示，用电烙铁将焊在整流器主二极管上的定子引线、电刷架与在整流器的连接焊点熔化分离，然后将定子总成、整流器和电刷架拆解。

4）发电机分解后的零件如图 2-24 所示。

3. 组装

组装时按与分解相反的顺序进行。组装注意事项：在将转子安装在后盖上之前，从设在后盖上的孔中插入钢丝，将电刷抬起，安装好转子后拔出钢丝。

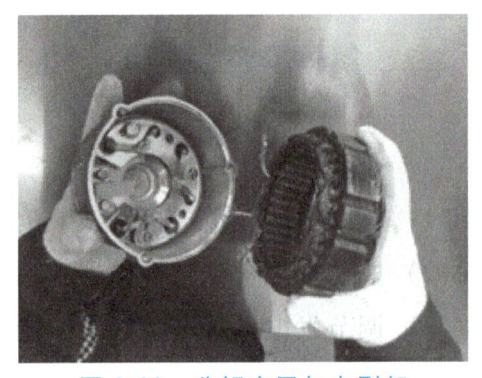

图 2-23　分解定子与电刷架

三、交流发电机解体检测

当发电机内部出现故障时，应对交流发电机进行解体检测，找出故障点并予以排除。

1. 整流二极管的检测

如图 2-25 所示，检测二极管时，应将每个二极管的中心引线从接线柱上拆下或焊下，用万用表 R×1 档（数字万用表二极管档位），分别将红表笔和黑表笔与二极管正、负极接触测量，然后更换表笔再测量，若指针式万用表两次测量值一次大（反向电阻，大于 10kΩ），一次小（正向电阻，8～10Ω），数字式万用表测量，一次显示为二极管管压降，一次显示为 1Ω，说明二极管性能良好。若两次均测得为"∞"（数字式万用表均显示 1Ω），说明管子断路，若均为"0"（或接近于 0），说明此管被击穿。

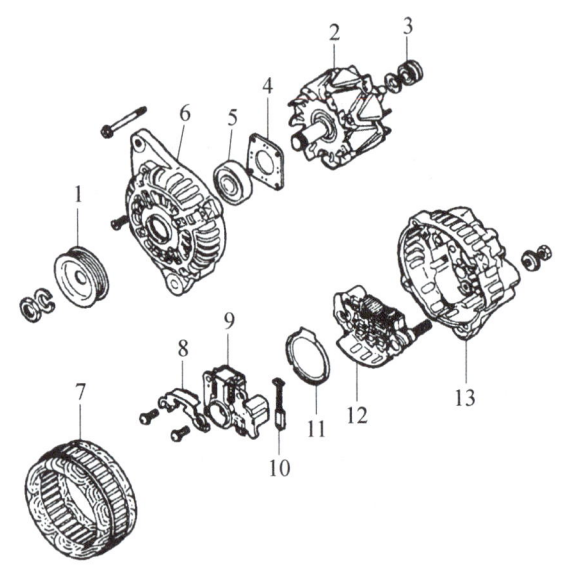

图 2-24　发电机分解后零件图

1—带轮　2—转子　3—后轴承　4—轴承挡板
5—前轴承　6—前盖　7—定子总成　8—固定板
9—电刷架　10—电刷　11—集电环
12—整流器总成　13—后盖

2. 定子绕组的检测

1）如图 2-26 所示，用万用表最大欧姆档位测量定子三相绕组任一端线与铁心间的绝缘情况，阻值应为"∞"（数字式万用表显示 1Ω），如万用表指示导通（数字式万用表显示一定的读数），说明定子绕组有绝缘不良或搭铁故障。

2）如图 2-27 所示，用万用表 R×1 档（数字式万用表 R×200）分别检测定子绕组两个引线端子间的电阻，如万用表指示导通，说明定子绕组没有断路；如万用表指示不导通（数字式万用表显示 1Ω），说明定子绕组有断路。

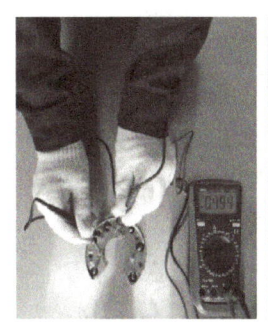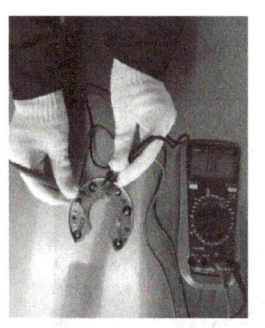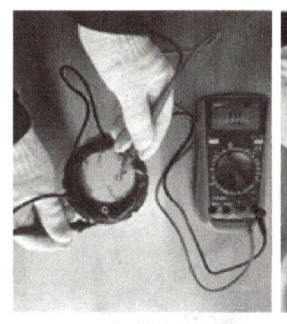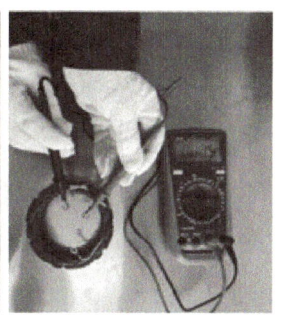

图 2-25　二极管的万用表检测　　　　　　图 2-26　定子绕组的绝缘性能、断路检测

3. 转子总成的检测

1）清除两个集电环之间的炭粉，观察集电环表面有无明显的沟槽、裂纹或烧蚀现象。

2）如图 2-27 所示，用万用表最大欧姆档位测量两集电环与转子轴之间的电阻值，应该指示"∞"（数字式万用表显示 1Ω），如万用表指示导通（数字式万用表显示一定的读数），说明转子励磁绕组有绝缘不良或搭铁故障。

3）如图 2-28 所示，用万用表 R×1 档（数字式万用表 R×200），将红黑两支表笔分别压在两个集电环上。如果电阻值在规定的范围内，则说明励磁绕组良好；如果测量电阻值偏小，则说明励磁绕组匝间短路；如果测量电阻值为"∞"（数字式万用表显示 1Ω），则说明励磁绕组断路。

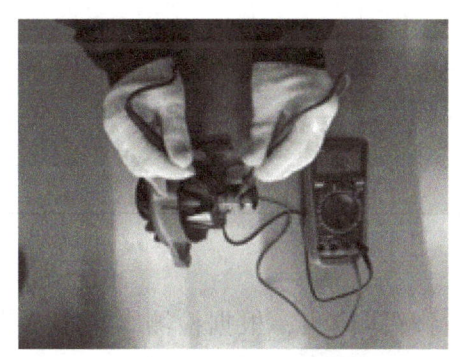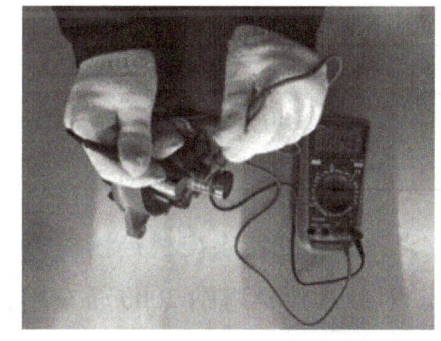

图 2-27　用万用表测量　　　　　　　　图 2-28　用万用表测量
集电环与转子轴电阻值　　　　　　　　　磁场绕组的电阻值

4）检查集电环的磨损情况，有无圆度磨损偏差过大、沟槽过深，或严重烧蚀等现象。集电环轻度烧蚀可用细砂布打磨抛光，若圆度磨损偏差过大，或烧蚀严重，可在机床上进行加工修复。

4. 电刷的检测

如图 2-29 所示，用游标卡尺测量电刷的长度，若长度小于 7mm 应更换电刷，更换时注意电刷的规格型号应与要求一致。

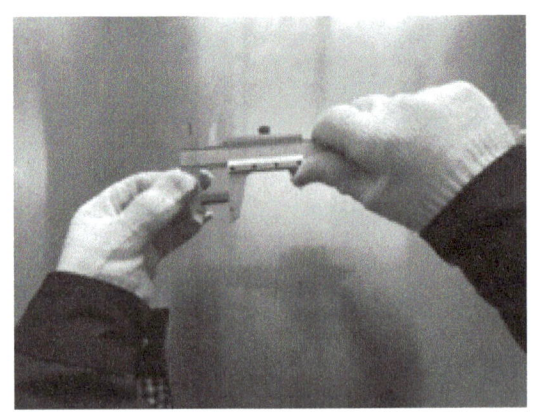

图 2-29 用游标卡尺测量电刷的长度

5. 对普通交流发电机进行解体检测

对 JF11 型交流发电机进行解体检测,将检测结果记入表 2-11 中。

表 2-11 JF11 型交流发电机解体检测表

检测项目	检测结果	处理方法
定子绕组有无短路		
定子绕组有无断路		
定子绕组有无搭铁		
转子绕组有无短路		
转子绕组有无断路		
转子绕组有无搭铁		
转子集电环磨损情况		
电刷磨损情况检测		
整流器性能检测		

6. 整体交流发电机接线柱的识别

对教学用桑塔纳 2000 轿车用整体交流发电机进行解体检测,根据检测结果填写表 2-12。

表 2-12 整体交流发电机接线柱及含义

交流发电机型号	接线柱符号	接线柱含义

任务测评

按照表 2-13 的要求对本次任务的完成情况进行任务测评。

表 2-13　任务测评表

评价项目		评价标准	配分	得分
专业知识技能	40 分	能够独立完成交流发电机的不解体检测	10	
		能够拆解发电机	10	
		能够完成交流发电机的解体检测	20	
任务完成情况	40 分	任务完成的情况（圆满完成、基本完成、未完成）	15	
		任务完成的质量（优秀、良好、不及格）	15	
		在小组完成任务过程中所起的作用（主要、协助、未参与）	10	
职业素养	20 分	能够积极主动参与学习	10	
		能够与小组成员团结协作	5	
		能够服从工位安排，执行实训室"6S"管理规定	5	
综合评议				

任务练习

1. 交流发电机主要由＿＿＿＿、＿＿＿＿、＿＿＿＿、＿＿＿＿、前后端盖、风扇及带轮等组成。

2. 按交流发电机磁场绕组的搭铁形式分类，交流发电机分为＿＿＿＿型交流发电机和＿＿＿＿型交流发电机。

3. 给交流发电机的磁场绕组通电，使其产生磁场，称为＿＿＿＿，通常采用＿＿＿＿和＿＿＿＿方式。

4. 交流发电机定子的作用是＿＿＿＿＿＿＿＿＿＿＿＿＿＿，转子的作用是＿＿＿＿，整流器的作用是＿＿＿＿＿＿＿＿＿＿。

5. 整流器由＿＿＿板和＿＿＿板组成。整流器大多由＿＿只硅二极管组成。

任务三　电压调节器的检测

任务目标

1. 理论目标

了解电压调节器的功用、类型、结构和工作原理。

2. 技能目标

能够检测晶体管电压调节器的工作状况，能够对发电机与电压调节器进行就车测试。

3. 素养目标

养成积极主动的学习态度；严格遵守岗位操作规程，确保工具、设备和自身的安全；培养良好的团队协作精神；提高组织沟通能力；树立"6S"的管理理念。

任务准备

一、电压调节器的功用及其类型

1. 电压调节器的功用

交流发电机工作时输出的端电压与发电机的构造、转速、励磁强度、用电设备阻值等有关。发电机转速及用电量的变化等因素必然引起发电机输出端电压的变化。因此，交流发电机必须配备电压调节器，保证其输出端电压不受转速和用电量变化的影响，保持其输出端电压平均值的恒定，满足用电设备的需要。

2. 电压调节器的分类

电压调节器的类型较多，按元器件的性质来分，可分为电磁振动式电压调节器和电子式电压调节器两种。电磁振动式电压调节器分为单触点式和双触点式两种。电子式电压调节器可分为晶体管式、集成电路式和可控硅式三种。按搭铁形式可分为内搭铁式（与内搭铁型交流发电机配套使用）和外搭铁式（与外搭铁型交流发电机配套使用）两种。

3. 电压调节器的型号

电压调节器的型号编制如下：

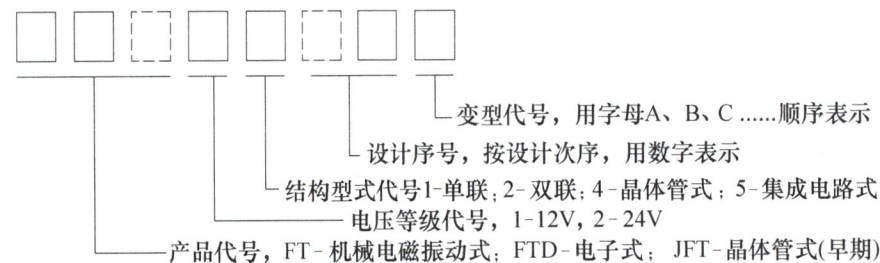

如 FT126C 表示 12V 的双联机械电磁振动式电压调节器，第 6 次设计，第 3 次变形；FTD152 表示 12V 电子式集成电路电压调节器，第 2 次设计。

二、电磁振动式电压调节器

如图 2-30 所示，电磁振动式电压调节器包括触点 K_1 和 K_2、衔铁、磁化线圈、调节弹簧、触点支架、电阻、接线柱等部分。

电磁振动式电压调节器以调节器的磁化线圈为敏感元件，当发电机的电压达到设定电压 13.5V 时，调节器电磁线圈产生的磁力克服触点弹簧力使触点 K_1 断开，R_1、

R_2 串入励磁回路，励磁电流减小，使发电机的电压下降；当电压超过最高限压 14.5V 时，线圈电磁力将 K_2 闭合，励磁绕组搭铁，励磁电流为零，发电机输出电压降低；当电压下降至下限时，电磁线圈的磁力减弱，在弹簧力的作用下触点 K_1 又闭合。当发电机输出的电压发生变化时，磁化线圈所产生的电磁力发生变化，利用电磁力和调节弹簧弹力的平衡控制触点开、闭的时间，改变励磁电路的电阻来改变励磁电流平均值，实现了调节电压的目的。

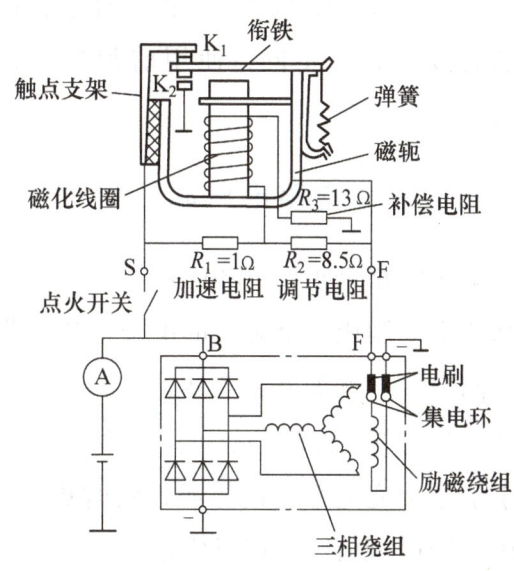

图 2-30 电磁振动式电压调节器

三、晶体管式电压调节器

如图 2-31 和图 2-32 所示，晶体管式电压调节器一般都由 2~4 个晶体管，1~2 个稳压管和一些电阻、电容、二极管等组成，通过电路板连接成电路，然后用轻而薄的铝合金外壳将其封闭。相比机械式电压调节器，具有体积小、重量轻、反应灵敏、无触点烧蚀、使用寿命长等优点。

常见晶体管式电压调节器的外壳有三个接线柱。B(+) 接线柱：点火开关接线柱；F 接线柱：磁场接线柱；E(-) 接线柱：搭铁接线柱。晶体管式电压调节器实物如图 2-33 所示。

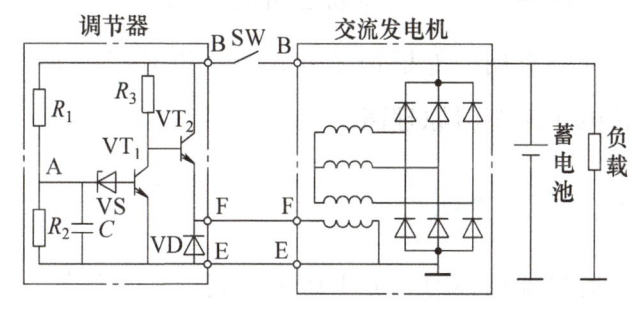

图 2-31 内搭铁晶体管式电压调节器

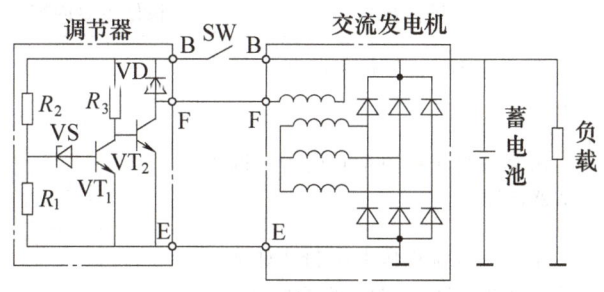

图 2-32 外搭铁晶体管式电压调节器

图 2-33 晶体管式电压调节器实物

晶体管式电压调节器以调节器内的稳压二极管为敏感元件。当发电机输出电压发生变化时，通过稳压二极管控制大功率晶体管的导通与截止，实现了接通与切断励磁电路，改变励磁电流平均值，实现了发电机输出恒定的电压平均值。

晶体管式电压调节器有内、外搭铁的区别，与相应的发电机配套使用，而且与发电机的接线方法不同，使用前判断其搭铁形式，并且与发电机相应的接线柱正确连接。

四、集成电路电压调节器

集成电路也叫作 IC 电路，是将二极管、晶体管和电阻电容等电子元件集成在一块硅基片上，制成一个独立的电子芯片。集成电路电压调节器在很多方面优于晶体管式电压调节器。例如其体积更小，可将其安装在发电机内部，减少了外部电路，缩小了整个充电系统的体积，同时更加耐用，所以目前已被广泛应用。

集成电路电压调节器的工作原理与晶体管式电压调节器工作原理完全相同。都是根据发电机的电压信号，利用晶体管的开关特性控制磁场电流来调节发电机的输出电压。集成电路电压调节器同样也有内、外搭铁之分，而且以外搭铁形式居多。图 2-34 所示为 JFT151 型集成电路电压调节器原理图。

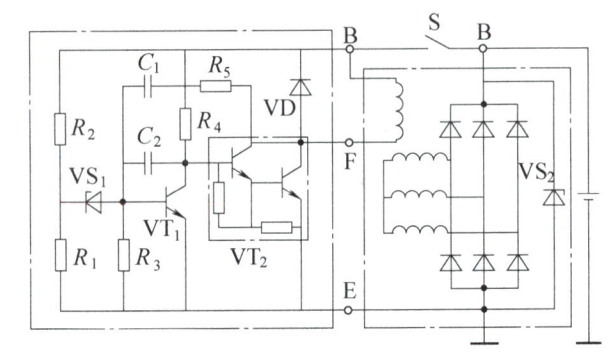

图 2-34　JFT151 型集成电路电压调节器原理图

任务计划

通过课前预习，分组讨论，制订任务计划，填入表 2-14 中。

表 2-14　任务计划表

工具及设备准备			
	检修项目	操作步骤	检修主要内容
任务实施流程	晶体管式电压调节器的检测	万用表检测晶体管式电压调节器	
		用直流稳压电源检查电子式调节器接线	
		用可调直流稳压电源和试灯试验法对电压调节器进行性能检测	
	发电机与电压调节器的就车测试	发电机传动带的松紧度检测	
		发电机与电压调节器车上测试	
		交流发电机不充电故障诊断排除	

任务实施

一、晶体管式电压调节器的检测

1. 用万用表测量各接线柱之间的电阻值，初步判断其性能

当使用此方法进行检测时，要注意选择合适的电阻档位、万用表的种类与型号。测量结果与表中数据对照参考。常见晶体管式电压调节器各接线柱之间正常电阻的参考数值见表2-15。

表2-15 常见晶体管式电压调节器各接线柱之间正常电阻的参考数值

调节器型号	"+"与"-"之间电阻/kΩ		"+"与"F"之间电阻/kΩ		"F"与"-"之间电阻/kΩ	
	正向	反向	正向	反向	正向	反向
JFT121	0.2~0.3	0.2~0.3	0.09	>0.05	0.11	>50
JFT241	0.4~0.5	0.4~0.5	0.11	>0.05	0.11	>50
JFT126	1.5~1.6	1.5~1.6	4.6~5	7.8~8	5.5	6.5~7
JFT246	3	3	4.6~5	9.5~10	5.5	8.5
JFT106	1.4~1.6	1.4~1.6	1.5~2	3~4	1.4~1.6	3~4
JFT107	1.4~1.6	1.4~1.6	1.5~2	3~4	1.4~1.6	3~4

2. 用可调直流稳压电源及试灯法试验调节器性能

用可调直流稳压电源（输出电压为0~30V，电流为5A）和一只12V（或24V）、20W的汽车照明灯代替发电机磁场绕组，按照图2-35所示接线进行试验。

注意：当检测内搭铁式晶体管电压调节器时，试灯接在调节器"F"与"-"接线柱之间；当检测外搭铁式晶体管电压调节器时，试灯接在调节器"F"与"+"接线柱之间。

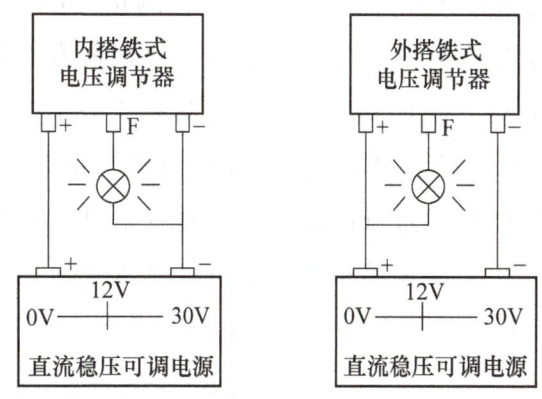

图2-35 用直流稳压电源检测电子式电压调节器接线图

调节直流稳压电源，使其输出电压从零逐渐升高，当14V电压调节器的电压升高到6V（28V调节器的电压升高到12V）时，试灯开始点亮；随着电压的不断升高，试灯逐渐变亮，当14V调节器的电压升高到（14±0.5）V［当28V调节器的电压升高到（28±1）V］时，试灯应该立即熄灭。继续调节直流稳压电源，使电压逐渐降低，试灯又重新变亮，并且亮度随电压的降低逐渐减弱，说明调节器良好；当施加到电子式电压调节器上的电压超过调节电压规定值时，试灯仍不熄灭，或者起作用控制电压数值与规定值相差较大时，说明调节器有故障，不能起调节的作用；若试灯一直不亮，也说明调节器有故障，不能使用在汽车发电机上。

3. 对教学用电压调节器进行性能检测

采用万用表测量法、可调直流稳压电源及试灯试验法对电压调节器进行性能检测，填写表 2-16。

表 2-16 对电压调节器进行性能检测

检测方法	检测结果	性能判断
万用表测量法	"+"与"-"正向电阻：_____，反向电阻：_____； "+"与"F"正向电阻：_____，反向电阻：_____； "F"与"-"正向电阻：_____，反向电阻：_____；	
可调直流稳压电源及试灯试验法	稳压电源接调节器_____和_____接线柱 试灯接_____和_____接线柱	
调节器型号及搭铁类型判断	调节器型号：_____ 调节器搭铁类型：_____	

二、发电机与电压调节器的就车测试

1. 检测发电机传动带的松紧度

用 30~50N 的力按下传动带，挠度应为 10~15mm，否则调整传动带的松紧度。

2. 发电机与电压调节器的测试

关闭点火开关及车上所有的用电设备，测量蓄电池电压，为参考电压。起动发动机使其转速保持在 2000r/min，测量蓄电池的空载充电电压，比参考电压（原蓄电池端电压）高些，但不超过 2V；接通所有电器，测量蓄电池负载电压，至少高出参考电压 0.5V，说明发电机与电压调节器工作正常。若发动机运转后，测得空载电压低于参考电压，仪表盘的充电指示灯常亮，说明充电系统出现不充电故障，应对充电系统按图 2-36 所示进行诊断，找出故障原因，予以排除。

3. 对教学用车进行发电机与调节器就车测试

对教学用车进行发电机与调节器就车测试，填写表 2-17。

表 2-17 发电机与调节器就车测试记录表

检测项目	检测结果	性能判断及处理措施
发电机传动带挠度检测	传动带挠度应为_____mm	
发电机与电压调节器测试	蓄电池参考电压：_____V 蓄电池空载充电电压：_____V 蓄电池负载电压：_____V	
充电指示灯	打开点火开关后（不着车），充电指示灯为_____；发动机运转后电源指示灯_____	

项目二 电源系统的检修

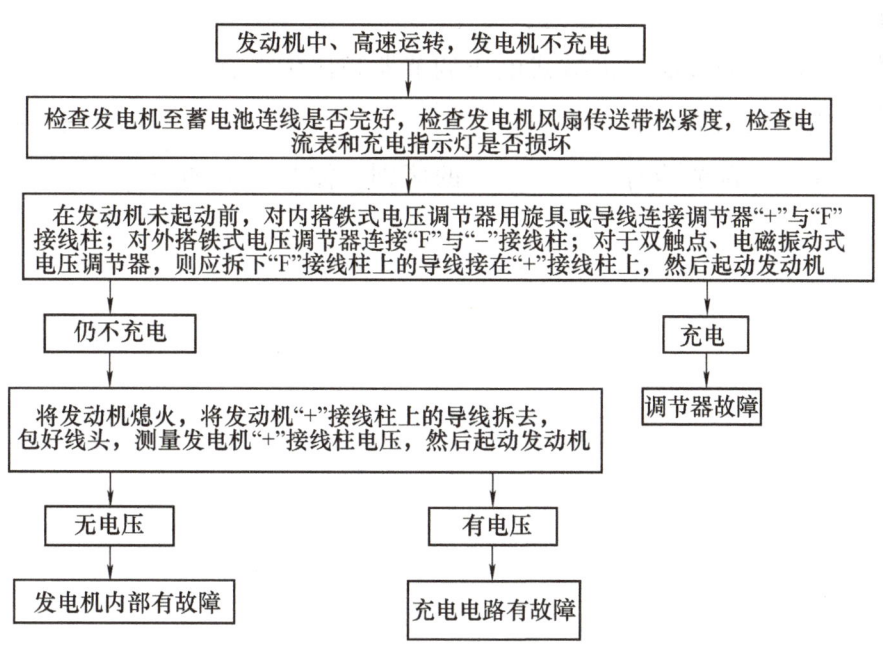

图 2-36 充电系统不充电故障诊断流程图

任务测评

按照表 2-18 的要求对本次任务的完成情况进行任务测评。

表 2-18 任务测评表

评价项目		评价标准	配分	得分
专业知识技能	40 分	使用万用表测量晶体管式电压调节器各接线柱之间的电阻值	10	
		使用可调直流稳压电源和试灯试验电压调节器性能	10	
		检测传动带松紧度	10	
		发电机与电压调节器测试	10	
任务完成情况	40 分	任务完成的情况(圆满完成、基本完成、未完成)	15	
		任务完成的质量(优秀、良好、不及格)	15	
		在小组完成任务过程中所起的作用(主要、协助、未参与)	10	
职业素养	20 分	能够积极主动参与学习	10	
		能够与小组成员团结协作	5	
		能够服从工位安排,执行实训室"6S"管理规定	5	
综合评议				

任务练习

1. 电压调节器的作用是_____。

2. 电压调节器分为＿＿＿＿、＿＿＿＿。

3. 晶体管式电压调节器与机械式电压调节器相比优点有＿＿＿＿＿＿。

4. 晶体管式电压调节器有＿＿＿、＿＿＿、＿＿＿三个接线柱。

5. 晶体管式电压调节器有＿＿＿的区别，需与相应的与＿＿＿形式的发电机配套使用。

项目三 起动系统的检修

项目目标

通过对本项目的学习,学生能够:
1. 了解发动机的起动原理、起动系统的组成;
2. 掌握起动机的结构、型号含义和工作原理;
3. 能够正确拆装起动机,掌握起动机的检修方法;
4. 掌握两种起动系统电路的组成、工作过程和应用特点;
5. 熟练地对起动系统电路进行故障诊断、排除。

任务一　起动机的拆检

任务目标

1. 理论目标

了解发动机的起动原理；掌握起动系统的组成，起动机的结构、型号含义和工作原理。

2. 技能目标

能够正确指认起动机的组成，能够正确使用起动机，能够正确拆装起动机并且对其进行检测。

3. 素养目标

养成积极主动的学习态度；严格遵守岗位操作规程，确保工具、设备和自身的安全；具有良好的团队协作精神和较高的组织沟通能力；树立"6S"的管理理念。

任务准备

一、发动机的起动原理

发动机由静止状态进入正常的工作状态，必须借助外力转动发动机的曲轴，使进入气缸内的可燃混合气燃烧，可燃混合气燃烧推动活塞运动，活塞带动曲轴运转，发动机进入自行怠速运转状态，这称为发动机的起动。

发动机的起动方式有多种，常见的起动方式是通过直流电动机将蓄电池的电能转化为机械转矩，带动发动机的曲轴旋转，称为电起动方式。目前绝大多数汽车发动机都采用这种起动方式。

二、起动系统的组成

常见的起动系统电路有两种形式，一种是不加装起动继电器的直接起动式电路，另一种是加装起动继电器的起动系统电路（其中还包括点火开关起动式电路和一键起动式电路）。起动系统电路一般由起动机、蓄电池、导线、点火开关和起动继电器等元件组成，如图3-1

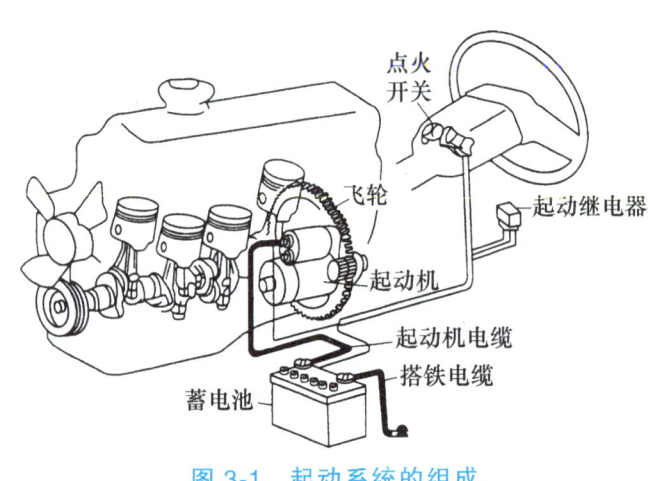

图 3-1　起动系统的组成

所示。

三、起动机的组成及各部分功用

汽车用起动机一般由直流电动机、传动机构和控制机构三个部分组成,如图 3-2 所示。

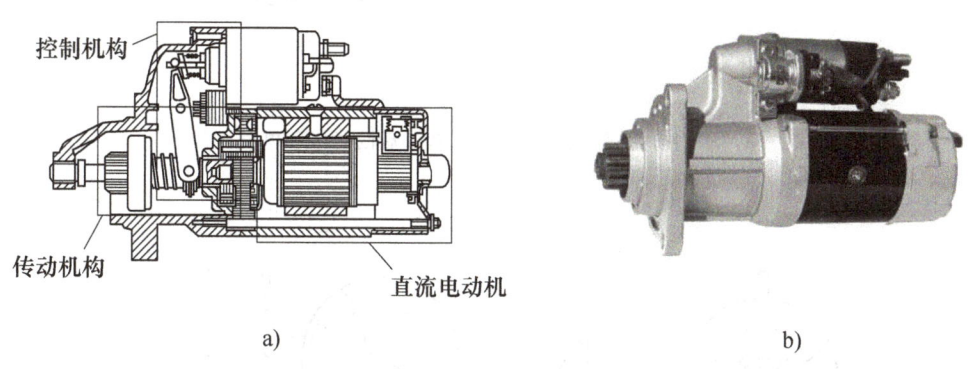

图 3-2 起动机的组成

a) 起动机内部结构图　b) 起动机实物

1. 直流电动机

直流电动机的作用是将蓄电池输入的电能转换为机械能,产生电磁转矩。直流电动机由电枢、磁极、电刷和机壳等主要部件构成。

(1) 电枢　电枢是直流电动机的旋转部分,包括电枢轴、换向器、电枢铁心和电枢绕组等部分。为了获得足够的转矩,通过电枢绕组的电流一般很大(汽油机为 200~600A,柴油机可达 1000A),因此电枢一般采用较粗的矩形裸铜线绕制而成。

换向器由铜质换向片和云母片叠压而成,且云母片的高度略低于铜质换向片的高度,为了避免电刷磨损的粉末落入换向片之间造成短路,起动机换向片之间云母的高度一般不能过低,如图 3-3 所示。电枢绕组各线圈的端头均焊接在换向器上,通过换向器和电刷将蓄电池的电流传递给电枢绕组,并适时地改变电枢绕组中电流的流向。

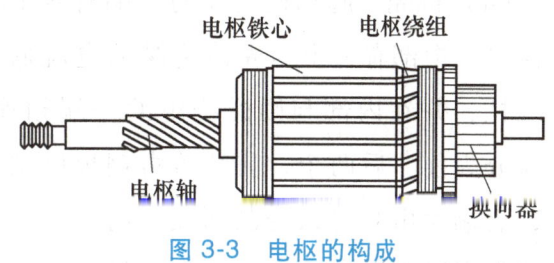

图 3-3 电枢的构成

(2) 磁极　磁极一般由四个低碳钢板制成,其内端部扩大为极掌形。每个磁极上绕有励磁绕组,两对磁极相对交错安装在直流电动机定子内壳上,如图 3-4 所示。定子与转子铁心形成的磁回路如图 3-5 所示。四个励磁线圈可互相串联后再与电枢绕组串联,也可两两串联后并联再与电枢绕组串联。

(3) 电刷及电刷架　电刷架一般为框式结构,其中正极电刷架与端盖绝缘,负极

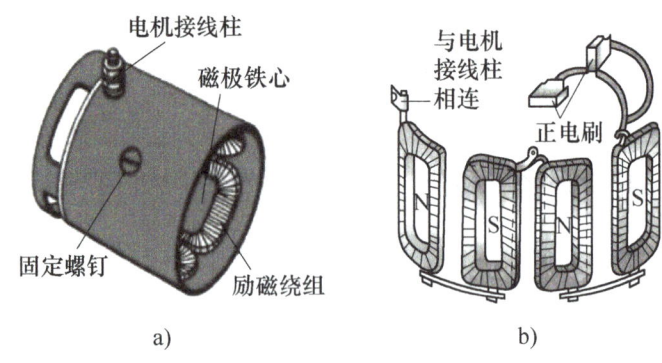

图 3-4 磁极和电刷

a) 解剖前的磁极和定子　b) 解剖后的磁极和电刷

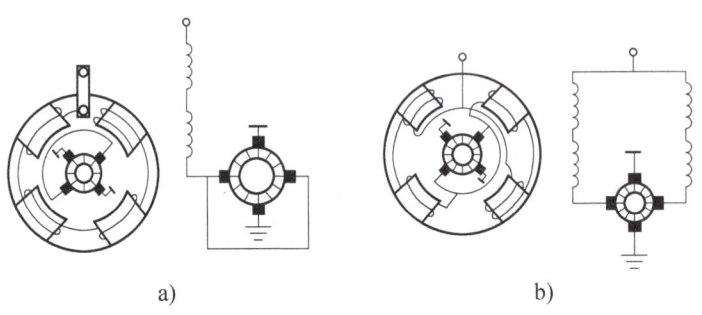

图 3-5 励磁绕组的连线方式

a) 励磁绕组的串联　b) 励磁绕组的串、并联

电刷架通过机壳直接搭铁。电刷置于电刷架中,正电刷与励磁绕组的末端相连,负电刷负极刷架搭铁。电刷由铜粉与石墨粉压制而成,呈棕红色。刷架上装有弹性较好的盘形弹簧,如图 3-6 所示。

（4）机壳　起动机机壳的一端有四个检查窗口,中部有一个与壳体绝缘的电流输入接线柱,并在内部与励磁绕组的一端相连。端盖分为前、后两个,前端盖由钢板压制而成,后端盖由灰铸铁浇制而成。前后端盖均压装有青铜石墨轴承或铁基含油轴承套,外围有两个或四个组装螺孔。电刷装在后端盖内,前端盖上有拨叉座,盖口有凸缘和安装螺孔,还有拧紧中间轴承板的螺钉孔。

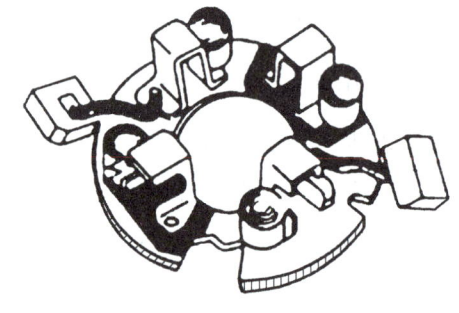

图 3-6 电刷及电刷架

2. 传动机构

传动机构的作用是在发动机起动时,将直流电动机的转矩传递给发动机曲轴;在发动机起动后而与飞轮啮合的小齿轮没有及时回位的情况下,保护起动机不被飞轮反拖。传动机构主要由单向离合器和减速机构（有些起动机没有减速机构）等组成。

3. 控制机构

控制机构的作用是通过控制起动电磁开关及杠杆机构，来实现起动机传动机构与飞轮齿圈的啮合与分离，并接通和断开电动机与蓄电池之间的电路。有些还能接入和切断点火线圈的附加电阻（传统点火装置）。

四、起动机的分类

起动机的种类很多，在各种起动机的组成部分中，电动机部分有励磁式和永磁式两种，但一般没有本质的差别。而起动机的传动机构和控制机构有很大差异，因此起动机主要是按传动机构和控制机构的不同来分类的。

起动机按控制机构分类可分为直接控制式起动机和电磁控制式起动机。

起动机按传动机构减速形式的不同可分为一级减速式起动机、二级减速式起动机和行星排减速式起动机。

五、起动机的型号

根据我国行业标准 QC/T 73—1993《汽车电器设备产品型号编制方法》的规定，起动机的型号由以下五部分组成：

第 1 部分为产品代号：起动机的产品代号 QD、QDJ、QDY 分别表示起动机、减速起动机、永磁起动机。第 2 部分为电压等级代号：1—12V，2—24V。第 3 部分为功率等级代号："1"代表 0~1kW，"2"代表 1~2kW，…，"9"代表 8~9kW。第 4 部分为设计序号。第 5 部分为变型代号。

例如，QD27E 表示额定电压为 24V、功率为 6~7kW、第五次设计的起动机。

六、起动机的工作原理

1. 直流电动机的工作原理

直流电动机的工作原理图如图 3-7 所示。当直流电动机工作时，电流通过电刷和换向器流入电枢绕组。换向片 A 与正电刷接触，换向片 B 与负电刷接触，绕组中的电

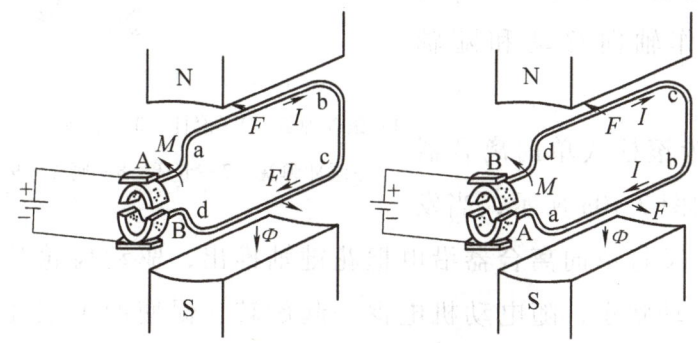

图 3-7　直流电动机的工作原理图

直流电动机工作原理

流方向为 a→b→c→d，根据左手定则通电导体在磁场中受电磁力的原理，绕组 ab 边、cd 边均受到电磁力 F 的作用，由此产生逆时针方向的电磁转矩 M 使电枢转动；当电枢转动至换向片 A 与负电刷接触，换向片 B 与正电刷接触时，电流改由 d→c→b→a（换向器适时地改变了电枢绕组中的电流方向），但电磁转矩的方向仍保持不变，使电枢按逆时针方向继续转动。

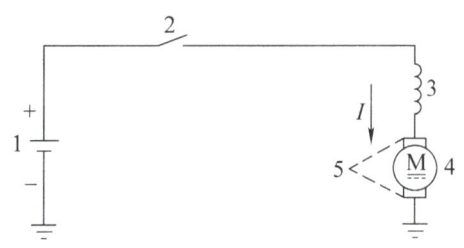

图 3-8 直流串励式电动机的电路原理
1—蓄电池 2—电源开关 3—励磁绕组
4—转子总成 5—电刷和电刷架

如图 3-8 所示，直流串励式电动机的工作原理是电源向励磁绕组提供励磁电流，使其产生磁场，再通过电刷与转子绕组串联，为转子绕组提供电流。

2. 传动机构的工作原理

传动机构是起动机的主要组成部件，包括单向离合器和减速机构（有的起动机没有减速机构）两部分。单向离合器是起动机传动机构的重要组成部分，其作用是将电动机的转矩传递给发动机的飞轮齿圈，使发动机迅速起动，同时在发动机起动后自动打滑，防止起动机被飞轮反拖，保护起动机不致飞散损坏。

单向离合器分为滚柱式单向离合器、摩擦片式单向离合器和弹簧式单向离合器等几种。下面以滚柱式单向离合器为例来介绍，滚柱式单向离合器是国内外汽车起动机中使用最多的一种。其结构如图 3-9 所示，其中，驱动齿轮用 40 号中碳钢加工淬火而成，与外壳连成一体。外壳内安装有十字块，十字块与外壳形成了四个楔形槽，槽内安装有四套滚柱及弹簧。十字块与花键套固定连接，壳底与外壳密封。花键套筒的外面安装有缓冲弹簧、拨环及卡环。单向离合器总成利用花键套与起动机轴的花键形成动配合，作轴向移动和随轴移动。

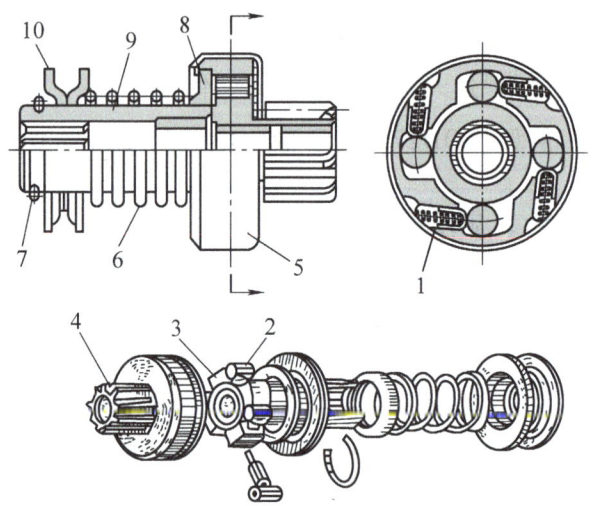

图 3-9 滚柱式单向离合器的结构
1—滚珠弹簧 2—滚柱 3—十字块 4—驱动齿轮 5—外壳
6—缓冲弹簧 7—卡环 8—底壳 9—花键套 10—拨环

图 3-10 所示为滚柱式单向离合器的工作原理图。如图 3-10a 所示，当发动机起动时，经拨叉将单向离合器沿电枢花键轴推出，驱动齿轮啮入发动机飞轮齿圈。十字块处于主动状态，随电动机电枢一起旋转，促使四个滚柱进入楔形槽的窄端，将十字块与外壳挤紧，电动机电枢的转矩由十字块经滚柱、外壳传给驱动齿轮，

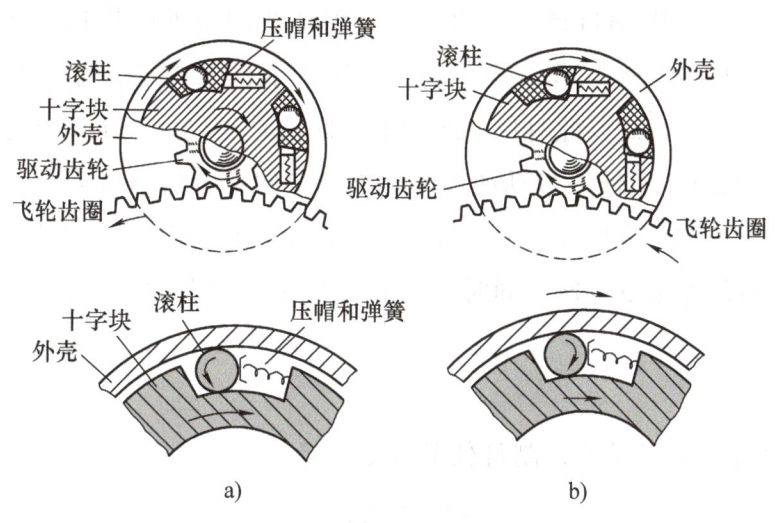

图 3-10 滚柱式单向离合器的工作原理图
a）起动时 b）起动后

达到驱动发动机飞轮齿圈旋转、起动发动机运转的目的。

发动机起动后，飞轮齿圈的转速高于驱动齿轮，十字块处于被动状态，外壳与滚柱的摩擦力使滚柱进入楔形槽的宽端而自由滚动，驱动齿轮及外壳随飞轮齿圈进行高速旋转，而起动机空转（起动电路并未及时断开），如图 3-10b 所示。这种单向离合器的打滑功能，防止了电枢超速飞散。起动完毕后，由于拨叉回位弹簧的作用，经拨环使单向离合器退回，驱动齿轮完全脱离飞轮齿圈。

滚柱式单向离合器具有结构简单、坚固耐用、体积小、重量轻和工作可靠等优点，因此得到广泛应用。其不足是不能在大功率起动机上应用。

滚柱式单向离合器工作原理

3. 电磁开关的工作原理

电磁开关控制驱动齿轮与飞轮齿圈的啮合与脱离，控制起动机主电路的接通与断开。起动机的控制机构主要由起动电磁开关、拨叉和拨环等组成。起动机工作受电磁开关的控制，而电磁开关又受别的装置控制。如果电磁开关直接受点火开关的控制，则称为直接控制式电磁开关；如果在电磁开关的控制回路中加入继电器控制回路，则称为带起动继电器式电磁开关。图 3-11 所示为电磁开关的组成与工作原理图。当点火开关接通至起动档时，电流与蓄电池正极出发经点火开关至电磁开关接线，之后分为两路：第一路经吸引线圈到磁力开

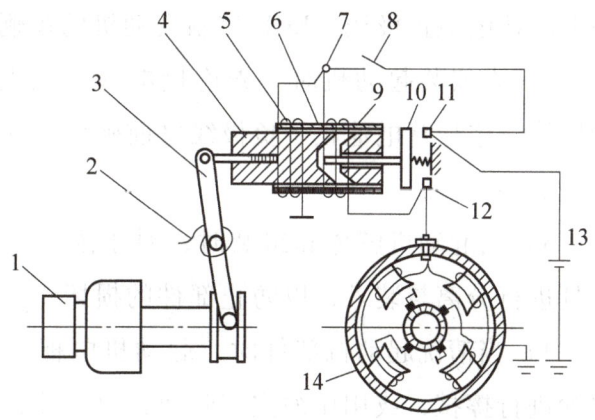

图 3-11 电磁开关的组成与工作原理图
1—单向离合器 2—回位弹簧 3—拨叉 4—活动铁心 5—保持线圈 6—吸引线圈 7—电磁开关接线 8—点火开关 9—铁心套筒 10—导电盘 11、12—接线柱 13—蓄电池 14—电动机

关电机接线柱，经直流电动机搭铁；第二路经保持线圈至外壳搭铁。开始由于电流很小，所以此时直流电动机不工作，但电磁开关吸引线圈有电流产生磁场，吸动活动铁心，推动大铜片短接接线柱，此时保持线圈工作使铁心一直处于工作状态（保证导电盘与接线柱相连），同时活动铁心带动的拨叉3推动单向离合器（齿轮）向外移动，短接之后吸引线圈退出工作。当松开点火开关后，此时由于电流消失，磁力也逐渐消失，活动铁心在回位弹簧的作用下返回，同时拨叉带动单向离合器向里移动。

任务计划

通过课前预习，分组讨论，制订任务计划，填入表3-1中。

表3-1 任务计划表

工具及设备准备			
任务实施流程	检修项目	操作步骤	检修主要内容
	起动机的拆卸	拆卸起动机	
	起动机的检测	直流电动机的检测	
		传动机构的检测	
		控制机构的检测	
	起动机的组装	组装起动机	

任务实施

一、起动机的拆装

1. 拆装起动机的注意事项

1）拆卸起动机前，应先关闭点火开关，将蓄电池的搭铁线拆除，再拆除电磁开关上的蓄电池正极线。ECU控制发动机的车辆更要注意这一点。

2）在安装起动机时，先连接电磁开关上的蓄电池正极线，再连接蓄电池的正、负极线。连接蓄电池正、负极线之前确保点火开关处在关闭状态，这是保护车上电子装置的必要措施。

3）当起动机解体和组装时，对于配合较紧的部件，严禁生砸硬敲，应用拉、压工具进行分离与装入，以防止部件的损坏。

4）当清洗起动机部件时，起动机电枢、励磁绕组和电磁开关总成用拧干汽油的棉纱进行擦拭，或用压缩空气吹净，以防止由于液体不干而造成短路或失火。其他部件用液体清洗剂清洗。

5）起动机组装后，先对其进行测量调整后再进行试验台上的运转试验。当进行起动机运转试验时，要先进行空载试验，再进行全制动试验（24V起动机一般提倡先进行12V空载试验，再进行24V空载试验），以防止因意外故障引起过载而烧坏实验设备或起动机本身。

2. 起动机的拆装

1）在起动机的明显部位做好标记线，以方便安装。

2）从电磁开关接线柱上拆开起动电机与电磁开关之间的导线。

3）松开电磁开关总成的两个紧固螺母，取下电磁开关总成，如图 3-12a 所示。

注意：在取出电磁开关总成时，将其头部①向上抬，使柱塞铁心端头的扁方②与拨杆脱开后取出，如图 3-12b 所示。

4）拆下换向器的两个螺栓，取下换向端盖，如图 3-13 所示。

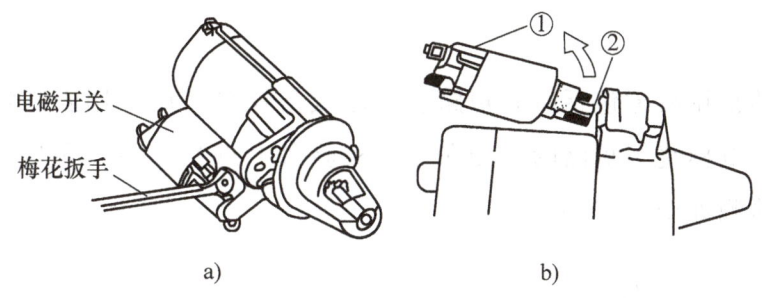

图 3-12 电磁开关的总成与原理图

a）松开电磁开关紧固螺母 b）取出电磁开关总成

5）拆下电刷架及定子总成，如图 3-14 所示。

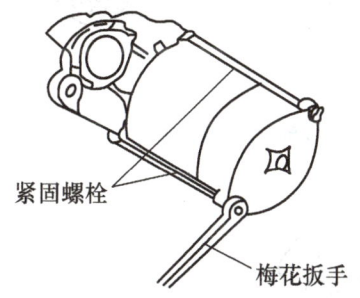

图 3-13 拆卸换向端盖

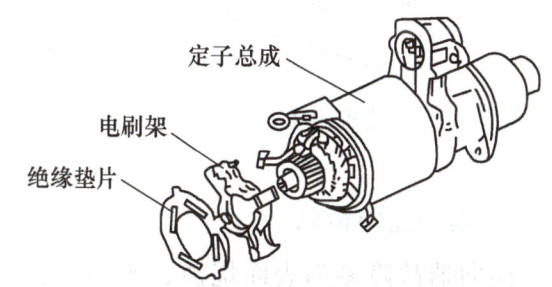

图 3-14 拆下电刷架及定子总成

6）将起动机定子总成及小齿轮拨杆一起从起动机机壳上拉出来，如图 3-15 所示。

7）从电枢轴上拆下电枢止推挡圈的右半环、卡环、电枢止推挡圈的左半环，拆下超速离合器总成，如图 3-16 所示。

起动机的组装程序与分解时的顺序相反。（注意：组装起动机前，将起动机的轴承和滑动部位涂以润滑脂。）

二、起动机的检修

1. 励磁绕组的检修

励磁绕组的常见故障包括接头脱焊，绕组短路、断路或搭铁等。接头松脱故障，

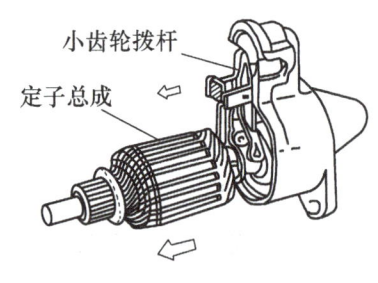

图 3-15 拆卸定子总成

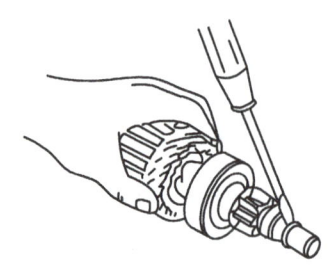

图 3-16 拆卸超速离合器总成

解体后可直接看到。绕组搭铁与否用万用表的高阻值档测量绕组端子与外壳之间的电阻，应为"∞"。

2. 电枢绕组的检修

电枢绕组的常见故障包括匝间短路、断路或搭铁等。用万用表高阻值档检测电枢绕组是否搭铁。电枢绕组短路的检测在专用实验台上进行，如图 3-17 和图 3-18 所示，电枢绕组搭铁检测如图 3-19 所示。

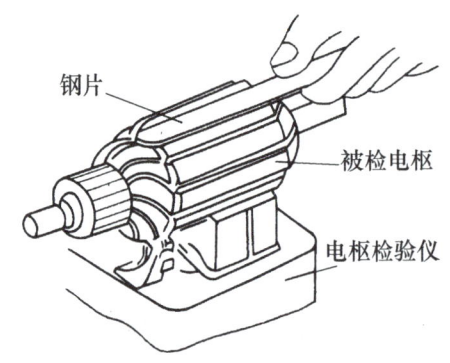

图 3-17 起动机电枢绕组短路的检测

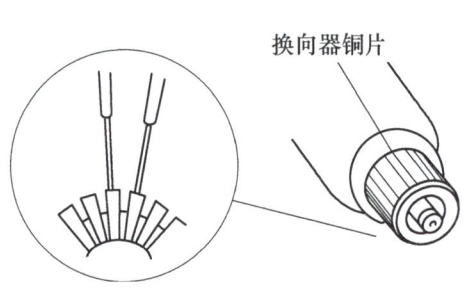

图 3-18 起动机电枢绕组断路的检测

3. 换向器的检修

换向器故障多为表面烧蚀、脏污或云母片突出等。轻微烧蚀用细砂纸打磨，当严重烧蚀或失圆（径向圆跳动>0.05mm）时应进行机加工，加工后换向器铜片厚度不得少于 2mm。云母片高于钢片应车削加工，然后将云母片割低，一般进口小汽车用起动机云母片低于钢片，检修时，若换向器铜片间槽的深度小于 0.2mm，需用锯片将云母片割低至规定的深度。

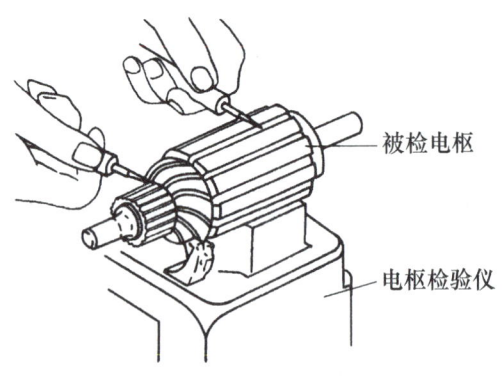

图 3-19 起动机电枢绕组搭铁检测

4. 电枢轴的检修

电枢轴的常见故障是弯曲变形。电枢轴径向圆跳动应不大于 0.15mm，否则应该校正。

5. 电刷与电刷架的检修

检查电刷的高度,一般不低于标准的 2/3,电刷的接触面积不少于其面积的 75%,要求电刷在电刷架内无卡滞现象,否则进行修磨或更换。用万用表的高阻值档检测电刷架的绝缘性。最后测量电刷弹簧的弹力,若不符合要求应予以更换。电刷、电刷架及电刷弹簧的检测如图 3-20 所示。

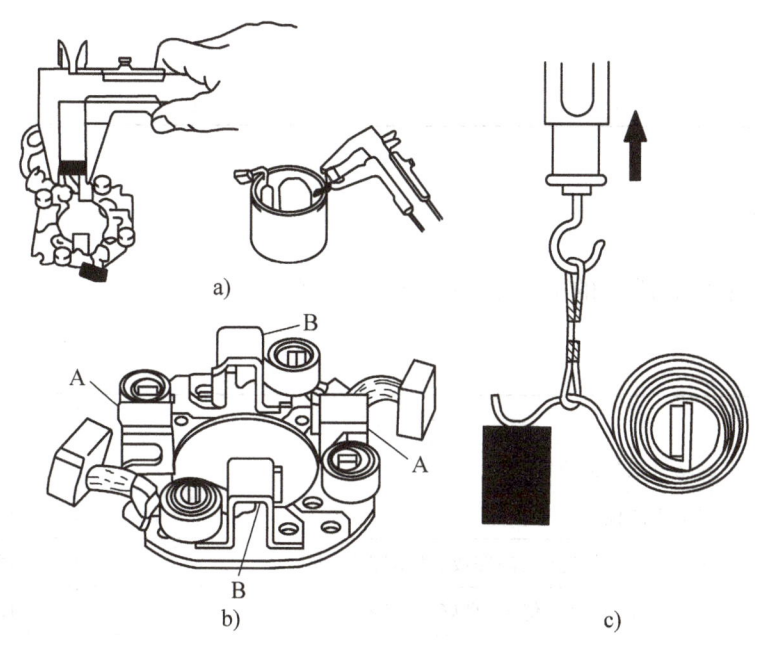

图 3-20 电刷、电刷架及电刷弹簧的检测

a)电刷检测　b)电刷架检测　c)电刷弹簧检测

6. 单向离合器的检修

单向离合器常见的故障是打滑。用扭力扳手检测单向离合器的转矩。若转矩小于规定值,说明单向离合器打滑,予以更换。对于摩擦片式单向离合器,如果转矩偏小,通过调整来修复。

7. 电磁开关的检修

电磁开关的常见故障包括吸拉线圈和保持线圈断路、短路和搭铁,导电盘(或接触盘)及触头表面烧蚀等。线圈的断路故障可用万用表的低阻值档检测其阻值、搭铁故障可用万用表的高阻值档测量其电阻来检查,如图 3-21 所示。导电盘及触头表面烧蚀轻微的可以用锉刀或砂布修整。回位弹簧过弱应予以更换。

将检修结果填入表 3-2。

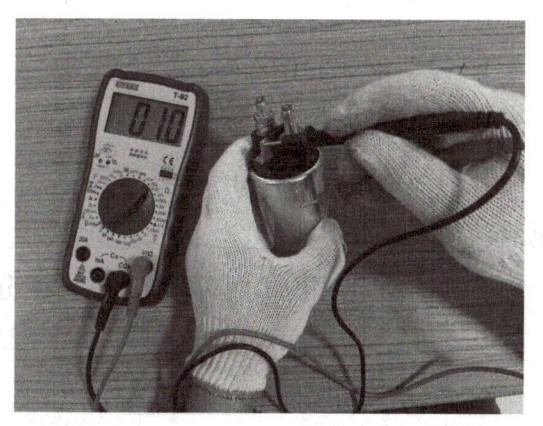

图 3-21 电磁开关的检修

表 3-2　起动机检修维修记录表

检修项目	检修结果	分析判断是否正常
励磁绕组		
电枢绕组		
换向器		
电枢轴		
电刷与电刷架		
单向离合器		
电磁开关		

任务测评

按照表 3-3 对本次任务的完成情况进行任务测评。

表 3-3　任务测评表

评价项目		评价标准	配分	得分
专业知识技能	40 分	起动机进行拆装	20	
		起动机的检修	20	
任务完成情况	40 分	任务完成的情况（圆满完成、基本完成、未完成）	15	
		任务完成的质量（优秀、良好、不及格）	15	
		在小组完成任务过程中所起的作用（主要、协助、未参与）	10	
职业素养	20 分	能积极主动参与学习	10	
		能与小组成员团结协作	5	
		能服从工位安排，执行实训室"6S"管理规定	5	
综合评议				

任务练习

1. 起动系统的作用是_____。

2. 起动机由_____、_____和_____三部件组成。

3. 串励直流电动机的作用是将_____能转换成_____能，产生_____。串励直流电动机由_____、_____、_____和_____等主要部件构成。

4. 传动机构中的单向离合器分为_____、_____、_____三种形式。

5. 起动机中共有_____个电刷，分别是两个_____电刷、两个_____电刷。

6. 起动系统电路由_____、_____、_____、_____和_____等元件组成。

任务二　点火开关起动式起动系统电路故障诊断

任务目标

1. 理论目标
掌握点火开关起动式电路的组成、工作过程和工作特点。

2. 技能目标
掌握点火开关起动式电路的维护、故障诊断、检测和排除方法。

3. 素养目标
养成积极主动的学习态度；严格遵守岗位操作规程，确保工具、设备和自身安全；具有良好的团队协作精神和组织沟通能力；树立"6S"的管理理念。

任务准备

一、点火开关的介绍

现代汽车大部分采用点火开关起动式起动系统电路，点火开关安装在转向管柱或转向盘的周围，当安装在转向管柱上时，可对转向盘机械锁止，其一般由 LOCK、ACC、ON、START 四个档位组成。四个档每个档位都是递进式的，在每个档位做瞬间停留约 1~2s，就能听见各级电气设备通电的声响，然后再进入下一个档位。以下是各个档位的作用：

LOCK 档位的作用是锁死汽车，一般汽车钥匙放到这个档位就等于锁死转向盘。

ACC 档位的作用是给全车通电，收音机、车灯等可以正常使用，不可以使用空调。

ON 档位的作用是除了起动机，其余的基础设备都供电，此时转向盘解锁，正常行车时钥匙处于 ON 状态，这时全车所有电路都处于工作状态。

START 档位的作用是起动车辆，当起动发动机时，应将点火开关处于 START 档位，其功用是接通起动机的控制电路，使起动机驱动发动机运转起来，起动后放松点火开关会自动恢复正常状态，也就是 ON 档。

图 3-22 所示为汽车点火开关档位。

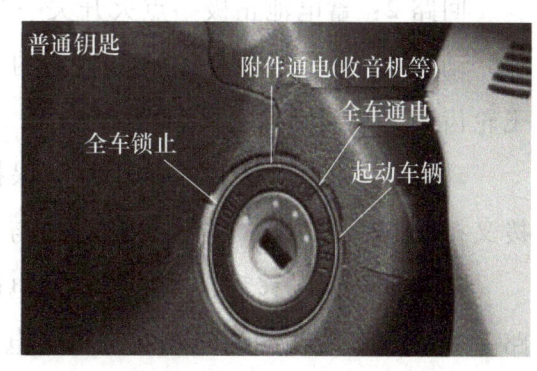

图 3-22　汽车点火开关档位

二、点火开关起动式起动系统电路的分类

点火开关起动式起动系统电路可分为直接起动式和间接起动式（起动继电器控制式）。

1. 直接起动式起动系统电路的工作过程

直接起动式起动系统电路的组成及工作过程如图 3-23 所示。电磁开关推动起动机驱动齿轮强制啮入飞轮齿圈。直接起动式起动系统电路有三条电流工作回路，其工作过程如下：

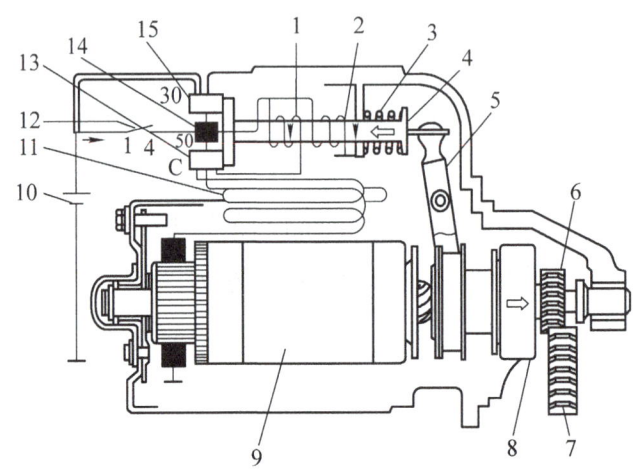

图 3-23 直接起动式起动系统电路的组成及工作过程

1—吸拉线圈 2—保持线圈 3—回位弹簧 4—活动铁心 5—拨叉 6—驱动齿轮 7—飞轮齿圈
8—离合器 9—电枢 10—蓄电池 11—励磁线圈 12—点火开关 13—起动机磁场"C"接线柱
14—起动机"50"接线柱 15—起动机"30"接线柱

当起动时，将点火开关旋转至起动档，点火开关旋转至起动档的瞬间，接通了两条电流回路，起动机实现了两个动作。

回路1：蓄电池正极→点火开关→"50"接线柱→吸拉线圈→"C"接线柱→起动机励磁绕组→电枢→搭铁→蓄电池负极。

回路2：蓄电池正极→点火开关→"50"接线柱→保持线圈→搭铁→蓄电池负极。

动作1：流经励磁与电枢绕组中的小电流，起动机缓慢转动，保证了驱动齿轮与飞轮齿圈的顺利啮入。

动作2：磁场铁心在吸拉线圈与保持线圈所产生磁场的作用下，向左移动，同时拨叉推动起动机驱动齿轮向右移动，与飞轮齿圈啮合。

磁场铁心向左移动，导电盘接通电磁开关上的"30"接线柱与"C"接线柱，回路1短路（吸拉线圈的两端被加上蓄电池的端电压而短路不工作，磁场铁心依靠回路2保持线圈产生的磁场，导电盘将"30"接线柱与"C"接线柱接通）、接通了新的回

路3，产生了新的动作3。

回路3：蓄电池正极→"30"接线柱→导电盘→"C"接线柱→起动机励磁绕组→电枢→搭铁→蓄电池负极。

动作3：流经励磁与电枢绕组中的大电流使起动机产生大转矩，经起动机的传动机构驱动飞轮齿圈使曲轴旋转，起动发动机。

发动机起动后，松开点火开关，"50"接线柱断电，由于机械惯性，松开点火开关的瞬间，导电盘仍将"30"接线柱与"C"接线柱接通，瞬间构成一个新的回路：蓄电池正极"30"接线柱导电盘→吸拉线圈→保持线圈→搭铁→蓄电池负极，吸拉线圈与保持线圈产生相反方向的磁场而导致有效磁场大大削弱，磁场铁心失去磁场力，在回位弹簧的作用下迅速回位，导电盘与"C"接线柱与"30"接线柱分开，回路3被断开，驱动齿轮被拉回位，起动完毕。

在上述的三条回路中，将回路1和回路2认作一条回路，即起动系统的开关电路（在没有起动继电器的控制电路中，也可以认作控制电路）；回路3则被称为起动系统的主电路。

在传统点火系统中，图3-23中"30"接线柱和"C"接线柱之间还有一旁通接线柱，用来在起动时短路点火线圈上附加电阻，改善了起动时的点火性能。目前，汽车较多采用电子点火，点火系统已不再设置附加电阻，在这种类型的车上，起动机电磁开关也没有旁通接线柱。

2. 间接起动式起动系统电路工作过程

如图3-24所示，现代汽车上的发动机都采用起动继电器控制起动机。起动电路由蓄电池、点火开关、起动继电器、起动机和导线等组成。当发动机起动时，将点火开关旋至起动档位，起动继电器通电后，吸下衔铁使触点闭合，接通了电磁开关回路，起动机投入工作；发动机起动后，松开点火开关，点火开关自动转回到点火工作档位，起动继电器线圈断电而触点被断开，电磁开关回路也随即断开，起动机停止工作。

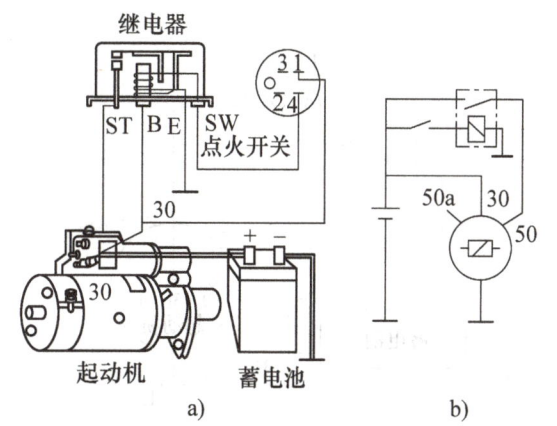

图3-24 间接起动式起动系统电路原理图

a）接线图 b）电路原理图

带保护继电器的起动电路原理图

间接起动式起动系统电路的主要特点如下：

1）实现小电流控制大电流，对点火开关起保护作用，避免了点火开关的烧蚀，延长了点火开关的使用寿命。

2）实现由点火开关控制起动继电器，继电器控制起动机电磁开关，电磁开关控制直流电动机的三级控制。

任务计划

通过课前预习，分组讨论，制订任务计划，填入表 3-4 中。

表 3-4 任务计划表

工具及设备准备			
任务实施流程	检修项目	操作步骤	检修主要内容
	起动机不转	检查电源及电路	
		检查熔丝继电器	
		检查起动机本身	
	起动无力	检查蓄电池	
		检查起动机本身	
	起动机空转	检查起动机传动装置	
	起动机异响	检查磁力开关	
		检查传动机构	
		检查直流电动机	

任务实施

一、依据图 3-25 和图 3-26 所示的两种电路简图，结合实物进行连接

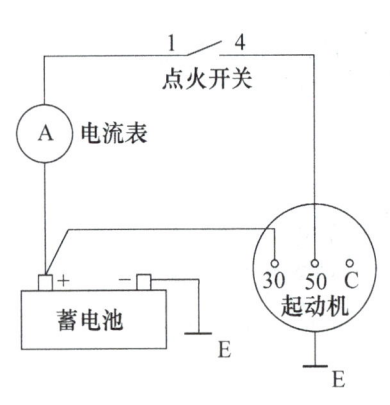

图 3-25 直接起动式起动系统电路连线图

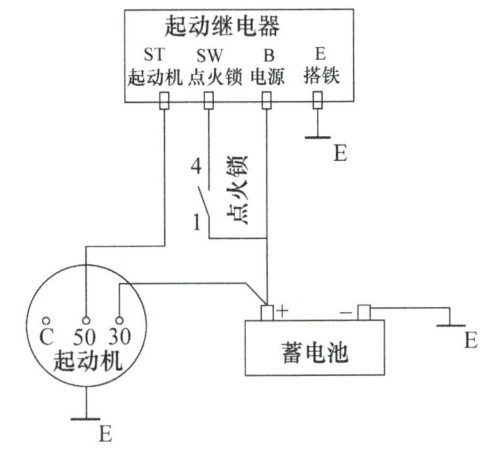

图 3-26 间接起动式起动系统电路连线图

二、起动系统电路的常见故障诊断与排除

起动系统电路的常见故障主要有起动机不转、起动机运转无力、起动机空转、起动机异响等。当诊断与排除起动系统电路故障时，根据控制电路的不同情况具体分

析。下面以带起动继电器的控制电路为例说明起动系统电路的故障诊断与排除方法。

1. 起动机不转

（1）故障现象　将点火开关旋到起动位置，起动机不运转。

（2）故障原因

1）电源及电路部分的故障：蓄电池严重亏电、蓄电池接线柱上的电缆插头松动或接触不良、控制电路断路。

2）起动继电器的故障：继电器线圈绕组烧毁或断路、继电器触点严重烧蚀或触点不能闭合。

3）起动机的故障：起动机电磁开关触点严重烧蚀，换向器严重烧蚀导致电刷与换向器接触不良，电刷弹簧压力过小或电刷卡死在电刷架中，电刷与励磁绕组断路或正电刷搭铁，磁场绕组或电枢绕组有断路、短路或搭铁故障，电枢轴的铜衬套磨损过多使电枢轴偏心或电枢轴弯曲导致电枢铁心"扫膛"。

（3）故障诊断

1）当打开前照灯开关或按下喇叭按钮时，若灯光较亮或喇叭声音洪亮，说明蓄电池存电较足，故障不在蓄电池；若灯光很暗或喇叭声音很小，说明蓄电池容量严重不足；若灯不亮或喇叭不响，说明蓄电池或电源电路有故障，应该检测蓄电池相线及搭铁电缆的连接有无松动以及蓄电池储电是否充足。

2）用导线将蓄电池正极与电磁开关"50"接线柱接通（时间不超过3s），接通时起动机转动，说明点火开关回路或起动继电器回路有故障；接通时起动机不转，进一步检测起动机与电磁开关。

3）当用螺钉旋具将电磁开关的"30"接线柱与"C"接线柱接通时，若起动机空转正常，说明电磁开关有故障；若起动机不转，说明起动机有故障。可根据螺钉旋具短接"30"接线柱与"C"接线柱时产生火花的强弱来辨别。若短接时无火花，说明磁场绕组、电枢绕组或电刷引线等有断路故障；若短接时有强烈火花而起动机不转，说明起动机内部有短路或搭铁故障，须拆下起动机进一步检测。

2. 起动机起动无力

（1）故障现象　将点火开关旋至起动档时，起动机能运转，但功率明显不足，时转时停。

（2）故障原因

1）蓄电池储电不足或有短路故障导致供电能力降低。

2）起动机主回路接触电阻增大使起动机工作电流减小，原因包括：蓄电池正、负极柱上的电缆紧固不良，起动机电磁开关触点与导电盘烧蚀，电刷与换向器接触不良或换向器烧蚀等。

3）起动机磁场绕组或电枢绕组匝间短路使起动机输出功率降低。

4）起动机装配过紧或有"扫膛"现象。

5）发动机转动阻力矩过大。

(3) 故障诊断

1）检查蓄电池容量（用高率放电计检查），若容量不足，可用容量充足的蓄电池辅助供电的方法加以排除。

2）检查蓄电池桩头接线柱及起动电磁开关主触头接线柱的松动情况，若松动，加以紧固。

3）若怀疑是起动机内部故障，可用同型号无故障的起动机替换加以排除。确认是起动机内部故障时，应进一步拆检起动机。

3. 起动机空转

(1) 故障现象　起动发动机时，起动机运转且转速很高、响声较大而发动机不运转。

(2) 故障原因　单向离合器打滑，不能传递驱动转矩。

(3) 排除方法　更换单向离合器或起动机，故障即可排除。

4. 起动机异响

(1) 故障现象　起动发动机时，伴随着刺耳的异响声。

(2) 故障原因　电磁开关工作不良、蓄电池亏电、机械故障等。

(3) 故障诊断　起动机驱动小齿轮周期性地撞击飞轮齿环，发出"嗒嗒"声，原因可能是电磁开关的保持线圈或吸拉线圈断路、短路或接触不良，蓄电池亏电。其诊断方法如下：

1）首先检查蓄电池是否亏电（按喇叭、开前照灯，观察喇叭音响和灯光明亮程度是否正常），若蓄电池存电良好，则为电磁开关工作不良。

2）用万用表检查电磁开关的保持线圈和吸拉线圈是否短路、断路或接触不良。

3）起动时起动机有"扫膛"现象，故障为转子轴向间隙过大，一般为铜套磨损或损坏（解体起动机更换铜套）。

4）起动时有较大的响声并且转子转动无力，一般是装配过紧或转子轴弯曲等机械故障导致。此时必须解体起动机进行检查并按规定装配。

任务测评

按照表 3-5 对本次任务的完成情况进行任务测评。

表 3-5　任务测评表

评价项目		评价标准	配分	得分
专业知识技能	40 分	能连接直接起动式起动系统电路	10	
		能连接间接起动式起动系统电路	10	

（续）

评价项目		评价标准	配分	得分
专业知识技能	40分	具有正确排除起动机不工作故障的能力	10	
		具有分析起动机故障原因的能力	10	
任务完成情况	40分	任务完成的情况（圆满完成、基本完成、未完成）	15	
		任务完成的质量（优秀、良好、不及格）	15	
		在小组完成任务过程中所起的作用（主要、协助、未参与）	10	
职业素养	20分	能积极主动参与学习	10	
		能与小组成员团结协作	5	
		能服从工位安排，执行实训室"6S"管理规定	5	
综合评议				

任务练习

1. 间接起动式起动系统电路的主要特点有_____、_____。
2. 起动继电器有四个接线柱，分别是_____、_____、_____、_____。
3. 起动机三个接线柱分别是_____、_____、_____，分别与_____、_____、_____连接。
4. 起动电路常见的故障主要有_____、_____、_____、_____等。
5. 起动机异响的故障由_____、_____、_____等原因引起。

任务三　一键起动式起动系统电路故障诊断

任务目标

1. 理论目标

了解一键起动式起动系统电路的组成，掌握一键起动式起动系统电路的工作原理。

2. 技能目标

能正确运用所学知识对一键起动常见故障进行检修。

3. 素养目标

养成积极主动的学习态度；严格遵守岗位操作规程，确保工具、设备和自身安全；具有良好的团队协作精神和组织沟通能力；树立"6S"的管理理念。

任务准备

一、汽车一键起动式起动系统的介绍

1. 含义

汽车一键起动（Passive Entry Passive Start，PEPS）是装置在智能汽车上的，是实现简约起动过程的一个便捷装置。当车辆需要起动时，只要驾驶人持钥匙坐在车内，将车辆置于P位或者N位（手动档置于空档），踩下制动踏板或离合踏板的同时，按下一键起动按钮，车辆即被起动，再次按下起动按钮，车辆熄火。

2. 汽车一键起动式起动系统电路的组成

一键起动式起动系统电路一般由智能钥匙、一键起动控制单元、起动/停止按钮、多个室内外天线、电子转向锁及控制模块、防盗控制装置及控制模块、发动机控制单元、数据总线及其他线束、电子点火锁、起动机、控制继电器、蓄电池、熔丝等组成。

二、汽车一键起动式起动系统的工作原理

现以奥迪汽车为例，介绍一键起动式起动系统的工作原理，如图3-27所示。

1）按下起动/停止按钮E408，按钮将"点火开关接通"和"发动机起动"的信息发送到舒适系统中央控制单元J393上，并读取起动/停止键信息。

2）"起动/停止"这个按钮信息通过数据线继续传至控制单元，将这两个按钮信息进行对比。

3）舒适系统中央控制单元J393将钥匙查询信息发送给使用授权天线读入，通过所有的起动授权天线将起动信号发送给车辆钥匙。

4）车辆钥匙根据以上信号来确定钥匙的位置，并将其信息发送给中央门锁/防盗警报装置天线R47。

5）中央门锁/防盗警报装置天线收到信息后，将该信息传送至电子点火锁E415。

6）根据钥匙的使用情况，电子点火锁S触头信号就被发送到舒适CAN总线上，转向系统开锁（控制单元J764通过起动/停止按键激活信号对转向柱进行解锁）。

7）转向锁完全打开后，接线端15接通（如果转向柱成功解锁，该信息将通过导线将接通接线端15的信息传递给控制单元J393；在电子转向锁ELV解锁期间，起动信号导线始终保持激活状态；发送允许指令后，舒适系统中央控制单元J393将激活接线端15的继电器）。

8）接线端15接通后，发动机控制单元与使用和起动授权控制单元之间就开始经

CAN 总线进行数据交换，防盗装置数据被停用。

9）使用和起动授权控制单元将"起动请求"这个信号发送给发动机控制单元。发动机控制单元检查离合踏板是否踩下或是否挂入 P 位（自动变速器），然后就会自动接通起动机，从而起动发动机。

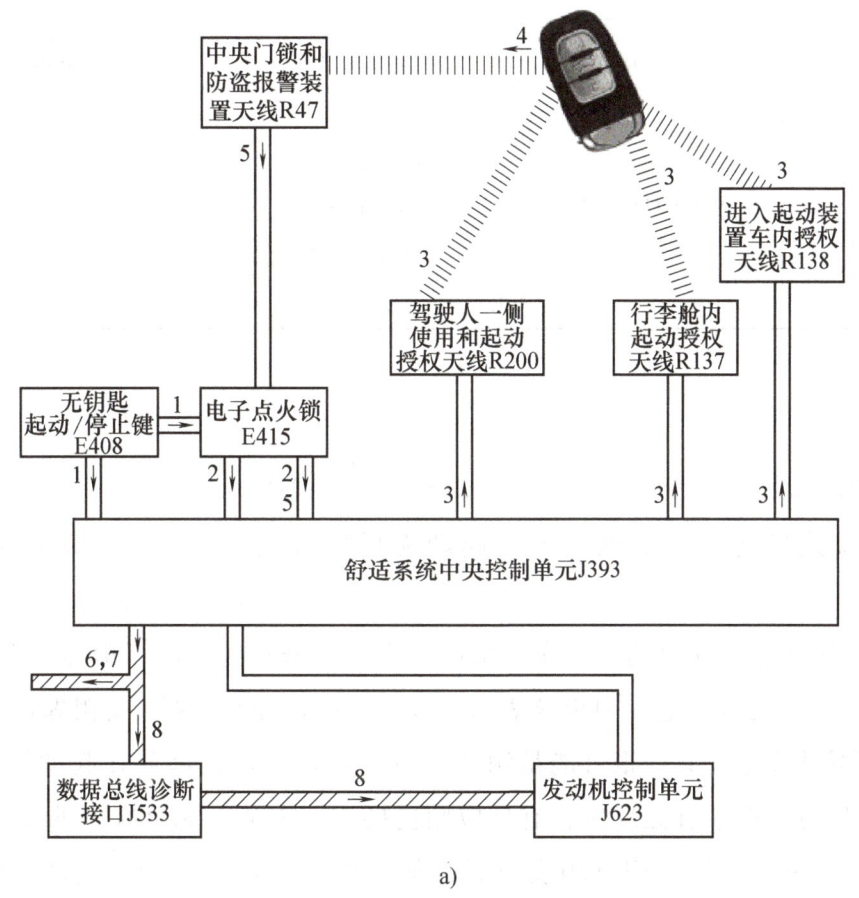

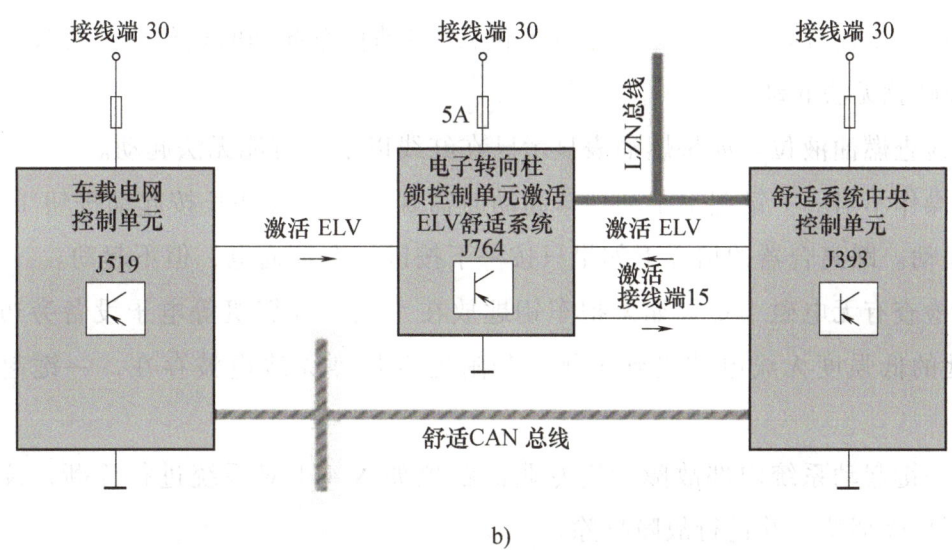

图 3-27 一键起动式起动系统工作原理图

a）一键起动过程原理图　b）舒适控制单元 J764 对转向柱解锁控制原理图

任务计划

通过课前预习，分组讨论，制订任务计划，填入表3-6中。

表3-6 任务计划表

工具及设备准备			
任务实施流程	检修项目	操作步骤	检修主要内容
	起动无反应或失灵	钥匙位置	
		钥匙电池电压	
		蓄电池电压	
		变速杆位置	
		燃油量	

任务实施

1. 一键起动式起动系统常见故障为起动无反应或失灵

一键起动式起动系统常见故障为起动无反应或失灵，具体故障诊断排除方法如下：

1）检查钥匙是否在身边。汽车一键起动靠钥匙来感应，没有钥匙就不能起动。

2）检查钥匙是否亏电。如果仪表总显示"钥匙匹配错误"或钥匙出现遥控距离缩短、感应不灵敏等现象，很可能是钥匙亏电。可将智能钥匙放在起动按钮上，然后再按压按钮起动。观察有无反应，有反应则更换钥匙电池。无反应再进行其他检查。

3）检查蓄电池电压。用万用表或者其他专用诊断仪器检测蓄电池电压，电压不足或损坏就会造成无法起动，应进行补充充电或更换蓄电池。

4）检查变速杆位置是否在P位（N位）。自动档车起动时档位一定要放在P位或N位，否则就无法起动。

5）检查燃油液位。如果燃油表显示已在红线以下，可能无法起动。

6）操作不当。一键起动手动档车起动时需踩离合踏板并长按起动按钮1~2s，否则无法起动。踩离合器的情况下如果只按一下按键，车辆通电，但不起动。

7）检查有无电磁干扰。如果把车钥匙放在手机或计算机等电子设备旁边，就会导致钥匙的低强度无线电波受到干扰。若附近有强烈无线电波存在，一键起动也会失灵。

8）一键起动系统内部故障。用专业诊断仪如X-431对系统进行诊断，读取故障码，判断故障部位，并进行故障排除。

2. 故障案例

1）一辆大众迈腾（B7L车型）行驶里程为47954km，无钥匙进入系统失效；按下一键起动按键时发动机不能起动；使用点火钥匙起动，有时也不能起动发动机。

故障诊断：维修人员试车确认无钥匙进入功能失效，但可以用遥控开、闭锁车门。按压起动按钮时起动机不工作，仪表上有一个黄色指示灯点亮，其他所有的指示灯均不亮，发动机不能起动。将点火钥匙插入点火开关能够起动发动机。后使用诊断仪 VAS5052A 检查发现，在防盗控制单元中储存有故障码：01176，钥匙不可靠信号（偶然性发生），在舒适控制单元中储存有"进入/起动认可系统天线电路电气故障"的故障码，属于静态故障（注：大众迈腾汽车所有天线均有故障码储存）。清除防盗控制单元中的故障码，利用点火钥匙起动发动机，每次均能正常起动，舒适控制单元中储存有"进入/起动认可系统天线电路电气故障"的故障码，按下一键起动按钮，起动机不能运转，而此时就会在防盗控制单元中储存有"01176，钥匙信号不可靠信号"故障码。再使用点火钥匙起动发动机，发现不能一次起动，再次用点火钥匙能够正常起动。根据以上故障现象和故障码，维修人员分析认为所有进入/起动认可系统天线不会同时出现问题，而出现以上故障码是因为不能通过进入/起动认可系统天线有效地识别到点火钥匙，而使用点火钥匙打开点火开关时在防盗控制单元能够同读取线圈有效地进行钥匙识别。通过原理分析可将故障范围锁定在接线端控制单元 J942 及其电路故障。更换接线端控制单元 J942 后，再次试车，可以正常起动，故障排除。

2）一辆大众迈腾 1.8T 尊贵型轿车一键起动不能熄火。故障诊断：维修人员连接故障诊断仪 VAS6150A 进行检测，读取点火开关接线端状态，发现 S 接通、75X 接通、15 接通、50 关闭，正常；检查 J393、J942 及 E408 连接的线束插接器，无松脱、损坏及腐蚀现象；检查 J393、J942、J519 及 J527 控制单元编码，J527 控制单元编码异常，于是维修人员更换新 J527 并重新进行编码，结果故障依旧存在。为了找到一键起动不能熄火的原因，维修人员找来一台同配置大众迈腾试驾车进行测试对比。通过观察发现，一键起动功能使用正常时，一键起动"START/STOP 按钮"背景灯 L76 为常亮状态，若背景灯 L76 出现不亮或闪烁时，一键起动为失效状态。据此考虑可能是起动按钮故障，于是更换一键起动按钮，试车，首次使用一键起动装置时熄火成功，再次使用故障依旧，判断故障不在起动按钮。后续维修人员用万用表检测发现接线端控制单元 J942 的 T32g/2 端子在车辆不能起动时测虽有 12V 电压，而试驾车同情况下 T32g/2 端子电压为 0V。拔下 T32g/2 端子，L76 按钮背光灯常亮，则一键起动功能恢复。根据维修手册电路图分析，T32g/2 端子用来监控钥匙的插入信号。当钥匙插入时，此端子产生 S 触头电压信号；当钥匙拔出时，S 触头断开，则发动机自动切换为一键起动信号模式，根据上述，最终判断为 J942 的 T32g/2 端子到点火开关 T16f/16 端子之间电路对正极短路或点火开关内部机械故障，后检查电路没有故障，最后判断为电子点火开关自身故障，更换电子点火开关 D9，试车，一键起动功能完好，熄火正常，钥匙检测感应正常，故障排除。

表3-7 任务测评表

评价项目		评价标准	配分	得分
专业知识技能	40分	能叙述一键起动式起动系统的组成、工作原理	10	
		能对一键起动系统的"启动无反应""启动失灵"等故障进行正确的诊断分析	15	
		能正确对典型车辆的一键起动系统故障进行诊断排除	15	
任务完成情况	40分	任务完成的情况(圆满完成、基本完成、未完成)	15	
		任务完成的质量(优秀、良好、不及格)	15	
		在小组完成任务过程中所起的作用(主要、协助、未参与)	10	
职业素养	20分	能积极主动参与学习	10	
		能与小组成员团结协作	5	
		能服从工位安排,执行实训室"6S"管理规定	5	
综合评议				

任务练习

1. 汽车一键起动起动发动机不用钥匙,只要车主持有钥匙坐在车内,踩下_____踏板或_____踏板,同时按下_____按钮,发动机即被起动,再次按下也可以熄火。

2. 按一下起动键,仪表亮后,踩制动踏板再按一下起动键车辆起动。注意自动档的车档位需要置于_____档或者_____档,手动档的车置于_____档。

3. 一键起动车辆一般容易出现的故障有_____、_____等。

# 项目四 照明及信号系统的检修

项目目标

通过对本项目的学习,学生能够:
1. 掌握汽车灯具的种类、用途和要求;
2. 能够按照要求正确操控前照灯、雾灯、尾灯、制动灯、转向灯和倒车灯等灯具;
3. 掌握汽车前照灯的种类、构造、调整方法、电路工作过程及故障诊断排除方法;
4. 掌握汽车信号装置种类、组成、电路工作过程及故障诊断排除方法;
5. 掌握电喇叭的构造、电路组成、工作过程及故障诊断排除方法。

任务一 汽车照明系统的识别

任务目标

1. 理论目标

掌握汽车照明系统的种类及构造特点,掌握汽车照明系统的颜色、用途和使用要求。

2. 技能目标

能够指认前照灯、雾灯、尾灯、制动灯、转向灯和倒车灯等灯具,能够操控前照灯、雾灯、尾灯、制动灯、转向灯和倒车灯等灯具。

3. 素养目标

养成积极主动的学习态度;严格遵守岗位操作规程,确保工具、设备和自身的安全;具有良好的团队协作精神和较高的组织沟通能力;树立"6S"的管理理念。

任务准备

汽车照明系统由电源、照明灯具和控制装置等组成。其作用主要是夜间道路照明、车厢内部照明、车辆宽度标示、仪表与夜间检修等。汽车照明系统根据安装位置和用途的不同,一般可分为外部照明装置和内部照明装置。

1. 前照灯

前照灯也称为前大灯,安装在汽车头部的两侧,用于汽车在夜间或光线昏暗路面上行驶时的照明,有两灯制和四灯制之分。

2. 雾灯

雾灯安装在车头和车尾,安装位置比前照灯稍低。安装于车头的雾灯称为前雾灯,一般左右各有一个;安装于车尾的雾灯称为后雾灯,有些车辆只有一个后雾灯。雾灯的光色为黄色或橙色。用于在有雾、下雪、暴雨或尘埃等恶劣条件下改善道路照明情况。雾灯一般由车灯开关和雾灯开关控制。

3. 示宽灯与尾灯

示宽灯与尾灯用于夜间给其他车辆指示车辆位置与宽度。位于车辆前方的灯称为示宽灯,位于车辆后方的灯称为尾灯。两灯均为低强度灯。

4. 制动灯

制动灯安装在车辆尾部,光色为红色,用于汽车制动时警示其他车辆,以免与其他车辆发生碰撞。

5. 转向信号灯和危险警告灯

转向信号灯:安装在车辆两端及前翼子板上,向前后左右车辆表明驾驶人正在转向或改换车道，转向信号灯每分钟闪烁 60~120 次。转向信号灯一起同时闪烁，即用作危险警告灯。

危险警告灯：车辆紧急停车或驻车时，危险警告灯给前后左右车辆显示车辆位置。

6. 牌照灯

牌照灯用于照亮尾部车牌。当尾灯亮时，牌照灯也亮。牌照灯由灯光开关控制。

7. 倒车灯

倒车灯安装于车辆尾部，光色为白色。用于倒车时提供照明，警示后面的车辆、行人注意安全。点火开关接通，变速杆换至倒车位时，倒车灯亮。目前在汽车上，通常将倒车灯、制动灯、尾灯和后转向信号灯等组合一起，称为组合后灯。

8. 仪表灯

仪表灯用于夜间照亮仪表盘，使驾驶人能看清仪表。尾灯亮时，仪表灯同时亮。有些车辆还加装了灯光亮度控制变阻器，使驾驶人能够调整仪表灯的亮度。仪表灯由灯光开关控制。

9. 顶灯

顶灯用于车内照明，装于驾驶室或车厢顶部。有些车型，顶灯也作为车门未关警告灯，当门关闭不严时灯亮，提醒驾驶人注意。顶灯由顶灯开关和门控开关控制。

10. 行李舱灯

行李舱灯用于打开行李舱时照明，由车灯开关和行李舱门控开关控制。

任务计划

通过课前预习，分组讨论，制订任务计划，填入表 4-1 中。

表 4-1 任务计划表

工具及设备准备			
	检修项目	操作步骤	检修主要内容
任务实施流程	操纵灯光开关，观察车灯工作情况（哪些灯亮）	灯光开关置于"Ⅰ"位时各灯具工作情况	
		灯光总开关置于"Ⅱ"位，操纵变光开关	
		前后雾灯操作	
		信号灯操作	

任务实施

按照下列要求，对桑塔纳 2000 轿车的电路实验台进行操作观察。

1. 观察当灯光开关置于"Ⅰ"位时各灯具的工作情况

将灯光开关置于"Ⅰ"位，观察示宽灯、尾灯、牌照灯、仪表灯的数量、颜色、控制方法，填写表4-2。

表4-2 灯光开关置于"Ⅰ"位时灯具的工作情况

名称	示宽灯	尾灯	牌照灯	仪表灯
数量				
颜色				
控制开关名称				

2. 观察前照灯的工作情况

将灯光总开关置于"Ⅱ"位，操纵变光开关，观察前照灯的数量、颜色、远近光变换方法，填写表4-3。

表4-3 总灯总开关置于"Ⅱ"位时前照灯的工作情况

前照灯数量	是否受点火开关控制	是否受灯光开关控制	控制远近光变换装置名称	控制超车灯装置名称

3. 观察前后雾灯及灯光信号装置的工作情况

对前后雾灯、灯光信号装置电路进行操作演示，填写表4-4。

表4-4 前后雾灯及灯光信号

名称	雾灯	转向信号灯	危险警告灯	制动灯	倒车灯
数量					
颜色					
控制开关名称					

任务测评

按照表4-5的要求对本次任务的完成情况进行任务测评。

表4-5 任务测评表

评价项目		评价标准	配分	得分
专业知识技能	40分	能够指认前照灯、雾灯、尾灯、制动灯、转向灯、倒车灯	10	
		能够分别说出前灯、雾灯、尾灯、制动灯、转向灯、倒车灯的数量和颜色	10	
		能够按照要求操控灯光总开关打开示宽灯、尾灯、牌照灯、仪表灯	10	
		能够按照要求操控开关变换远近光灯,打开左右转向灯、危险警告灯、倒车灯、制动灯	10	

(续)

评价项目		评 价 标 准	配分	得分
任务完成情况	40分	任务完成的情况(圆满完成、基本完成、未完成)	15	
		任务完成的质量(优秀、良好、不及格)	15	
		在小组完成任务过程中所起的作用(主要、协助、未参与)	10	
职业素养	20分	能积极主动参与学习	10	
		能与小组成员团结协作	5	
		能服从工位安排,执行实训室"6S"管理规定	5	
综合评议				

任务练习

1. 汽车照明系统一般由_____、_____和_____三部分组成。

2. 雾灯由_____和_____控制工作。

3. 牌照灯、仪表灯由_____控制工作。

4. 顶灯除用于车内照明外,还具有_____功能。

5. 汽车照明系统的作用主要是_____、_____、_____、_____等。汽车照明系统根据安装位置和用途的不同,一般可分为_____和_____。

任务二　汽车照明电路的检修

任务目标

1. 理论目标

掌握汽车前照灯的种类、构造特点和防眩目措施,掌握照明控制电路的组成和工作特点,掌握前照灯的检查和调整方法。

2. 技能目标

会操作照明开关演示照明电路功能;能在实训台架上指认照明电路的组成部件;会读识照明电路,对照明电路进行分析;能对汽车前照灯进行检查和调整。

3. 素养目标

养成积极主动的学习态度;严格遵守岗位操作规程,确保工具、设备和自身安全;具有良好的团队协作精神和组织沟通能力;树立"6S"的管理理念。

任务准备

一、汽车前照灯的结构和类型

前照灯主要用于夜间行车道路照明，有些车型也兼作超车信号灯。灯光为白色，有两灯制和四灯制（外双内远）两种配置方式，功率一般为 40~60W。前照灯有较特殊的光学结构，因为它既要保证夜间车前道路 100m 以上有明亮而均匀的照明，又要具有防眩目装置，以避免夜间两车交会时造成对方驾驶人眩目而发生事故。前照灯主要由灯泡、反射镜和配光镜三部分组成。灯泡有单灯丝和双灯丝两种。

1. 前照灯的结构

（1）灯泡　汽车前照灯灯泡有白炽灯泡（见图 4-1a）、卤素灯泡（见图 4-1b）、新型高压放电氙气灯泡（见图 4-2）和 LED 灯泡（见图 4-3）四种类型。

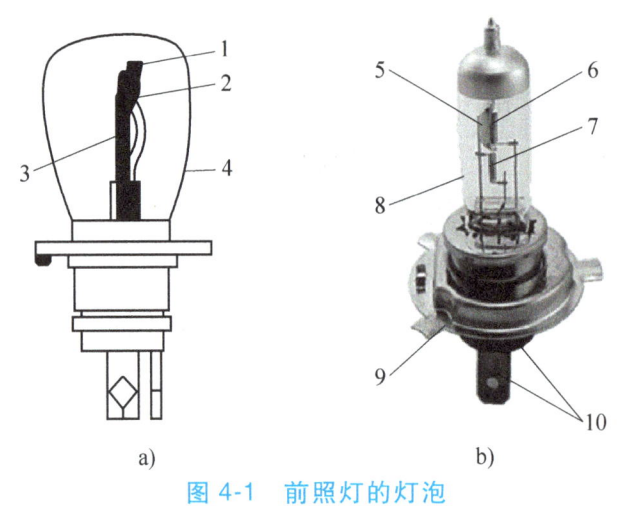

图 4-1　前照灯的灯泡
a）普通白炽灯泡　b）卤素灯泡
1、5—配光屏　2、6—近光灯丝　3、7—远光灯丝　4、8—灯泡壳　9—定焦盘　10—灯泡插脚

1）白炽灯泡是从玻璃泡抽出空气，再充以氩和氮的混合惰性气体制成的，可以减少钨的蒸发，延长灯泡的使用寿命。

2）卤素灯泡是在充入的惰性气体中掺入某种卤族元素，卤素灯泡的尺寸小，壳体用耐高温、机械强度较高的石英玻璃制成，亮度是白炽灯泡的 1.5 倍，寿命是白炽灯泡的 2~3 倍，现已广泛应用。卤素灯泡从外形上分为 H1、H2、H3、H4 四种。其中 H4 为双灯丝，广泛应用于前照灯，其余为单灯丝。

3）新型高压放电氙气灯泡由弧光灯组件、电子控制器和升压器三大部件组成，光色和日光灯非常相似，灯泡里没有灯丝，取而代之的是装在石英管内的两个电极，管内充有氙气及微量金属，如图 4-2 所示。亮度是目前卤素灯泡的三倍左右，克服了传统钨灯的缺陷，完全满足汽车夜间高速行驶的需要。

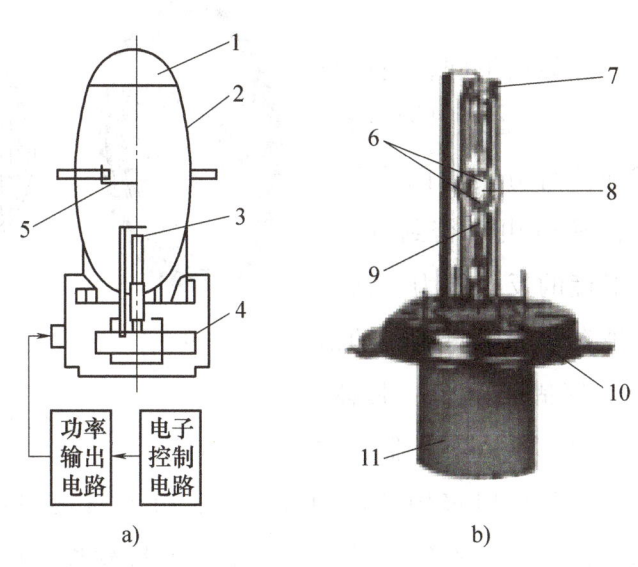

图 4-2 新型高压放电氙气灯灯泡结构图

1—透镜 2—总成 3—弧光灯 4—引燃稳弧部件 5—遮光屏 6—电极 7—防紫外线灯泡外壳
8—放电室 9—引入线 10—定焦盘 11—插头

4）LED 灯的核心是一个半导体的晶片，晶片的一端是负极，另一端连接电源的正极，整个晶片被环氧树脂封装。半导体晶片由三部分组成，一部分是 P 型半导体，里面空穴占主导地位，另一端是 N 型半导体，里面主要是电子，中间通常是 1~5 个周期的量子阱。当电流通过导线作用于晶片的时候，电子和空穴就会被推向量子阱，在量子阱内电子跟空穴复合，然后就会以光子的形式发出能量，从而发光。

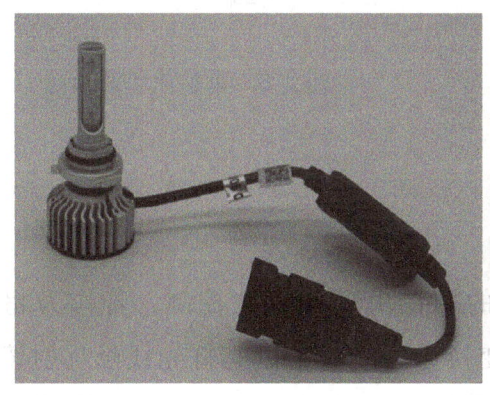

图 4-3 LED 灯及实车照明

（2）反射镜 反射镜的作用是将灯泡的光线聚合后导向前方。如图 4-4a 所示，反射镜是抛物型，内表面镀银、铝或铬，再抛光。前照灯灯泡的远光灯丝安装在抛物面的焦点上，灯光经反射镜聚合，光度增强几百倍。近光灯丝安装在抛物面的焦点上方或前方，灯光经反射镜后，照亮车前 30m 路面。

（3）配光镜 如图 4-4b 所示，配光镜由透镜和棱镜组合而成，外形一般为圆形或方形，其作用是使光线折射向较宽的路面。

2. 前照灯的类型

按前照灯的光学组件类型不同，前照灯可分为可拆式、半封闭式和全封闭式三种。全封闭式、半封闭式前照灯分别如图 4-5 和图 4-6 所示。可拆式前照灯由于密封性差，易进入灰尘，影响反射镜的反射能力，从而降低照明亮度，故已被淘汰。半封闭式的散光玻璃与反射镜用牙齿紧固结合为一整体，构成泡体，灯泡从泡体后端拆装，维修方便。全封闭式的散光玻璃与反射镜用玻璃制成整体，灯丝直接焊在反射镜的底座上，泡体内充入惰性气体。它可完全避免反射镜被污染，但灯丝损坏时，需整体更换，维修成本高。

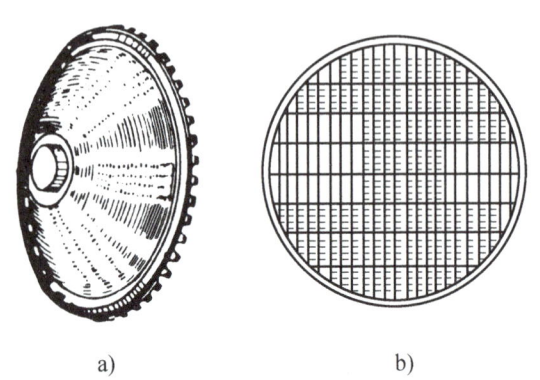

图 4-4 半封闭式前照灯

a) 反射镜　b) 配光镜

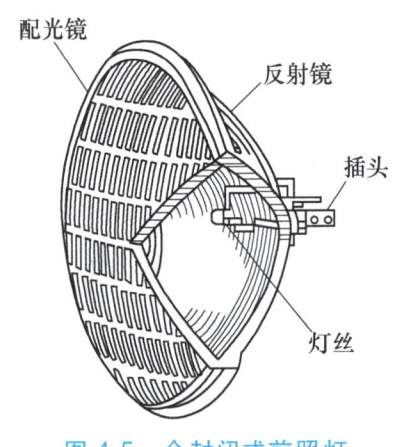

图 4-5 全封闭式前照灯

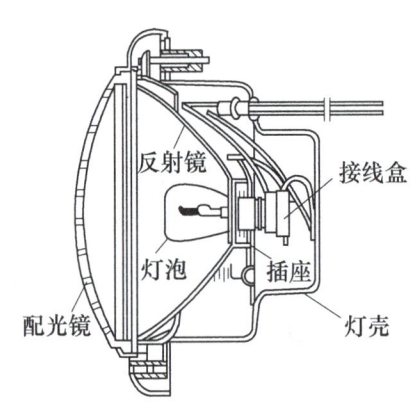

图 4-6 半封闭式前照灯

二、汽车前照灯的防眩目措施

1. 采用远、近光变换

前照灯由车灯开关控制，远光与近光的变换由变光开关控制，若作为超车信号时，由超车灯开关控制。当通过变光开关变换为近光时，近光灯光线经反射镜后，只照亮本车前约 50m 范围路面，夜晚会车时，使用近光灯有一定的防眩目作用。

2. 采用配光屏

在近光灯丝下方安装配光屏，遮住反射镜下半部分光线，避免近光灯束向斜上方照射。

3. 采用 Z 形非对称式配光方式

在近光灯丝下方安装配光屏时，将配光屏偏转一个角度，使近光的光形分布不对称。该种加装方法使迎面 50m 处来的驾驶员眼睛所受的光强度降低，达到防止眩目的目的，如图 4-7a 所示。明暗截止线呈 Z 形，亦称 Z 形配光。图 4-7b 为对称光和非对称光的灯光形状。

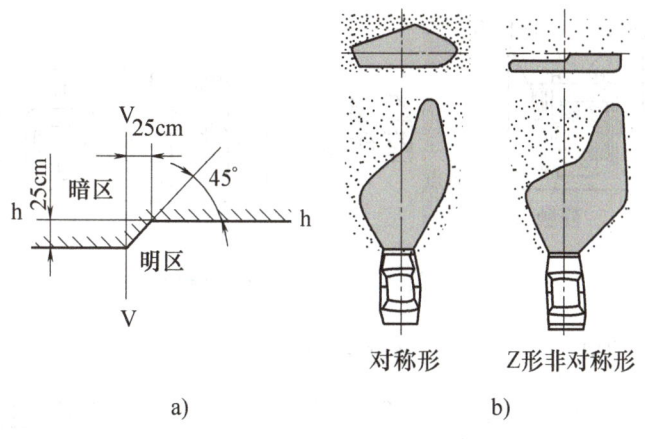

图 4-7 非对称光形示意图

a）Z形非对称的明暗截止线 b）对称光和非对称光的灯光形状

三、汽车前照灯电路的组成及控制特点

1. 前照灯电路的组成

前照灯电路主要由灯光开关、变光开关、前照灯继电器及前照灯组成。

（1）灯光开关 灯光开关有拉杆式、旋转式和组合式等多种形式，现代汽车上用得较多的是一体式组合开关。图 4-8 所示为一种汽车常用的组合开关，转动开关端

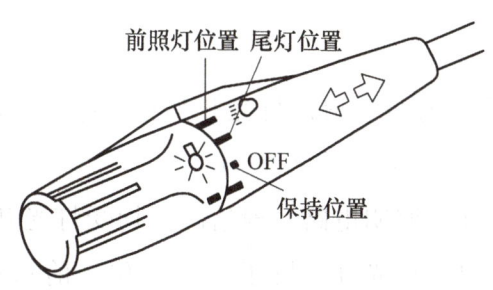

图 4-8 汽车常用组合灯光开关

部，便可依次接通尾灯、前后示宽灯、前照灯，将开关向下压，由近光变为远光，将开关向上扳，可变为远光，此位置用来作为行车时的超车信号，松手后开关自动弹回近光位置。前后扳动开关，可使左右转向灯工作。

（2）前照灯继电器 前照灯的工作电流较大，特别是四灯制的汽车，远光时约为 15A，若用车灯开关直接控制前照灯，车灯开关易烧坏，因此在前照灯电路中设有灯光继电器。它由一对触点和一个磁化线圈组成，外形有四个引脚，称为常开式继电器，如图 4-9 所示。

2. 雾灯电路

雾灯采用波光较长的黄色、橙色或红色灯光。其穿透能力强，用于当汽车在雨雾天气行驶时道路的照明和警示。雾灯有前雾灯和后雾灯两种。前雾灯安装在汽车前部比前照灯稍低的位置，左、右各一个。后雾灯安装在汽车尾部，有些车辆只安装一个后雾灯，如桑塔纳 2000 轿车（左后方规格 12V/21W）。常用的雾灯继电器、雾灯系统电路如图 4-9 和图 4-10 所示。

将灯光开关置于"Ⅰ"位或者"Ⅱ"位，再按下雾灯开关，雾灯继电器磁化线圈有电流通过，其常开触点闭合；蓄电池电流经雾灯继电器常开触点至雾灯搭铁，雾灯

笔记栏

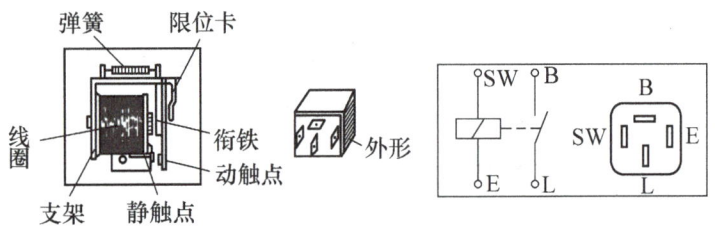

图 4-9 前照灯继电器和雾灯继电器

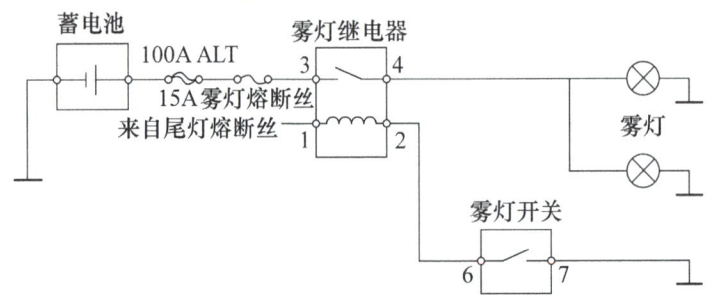

图 4-10 雾灯控制电路

点亮。雾灯一般由灯光开关和雾灯开关控制。

3. 前照灯电路的特点

1）照明电路一般情况下均受灯光开关控制。

2）灯光开关置于"Ⅰ"位，前示宽灯亮，尾灯亮；置于"Ⅱ"位，示宽灯、尾灯、前照灯均亮。

3）变光开关可以实现对前照灯远近光的变换。

4）雾灯一般由灯光开关和雾灯开关控制。只有将灯光开关置于"Ⅰ"位或者"Ⅱ"位情况下，按下雾灯开关，雾灯才会工作。

5）由于前照灯、雾灯在工作时电流大，为保护前照灯开关、雾灯开关，装有灯光继电器。开关控制继电器，继电器控制前照灯和雾灯的工作。

任务计划

通过课前预习，分组讨论，制订任务计划，填入表 4-6 中。

表 4-6 任务计划表

工具及设备准备			
任务实施流程	检修项目	操作步骤	检修主要内容
	前照灯	指认部件	
		调整灯光亮度	
		电路分析	
		检测灯光电路各元器件	
		防眩目措施	

任务实施

一、识别前照灯构造特点

结合实物，观察前照灯的构造，说出其种类和构造特点，填入表 4-7 中。

表 4-7　前照灯构造类型识别

图形	构造	种类及特点
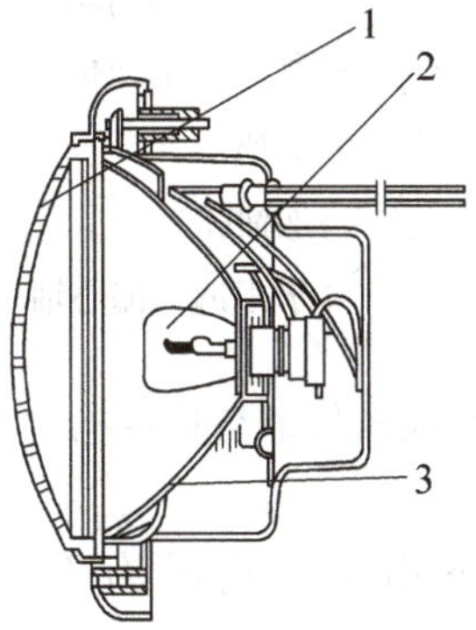 	1：_____ 2：_____ 3：_____	
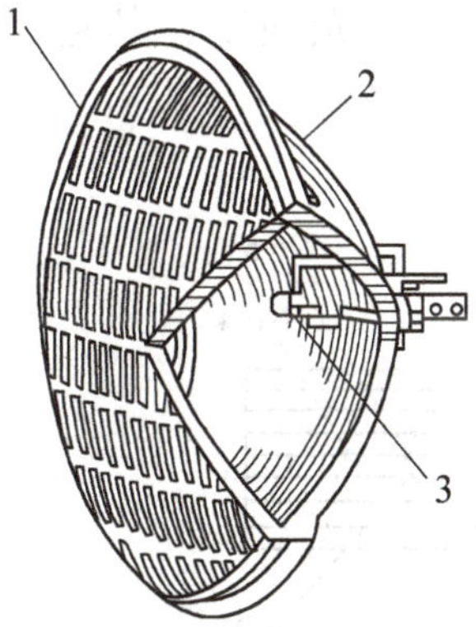	1：_____ 2：_____ 3：_____	

二、就车观察前照灯的防眩目措施

结合实训用车开启前照灯，变换远近光，观察前照灯防眩目措施，填写表 4-8。

表 4-8　前照灯防眩目措施

车辆信息	
前照灯类型	
防眩目措施	

三、前照灯的检测调整

1. 投影式前照灯检测仪的结构及工作原理

投影式前照灯检测仪主体包括车架和光接收箱两部分。光接收箱用以接收被检前照灯的光束并且对其进行检测。光接收箱安装在车架上，可沿立柱上下移动，并且可在地面上沿轨道左右移动，外形结构如图 4-11 所示。

被检前照灯发出的光束经聚光镜汇聚后，由反射镜反射到屏幕上。屏幕呈半透明状态，在屏幕上可看到光束的光分布图形。该图形近似于在 10m 屏幕上观察的光分部特性。屏幕上对称分布五个光检测器，如图 4-12 所示。No.1 及 No.2 用于检测垂直方向的光分布，其输出的电流转换成电压后，连接到垂直方向的指示表上。通过旋转上下刻度盘，使反光镜移动，从而使 No.1 及 No.2 输出信号相等，上下指示表指示为零。此时上下刻度盘指示出光轴偏移量的数值。No.3 及 No.4 用于检测左右方向的光分布情况，其原理同上。由左右刻度盘指示出光轴偏移量。No.5 用于检测发光强度，其输出放大后由发光强度指示表指示发光强度数值。

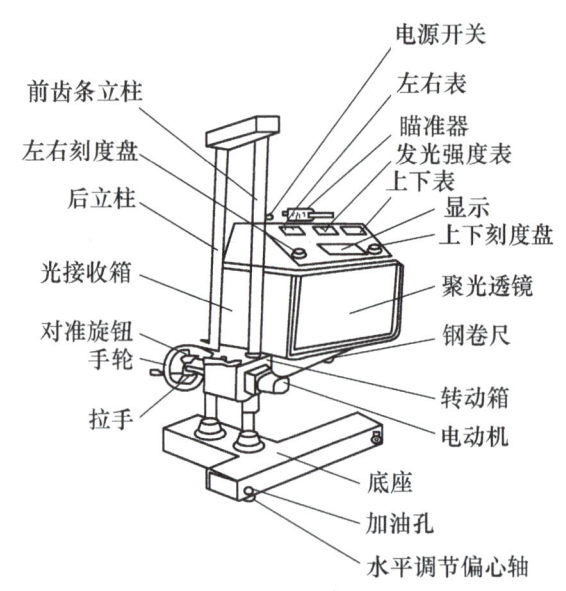

图 4-11 前照灯检测仪的整体结构

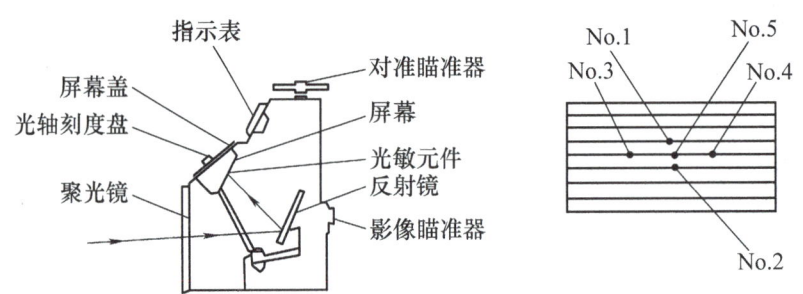

图 4-12 光接收箱内部结构图和硅光电池板

汽车前照灯的近光光形为非对称式，即光形分布有一条明显的明暗截止线。非对称式配光有两种：一种是在配光屏幕上，明暗截止线的水平部分在 V—V 线的左半边，右半边为水平线向上成 15°的斜线，如图 4-13a 所示。另一种是明暗截止线右半边为水平线向上成 45°的斜线至垂直距离为 25cm 转向水平的折线，由于明暗截止线呈 Z 形，也称为 Z 形配光，如图 4-13b 所示。

2. 前照灯的操作规程

（1）检验仪器及车辆准备

1）检测仪的受光面应保持清洁，轨道内无杂物。

2）车辆轮胎气压符合标准规定，前照灯玻璃应保持清洁。

(2)检测程序

1)车辆正直居中行驶,在前照灯离检测灯箱1m(或根据说明书要求的距离)处停车。

2)车辆发动机处于怠速状态,置变速器于空档,电源处于充电状态,开启前照灯远光。

3)启动前照灯检测仪开始测量,不同型号检测仪的操作方法不同,请按照说明书要求进行操作。

4)当检测并列的前照灯(四灯制)时,将与受检灯相邻的灯遮蔽。

5)检测完毕,前照灯检测仪归位,车辆驶离。

(3)注意事项

1)停车位置要准确,车身纵向中心线要垂直于前照灯受光面,否则影响光束左右偏移量测量的准确性。

2)当初检与复检时尽量由同一检验员引车操作,驾驶人体重的变化会对光束上下偏移量测量的准确性和重复性造成影响,尤其对微型车影响较大。

3)当前照灯检测仪正在移动或将要移动时,严禁车辆通过。

4)检测完毕后车辆要及时驶离,车身不得长时间挡住轨道。

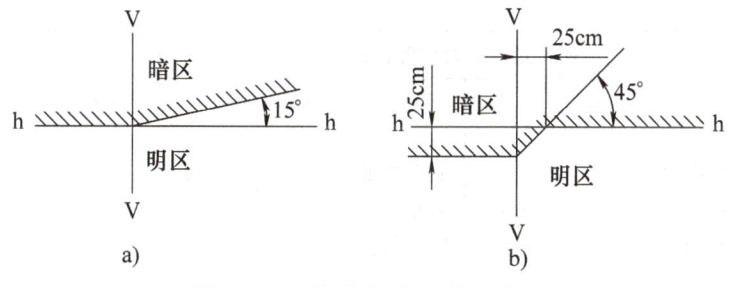

图4-13 非对称式配光示意图

3. 前照灯的检测标准

(1)前照灯远光光束发光强度的检测标准 前照灯远光光束发光强度的检测标准见表4-9。

表4-9 前照灯远光光束发光强度的检测标准

机动车类型	检测项目			
	新 车		在 用 车	
	两灯制	四灯制	两灯制	四灯制
最高设计时速小于70km/h的汽车	10000cd	8000cd	8000cd	6000cd
其他汽车	18000cd	15000cd	15000cd	12000cd
四灯制是指前照灯具有四个远光光束,采用四灯制的机动车其中两只对称的灯达到两灯制的要求时视为合格				

当前照灯远光发光强度达不到要求时,应该更换灯泡或者前照灯总成。

(2) 前照灯光束偏移量的检测标准

1) 在检验前照灯近光光束照射位置时，当前照灯照射在距离 10m 的屏幕上时，乘用车前照灯近光光束明暗截止线转角或中点的高度应为 $0.7H \sim 0.9H$（H 为前照灯基准中心高度），其他机动车（拖拉机运输机组除外）应为 $0.6H \sim 0.8H$。机动车（装有一只前照灯的机动车除外）前照灯近光光束水平方向位置向左偏不允许超过 170mm，向右偏不允许超过 350mm。

2) 在检验前照灯远光光束及远光单光束照射位置时，当前照灯照射在距离 10m 的屏幕上时，要求在屏幕光束中心离地高度，对乘用车为 $0.9H \sim 1.0H$，对其他机动车为 $0.8H \sim 0.95H$；机动车（装有一只前照灯的机动车除外）前照灯远光光束水平方向位置要求：左灯向左偏不允许超过 170mm，向右偏不允许超过 350mm；右灯向左或向右偏均不允许超过 350mm。

当照射位置不符合要求时，可通过调整前照灯总成后端盖上的水平、垂直调整螺钉予以调整。

4. 教学用车前照灯的检测调整

对教学用车的前照灯照射位置及发光强度进行检测调整，根据检测调整结果记录填写表 4-10。

表 4-10 前照灯的检测调整

前照灯名称	近光光形照射位置检测		远光发光强度检测	
	调整前	调整后	发光强度/cd	处理措施
左前照灯	照射高度为_____H； 向左偏_____mm； 向左偏_____mm	照射高度为_____H； 向左偏_____mm； 向左偏_____mm		
右前照灯	照射高度为_____H； 向左偏_____mm； 向左偏_____mm	照射高度为_____H； 向左偏_____mm； 向左偏_____mm		
车辆信息				

四、桑塔纳轿车照明电路的分析

桑塔纳 2000 轿车的照明电路如图 4-14 所示，其电路工作特点如下：

1) 前照灯由点火开关和车灯开关共同控制，当点火开关置于 1 档、车灯开关置于 2 档时，电流由电源正极→点火开关第三挪（从左起）1 档→车灯开关第一挪 0 档→变光开关→熔断丝→前照灯→搭铁，前照灯亮。通过变光开关控制远光、近光的变换。此外，远光灯还由超车开关直接点动控制，在汽车超车时当作超车信号灯用。

2) 雾灯由点火开关、雾灯继电器和车灯开关控制，雾灯继电器线圈由车灯开关控制，雾灯继电器触点由负荷继电器控制，负荷继电器由点火开关控制。若要使用雾灯，点火开关必须置于1档使负荷继电器接通，为雾灯继电器触点供电；车灯开关必须置于1档或2档使雾灯继电器接通，这时，雾灯开关就可以控制雾灯了。当雾灯开关置于1档时接通前雾灯的电路，置于2档时同时接通前雾灯、后雾灯和雾灯指示灯的电路。

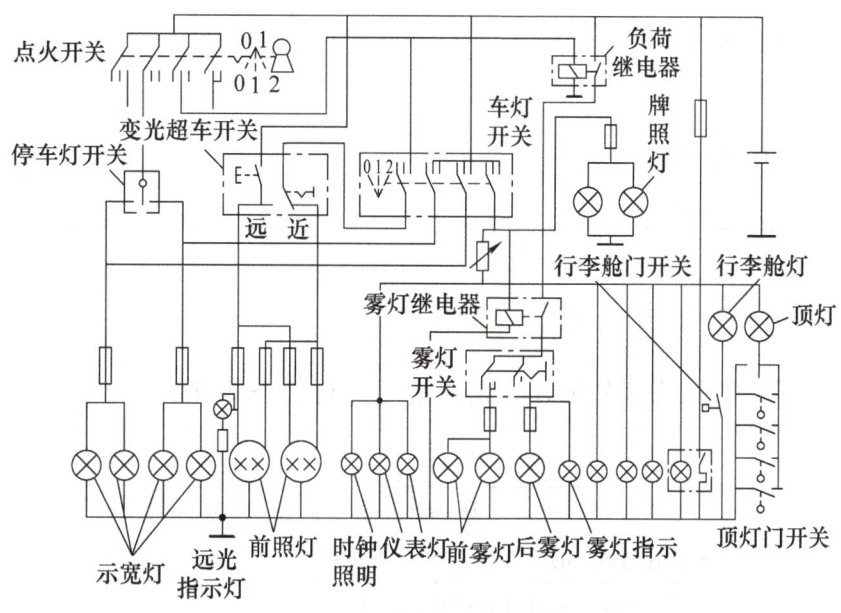

图 4-14　桑塔纳 2000 轿车的照明电路

3）牌照灯由车灯开关直接控制，不受点火开关控制，当车灯开关置于1档或2档时亮。仪表板、时钟、点烟器、雾灯开关、后风窗除霜器开关、空调开关等的照明灯均由车灯开关直接控制。当车灯开关在1档或2档时，上述照明灯均被接通，其亮度可通过仪表灯调光电阻进行调节。

4）顶灯由顶灯开关和门控开关共同控制，当顶灯开关接通时（手动），顶灯亮。当顶灯开关断开时，顶灯由四个门控开关控制，只要有一个门关闭不严，这个门控开关就接通，顶灯就亮。

5）行李舱灯由行李舱门控开关控制，当行李舱门打开时，门控开关闭合，行李舱灯亮。

请结合图 4-14 对桑塔纳 2000 轿车的前照灯远近光变换电路、前后雾灯电路进行电路分析，将其电流流过路径、工作特点填写表 4-11。

表 4-11　桑塔纳 2000 轿车照明电路的分析

电路名称		电流工作路径	电路特点
前照灯电路	远光灯电路		

笔记栏

(续)

电路名称		电流工作路径	电路特点
前照灯电路	近光灯电路		
雾灯电路	前雾灯电路		
	后雾灯电路		

任务测评

按照表4-12的要求对本次任务的完成情况进行任务测评。

表4-12 任务测评表

评价项目		评价标准	配分	得分
专业知识技能	40分	能够描述前照灯的种类、构造特点和防眩目措施	10	
		能够描述照明控制电路的种类、组成和工作特点	10	
		能正确演示照明电路功能、对照明电路进行分析	10	
		能对前照灯进行检测调整	10	
任务完成情况	40分	任务完成的情况(圆满完成、基本完成、未完成)	15	
		任务完成的质量(优秀、良好、不及格)	15	
		在小组完成任务过程中所起的作用(主要、协助、未参与)	10	
职业素养	20分	能够积极主动参与学习	10	
		能够与小组成员团结协作	5	
		能够服从工位安排,执行实训室"6S"管理规定	5	
综合评议				

知识拓展

为了提高汽车行驶的安全性,现在很多车辆采用了前照灯自动控制电路,如前照灯昏暗自动发光电路、前照灯自动关闭延时控制电路等。

一、前照灯昏暗自动发光电路

前照灯昏暗自动发光电路如图4-15所示。该电路具有昏暗自动发光和延时自动关闭的功能。电路主要包括光电传感器和晶体管放大器两大部分。光电传感器由光敏元件、延时电路和控制开关等组成。

工作原理：当外界自然光线照射强度降低到某一程度被光电传感器接收时，传感器中光敏电阻的阻值发生变化，达到一定数值后（需要发光的信号），将信号输出送往晶体管放大器。晶体管放大器收到信号后，晶体管 VT_1 导通，使继电器 J_1 线圈通电，产生电磁吸力，使触点 S_1 闭合（常开触点），继电器 J_2 线圈电路也被通电，故开关 S_2 也闭合，将前照灯的电路接通，前照灯即被点亮。电容器 C 与晶体管 VT_2 的作用是延时，当前照灯点亮时，电容器 C 被充足电。当点火开关切断时，电容器 C 上电压使 VT_2、VT_1 维持导通状态，J_1、J_2 线圈中仍有电流，前照灯仍点亮。只有当电容器 C 上的电压减少到不足以使 VT_2 导通为止。VT_2 截止后，VT_1 也截止，J_1 和 J_2 线圈中均无电流通过，触点 S_1 和 S_2 均打开，使前照灯自动熄灭。延时时间可由延时控制电阻调节。

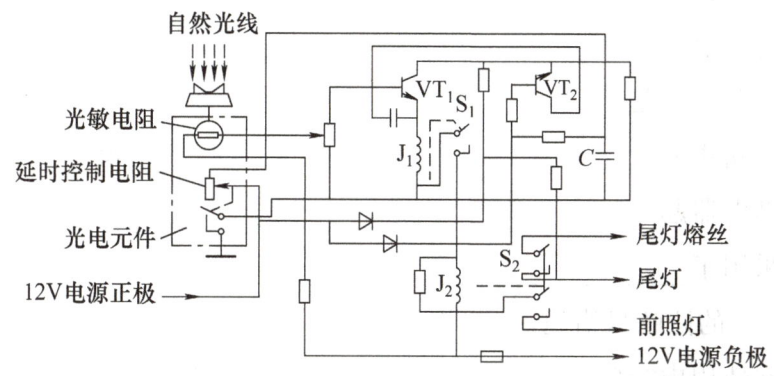

图 4-15　前照灯昏暗自动发光电路

二、前照灯自动关闭延时控制电路

如图 4-16 所示，前照灯自动关闭延时控制电路具有在前照灯电路被切断的情况下，可继续照明一段时间后自动熄灭，为驾驶人下车离开提供一段照明时间的功能。

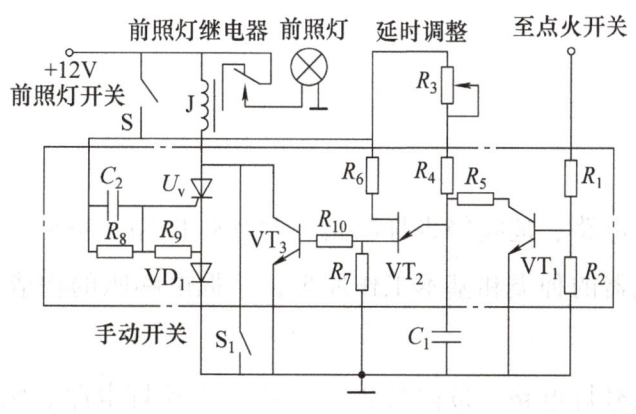

图 4-16　前照灯自动关闭延时控制电路

电路主要由可控硅 U_v 与单结晶体管 VT_2 组成。电路工作原理：当汽车停驶驾驶人关闭点火开关后，晶体管 VT_1 处于截止状态，12V 电源 $\to R_3 \to R_4 \to C_1 \to$ 负极，给 C_1 充电；当 C_1 上的电压达到单结晶体管 VT_2 的导通电压时，VT_2 导通。C_1 通过 $\to VT_2 \to R_7$ 放电，于是在 R_7 上产生一个电压脉冲，使晶体管 VT_3 瞬时导通，消除加在可控硅 U_v 上的正向电压，使可控硅 U_v 关断；VT_3 迅速恢复截止，U_v 还来不及导通，前照灯继电器 J 线圈失电，使其触点从常开位置回到常闭位置（图上目前触点位置），前照灯电路切断，实现自动延时关灯的功能。

任务练习

1. 前照灯主要由_____、_____和_____三部分组成。
2. 汽车前照灯灯泡有_____、_____、_____和_____四种类型。
3. 前照灯的反射镜起_____作用。
4. 前照灯的配光镜起_____作用。
5. 前照灯电路主要由_____、_____、_____及_____组成。
6. 前照灯继电器起_____作用。
7. 前照灯采用了_____、_____、_____的防眩目措施。
8. 前照灯在使用中需要对_____、_____进行检测调整。
9. 桑塔纳 2000 轿车前照灯电路受_____开关和_____开关控制，雾灯电路受_____开关、_____开关、_____开关控制。

任务三　汽车信号装置的检修

任务目标

1. 理论目标

掌握转向信号灯电路、危险警告灯电路、制动灯电路、喇叭电路的组成，电路分析的方法；了解闪光器的种类和基本工作原理；掌握电喇叭的构造及工作原理。

2. 技能目标

会正确对转向信号灯电路、危险警告灯电路、制动灯电路、喇叭电路进行电路的读识分析及连接。

3. 素养目标

养成积极主动的学习态度；严格遵守岗位操作规程，确保工具、设备和自身的安全；具有良好的团队协作精神和较高的组织沟通能力；树立"6S"的管理理念。

任务准备

一、汽车信号装置的种类及功用

汽车信号装置包括灯光信号装置和声音信号装置两部分。主要作用是通过声、光信号向环境（如人、车辆）发出警告、示意信号，以引起有关人员的注意，确保车辆行驶过程中的安全。

1. 灯光信号装置

（1）转向信号灯　转向信号灯安装于汽车前后或侧面，当汽车转弯时发出明暗交替的闪光信号。

（2）危险警告灯　当车辆出现故障停在路面上时，按下危险警报开关，全部转向灯同时闪亮，危险警告灯与转向信号灯共用。

（3）示宽灯（前小灯）　示宽灯安装于汽车前后两侧边缘，白色。用于标示汽车夜间行驶或停车时的宽度轮廓。

（4）尾灯　尾灯安装于汽车尾部，左右各一只，红色。当汽车夜间行驶时向后面的车辆或行人提供位置信息。

（5）制动灯　制动灯安装于汽车后面，用于当汽车制动或减速停车时，向车后发出灯光信号，以警示随后车辆及行人。

（6）倒车灯　倒车灯安装于汽车尾部，左右各一只，白色。用于照亮车后路面，并且警告车后的车辆和行人，该车正在倒车。

2. 声音信号装置

常见的声音信号装置有倒车蜂鸣器、语音和电喇叭等。

二、转向灯及其闪光器

转向信号灯电路由转向信号灯、闪光继电器和转向开关等组成。转向灯为橙色，闪光频率一般为 60~120 次/min。常见的闪光器有电热式、电容式和电子式三类。电热式闪光器结构简单，成本低，但闪光频率不够稳定，使用寿命短，已趋于淘汰；电容式闪光器闪光频率稳定；电子式闪光器具有性能稳定、工作可靠等优点，故被广泛应用。

1. 电热式闪光器

电热式闪光器是通过其热胀条的热胀冷缩通、断电，使翼片产生变形来控制触点的开闭，实现了转向信号灯的闪烁，如图4-17所示。该闪光器有"B""L"两个接线柱，分别接电源正极和转向灯开关。

2. 电容式闪光器

电容式闪光器主要由继电器和电容器组成。在继电器的铁心上绕有串联线圈和并联线圈，利用电容器充放电时电流方向相反和延时的特性，控制继电器串联线圈和并联线圈所产生的电磁力的大小和方向，进而控制常闭触点的开闭状态，使转向信号灯因通过电流的大小交替变化而闪烁，如图4-18所示。

电容式闪光继电器原理图

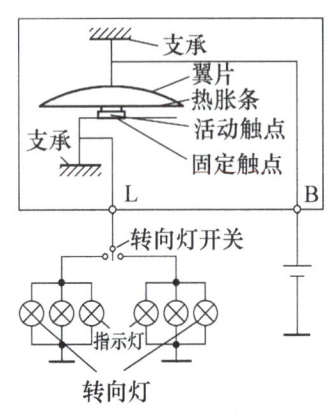
图4-17　电热式闪光器

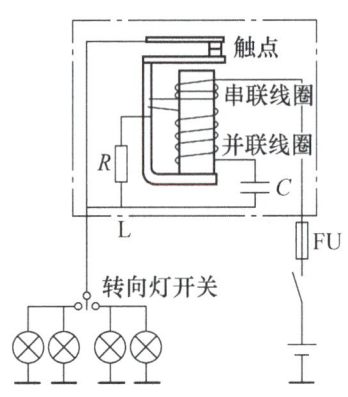
图4-18　电容式闪光器

电容式闪光器具有监视功能，当一侧转向灯有灯泡烧断或接触不良时，该侧闪光灯只亮不闪，提示转向灯电路异常。该闪光器有"B""L"两个接线柱，分别接电源正极和转向灯开关。

3. 有触点式晶体管闪光器

如图4-19所示，有触点式晶体管闪光器是利用电容的充电和放电，使晶体管不断地导通与截止，控制继电器触点反复打开、闭合，使转向灯闪烁。该闪光器有"B""L/S""E"三个接线柱，分别接电源正极、转向灯开关、蓄电池负极（搭铁）。

三、制动灯电路

如图4-20所示，制动灯电路主要由制动灯和制动开关等组成。制动开关安装在制动踏板的附近，当踩下制动踏板时，制动开关闭合，制动灯被点亮。制动灯由制动开关控制，制动开关的形式有气压式、液压式和机械式。

气压式和液压式制动开关通常用于商用汽车上，一般安装在制动管路中，利用管路中的气压或液压使开关中两接线柱相连，从而导通制动灯的电路。

机械式制动开关一般安装在制动踏板的下方。当踩下制动踏板时，制动开关内的动触点使两个接线柱接通，制动灯亮。松开制动踏板后，断开制动灯电路。制动开关结构及安装位置如图4-21~图4-23所示。

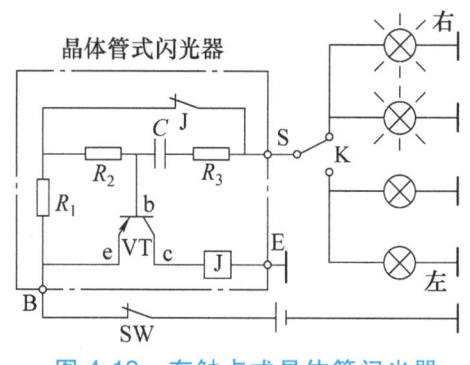

图 4-19 有触点式晶体管闪光器

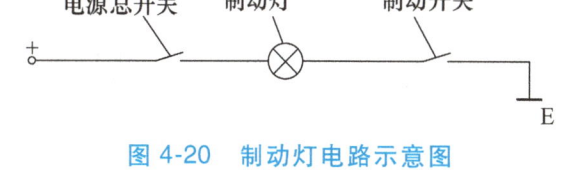

图 4-20 制动灯电路示意图

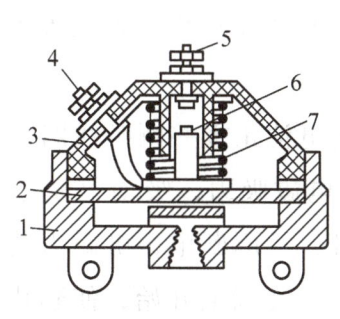

图 4-21 制动灯电路示意图（一）

1—壳体　2—膜片　3—胶木盖
4、5—接线柱　6—触点　7—弹簧

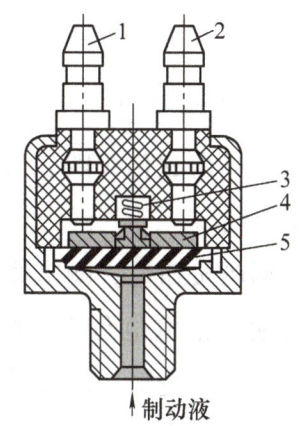

图 4-22 制动灯电路示意图（二）

1、2—接线柱　3—弹簧
4—触点　5—膜片

四、倒车灯电路

倒车灯安装在车辆的尾部，给驾驶人提供额外照明，使其能够在夜间倒车时看清汽车的后部，同时也警告后面的车辆，该汽车驾驶人想要倒车或正在倒车。

如图 4-24 所示，倒车信号装置主要由倒车开关、倒车灯和倒车蜂鸣器等部件组成。其工作过程是：当变速杆挂入倒档时，在拨叉轴的作用下，倒档开关接通倒车报警器和倒车灯电路，倒车灯亮，同时倒车蜂鸣器发出声响信号。

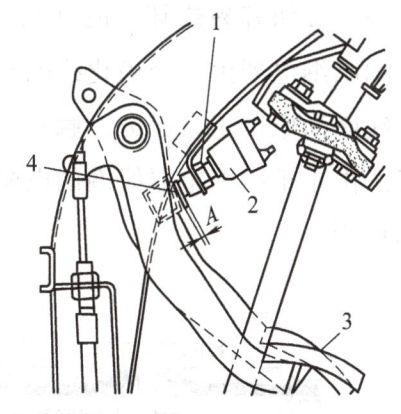

图 4-23 制动灯电路示意图（三）

1—调整螺母　2—制动开关　3—制动踏板
4—制动踏板限制块

五、电喇叭电路

汽车上一般采用盆形的普通电喇叭，它具有结构简单、使用维修方便、体积小和声音悦耳等优点。

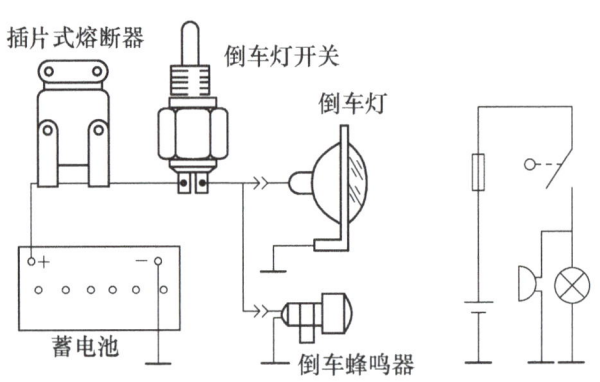

图 4-24　倒车灯电路示意图

1. 盆形电喇叭介绍

盆形电喇叭由磁化线圈、活动铁心、膜片、共鸣板、振动块和外壳等组成，其结构如图 4-25 所示。

当按下喇叭按钮时，喇叭线圈的供电电路为：蓄电池正极→喇叭线圈→触点→喇叭按钮→搭铁→蓄电池负极。喇叭线圈通电后产生电磁吸力，吸动上铁心及衔铁下移，带动膜片向下变形，同时，衔铁下移将触点打开，线圈断电，电磁力消失，上铁心及衔铁在膜片弹力的带动下复位，触点再次闭合。重复周期开始，使膜片与共鸣板产生共鸣而发声。

2. 喇叭继电器

汽车上常装有两个不同音频的喇叭，其耗用的电流较大（15～20A），若用按钮直接控制，按钮容易烧坏。故常采用喇叭继电器控制，其结构与接线方法如图 4-26 所示。喇叭继电器由一个磁化线圈和一对常开的触点构成。当按下喇叭按钮时，喇叭继电器线圈通电产生电磁力，触点闭合，大电流通过触点臂、触点流入喇叭线圈，喇叭发音。由于喇叭继电器线圈的电阻较大，因此通过按钮的电流很小，故可起到保护按钮的作用。

盆形电喇叭结构

喇叭继电器控制电路

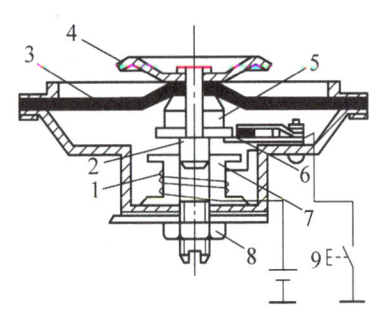

图 4-25　盆形电喇叭的结构

1—线圈　2—上铁心　3—膜片　4—共鸣板　5—衔铁
6—触点　7—铁心　8—紧固螺母　9—按钮

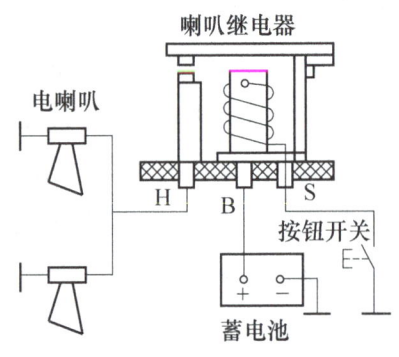

图 4-26　喇叭继电器控制电路

任务计划

通过课前预习，分组讨论，制订任务计划，填入表4-13中。

表4-13 任务计划表

工具及设备准备			
任务实施流程	检修项目	操作步骤	检修主要内容
	转向信号灯及危险警告灯电路	电路连接	
		故障诊断	
	制动灯电路	电路连接	
		故障诊断	
	喇叭电路	电路连接	
		故障诊断	

任务实施

一、转向信号灯电路连接、故障诊断排除

结合转向信号灯电路连接板进行电路连接，观察其工作过程，对图4-27中给出的电气部件进行正确连接。

二、电喇叭电路连接

结合电喇叭电路连接板进行电路连接，观察其工作过程，对图4-28中给出的电气部件进行正确连接。

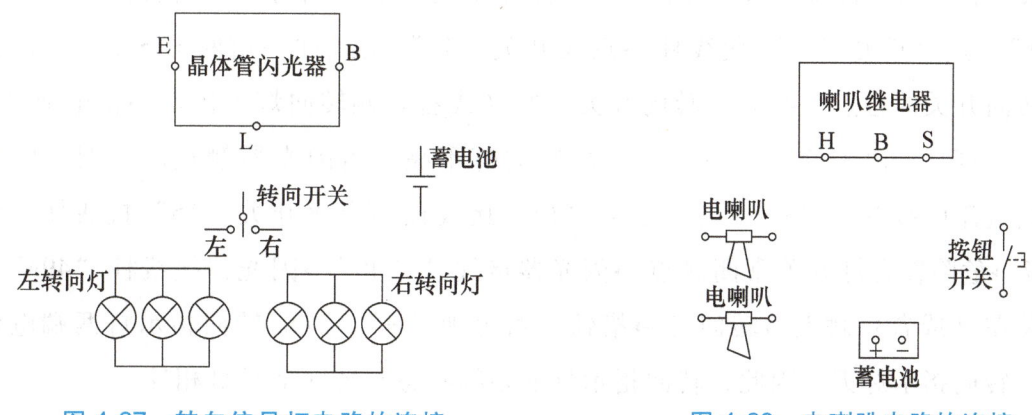

图4-27 转向信号灯电路的连接　　图4-28 电喇叭电路的连接

三、制动灯电路和倒车灯电路的连接及其故障诊断的排除

利用整车电路实验台，对倒车灯电路、制动灯电路进行故障诊断的排除，对

图 4-29 和图 4-30 中给出的电气部件进行正确的连接。

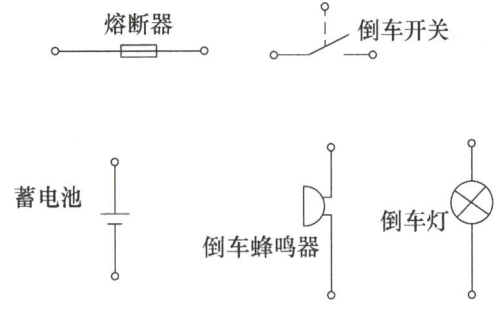

图 4-29 倒车灯电路的连接

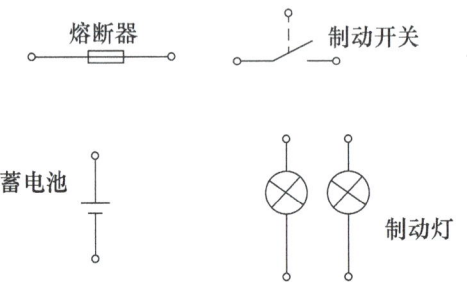

图 4-30 制动灯电路的连接

四、转向信号灯电路及危险警告灯电路的分析

结合桑塔纳 2000 轿车电路图，对其转向信号灯电路、危险警告灯电路进行分析，填写表 4-14。

1. 转向信号灯电路

转向信号灯电路如图 4-31 所示，当点火开关处于Ⅰ档时，拨动转向开关，蓄电池"+"→点火开关"30"接线柱→点火开关"15"接线柱→熔断器 S15→转向指示灯→转向开关的触点"49a"→转向开关→左（或右）侧转向灯→搭铁→蓄电池"-"，转向指示灯亮。由于这一电流较小，故转向灯不亮。当闪光器触点闭合时，转向灯亮。其电流由蓄电池"+"→点火开关"30"接线柱→点火开关"15"接线柱→熔断器 S17→危险警告灯开关常闭触点→闪光器接线柱"49"→闪光器接线柱"49a"→转向开关左（或右）触点→转向灯→搭铁→蓄电池"-"。这时转向指示灯两端电位差为零，转向指示灯灭。因此，转向指示灯的频闪状态与转向信号灯相反。

2. 危险警告灯电路

危险警告灯电路如图 4-31 所示，当汽车有紧急情况时，按下危险警告灯开关，所有的转向灯一起闪烁。其电流由蓄电池"+"→点火开关"30"接线柱→危险警告灯开关"30"接线柱→危险警告灯开关"49"接线柱→闪光器"49"接线柱→闪光器

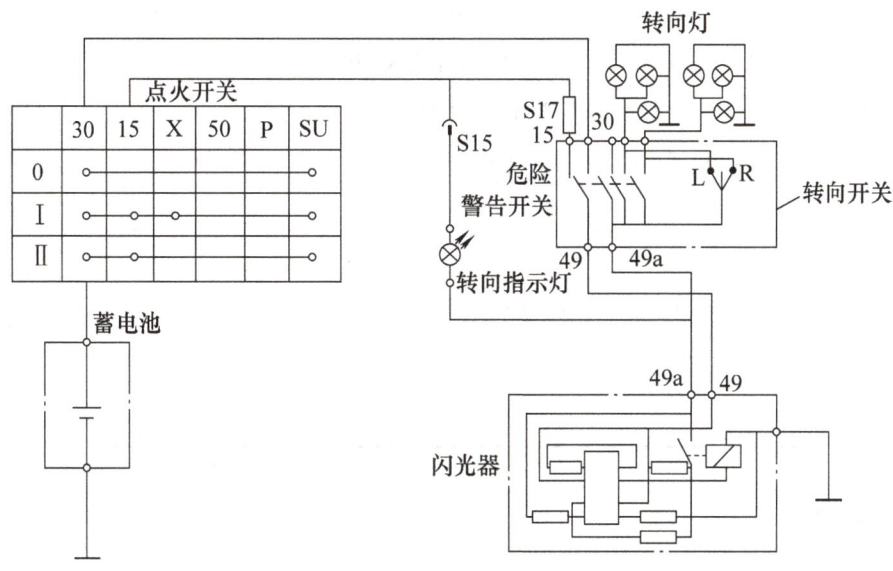

图 4-31 桑塔纳轿车转向信号灯及危险警告灯的电路图

"49a"接线柱→危险警告灯开关"49a"接线柱→左（或右）侧转向灯→搭铁→蓄电池"−"。从这一电路可知无论点火开关处于什么位置，只要按下危险警报开关，危险警告灯（即转向灯）就同时闪烁。

表 4-14 转向信号灯电路及危险警告灯电路特点的分析

电路类型	电路组成	电路特点	两电路共同点
转向信号灯电路			
危险警告灯电路			

任务测评

按照表 4-15 对本次任务的完成情况进行任务测评。

表 4-15 任务测评表

评价项目		评价标准	配分	得分
专业知识技能	40分	能描述常见信号装置电路的组成、工作原理和电路分析方法	10	
		能描述电喇叭的构造和工作原理	10	
		能识读桑塔纳轿车转向信号灯和危险警告灯电路	10	
		能常见信号报警装置电路连接和故障诊断	10	

笔记栏

(续)

评价项目		评价标准	配分	得分
任务完成情况	40分	任务完成的情况（圆满完成、基本完成、未完成）	15	
		任务完成的质量（优秀、良好、不及格）	15	
		在小组完成任务过程中所起的作用（主要、协助、未参与）	10	
职业素养	20分	能积极主动参与学习	10	
		能与小组成员团结协作	5	
		能服从工位安排，执行实训室"6S"管理规定	5	
综合评议				

任务练习

1. 汽车常见的灯光信号装置有＿＿＿、＿＿＿、＿＿＿、＿＿＿、＿＿＿和＿＿＿六种类型。

2. 闪光器常见的形式有＿＿＿、＿＿＿、＿＿＿三种形式。

3. 制动灯工作时为＿＿＿色，倒车灯工作时为＿＿＿色，转向信号灯工作时为＿＿＿色。

4. 喇叭继电器可实现＿＿＿控制＿＿＿，对＿＿＿起保护作用。

5. 通过对桑塔纳轿车转向信号灯、危险警告灯电路图进行分析得出，两个电路共用一个＿＿＿，在转向信号灯电路工作时，＿＿＿和＿＿＿两者交替工作。

6. 尾灯装于汽车＿＿＿，左右各一只，＿＿＿色，作用是＿＿＿。

7. 倒车灯装于汽车＿＿＿，左右各一只，＿＿＿色，作用是＿＿＿。

项目五　仪表和报警装置的检修

项目目标

通过本项目的学习，学生应该能够：
1. 掌握汽车仪表的功用、组成及常见仪表装置电路的工作原理；
2. 掌握汽车常见仪表电路主要部件的检测方法、电路的故障诊断方法；
3. 掌握汽车常见报警装置图形符号的含义；
4. 掌握常见报警装置的组成、工作过程，主要元件检测方法；
5. 掌握汽车常见报警装置的主要部件检测方法、电路的故障诊断方法；
6. 了解汽车常见仪表显示装置的种类和特点。

任务一　汽车仪表装置的检修

任务目标

1. 理论目标

掌握冷却液温度表、燃油表电路的组成，主要部件的构造特点，电路的工作过程，常见故障诊断方法。

2. 技能目标

会正确对机油压力表、冷却液温度表、燃油表电路进行电流走向分析、电路连接、主要部件检测；能正确排除常见仪表电路故障。

3. 素养目标

养成积极主动的学习态度；严格遵守岗位操作规程，确保工具、设备和自身安全；具有良好的团队协作精神和组织沟通能力；树立"6S"的管理理念。

任务准备

一、汽车仪表装置的组成及特点

为了使驾驶人随时掌握车辆的工作状况，并及时发现和排除潜在的故障，保证行车的安全，在驾驶人座位前方的仪表板上装有各种仪表装置。汽车仪表装置是汽车与驾驶人进行信息交流的界面，为驾驶人提供必要的汽车运行信息，同时也是维修人员发现和排除故障的重要工具。如图 5-1 所示，汽车上常用的仪表装置有冷却液温度表、燃油表、车速里程表和发动机转速表等。各种仪表分别与各自对应的传感器配合工作。

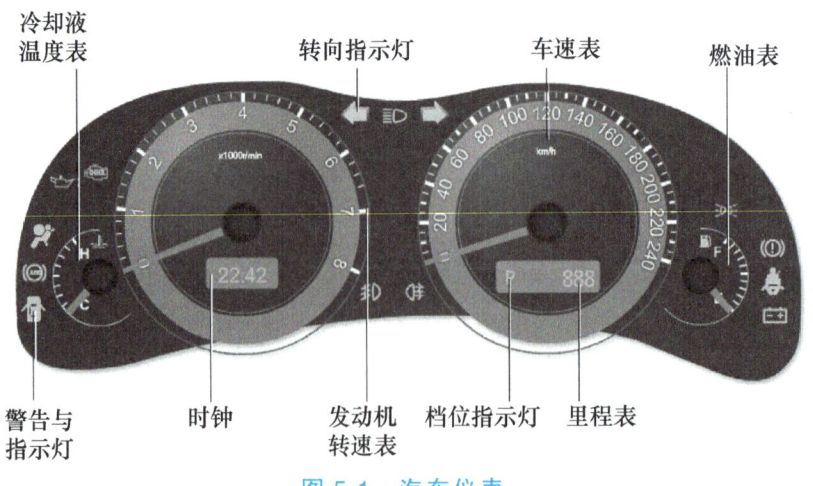

图 5-1　汽车仪表

随着汽车新技术的应用，电子显示组合仪表逐渐成为汽车仪表发展的潮流。它具有精确度高、可靠性好及显示模式自由化等特点。

二、冷却液温度表

1. 作用与结构

冷却液温度表用来检测和显示发动机水套中冷却液的工作温度，以防止发动机过热，它由安装在仪表板内的冷却液温度指示表和安装在发动机气缸盖上的冷却液温度传感器等组成，如图5-2所示。冷却液温度表可分为电热式和电磁式两种；冷却液温度传感器可分为双金属片式和热敏电阻式两种，现代轿车一般采用电磁式冷却液温度表和热敏电阻式传感器。

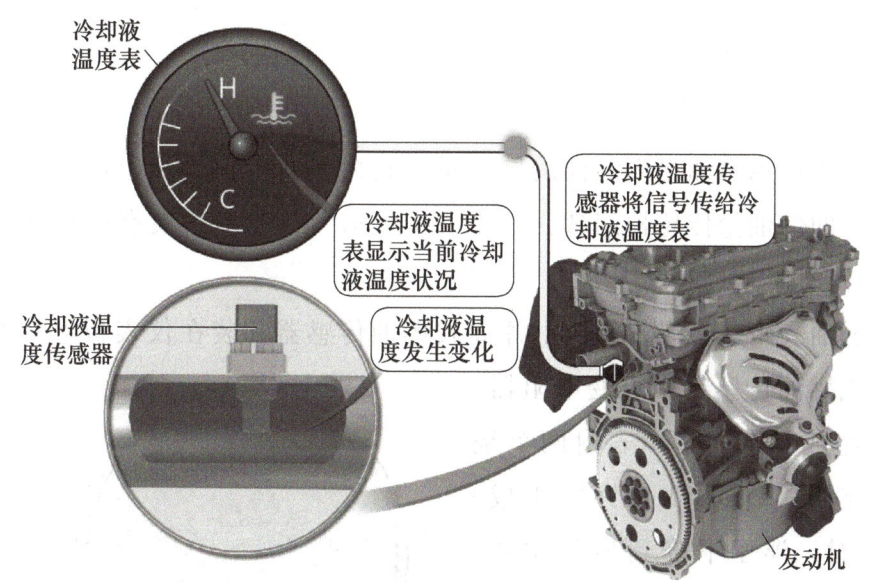

图5-2 冷却液温度表的结构与作用

2. 电磁式冷却液温度表和热敏电阻式传感器

热敏电阻式传感器由外壳、接线端子和热敏电阻组成；冷却液温度表由塑料支架、两个电磁线圈（主、副）和带指针的衔铁等组成。冷却液温度表刻度盘从左至右标明C、H，分别表示低温和高温，一般发动机工作时，指针不达到红色区域为正常。位于发动机气缸盖水套上的冷却液温度传感器采用的是负温度系数电阻，阻值随温度升高而减小。

点火开关接通后，电流流过冷却液温度表和传感器，如图5-3所示。当周围温度升高时，电阻值会变小；当周围温度降低时，电阻值会变大。当冷却液温度较低时，传感器内热敏电阻的阻值较大，流经主线圈电流小，产生的磁场弱；流经副线圈电流大，产生的磁场强，使衔铁带动指针向左偏转，指针指向低温刻度。当冷却液温度升高时，热敏电阻的阻值减小，主线圈中的电流明显增大，电磁力也增大，使衔铁带动

笔记栏

指针向右偏转，冷却液温度表的指针指向高温刻度。

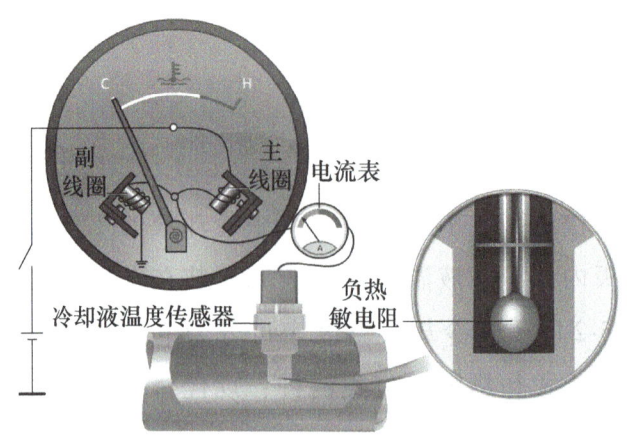

图 5-3　电磁式冷却液温度表和热敏电阻式传感器

三、燃油表及浮筒式燃油传感器

燃油表用来指示燃油箱内燃油的储存量。它由安装在仪表板上的燃油指示表和安装在燃油箱内的燃油量传感器组成，如图 5-4 所示。燃油指示表有电热式和电磁式两种，目前广泛使用电磁式。

电磁式燃油表由装在燃油箱内的浮筒式燃油传感器和装在仪表板上的燃油指示表组成。浮筒式燃油传感器由可变电阻器、滑片和浮子组成。燃油指示表由两个绕在铁心上的线圈、转子和指针等组成。当油箱无油时，浮子下降到最低位置，可变电阻阻值最小。此时，左线圈电流最大，电磁力最大；右线圈通过的电流最小，产生的电磁力也最小，吸引衔铁带动指针偏向最左，指在"E"位上。当向油箱中加油时，随着油量的增多，浮子上升，可变电阻阻值逐渐增大。左线圈中的电流相对原来逐渐减小，右线圈中的电流逐渐增大，电磁力的变化，吸引衔铁带动指针顺时针偏转，指示油量增多。

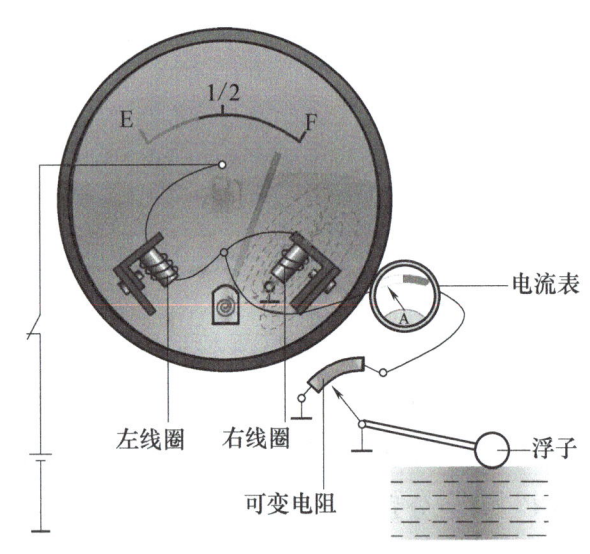

图 5-4　电磁式燃油表

电磁式燃油表

四、仪表稳压器

为了提高仪表的显示精度，避免电源电压变化时带来的不良影响，现代汽车在仪表电路中都串装仪表稳压器，常用的有电热式和电子式两类。

1. 电热式仪表稳压器

(1) 结构　如图5-5a所示。电热式仪表稳压器由双金属片、常闭触点、加热线圈、座板和外壳等组成。双金属片上的电热丝一端搭铁，另一端焊在双金属片上。双金属片的一端是动触点，另一端用铆钉固定在调节片上，调节片的一端也用铆钉固定并与电源接线相连。调整螺钉可调节两触点之间的压力。

(2) 工作原理　如图5-5b所示。当电源电压偏高时，加热线圈中的电流增大，双金属片加热快，触点很快断开，断开的触点需要较长时间冷却才能闭合，这样触点闭合时间短，断开时间长，从而将偏高的电源电压降低为某一输出电压平均值。

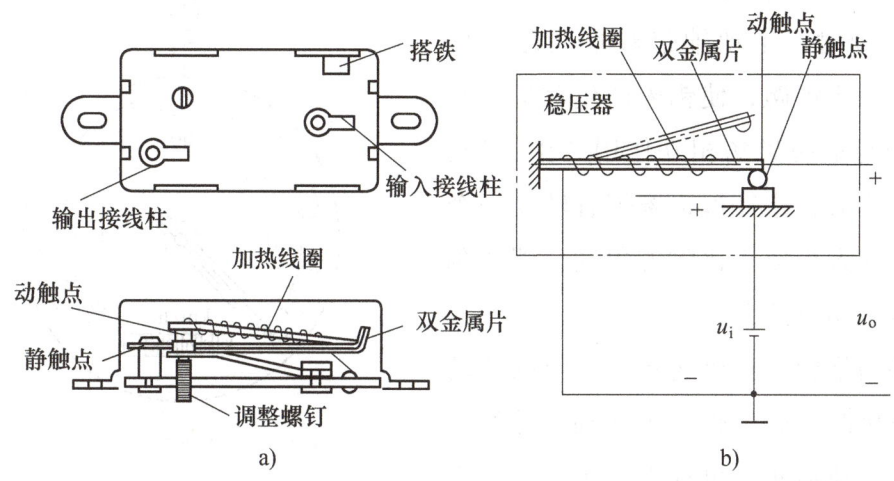

图5-5　电热式仪表稳压器

a) 结构　b) 工作原理

2. 电子式仪表稳压器

电子式仪表稳压器主要是采用汽车专用的三端集成稳压块，它具有结构简单、成本低、稳压效果好和使用寿命长等优点，故被广泛应用。图5-6所示为桑塔纳、奥迪轿车仪表板专用的三端式电子式仪表稳压器。"1"为输出端，"⊥"为搭铁端，"2"为电源输入端。该稳压器输出电压为9.5~10.5V。

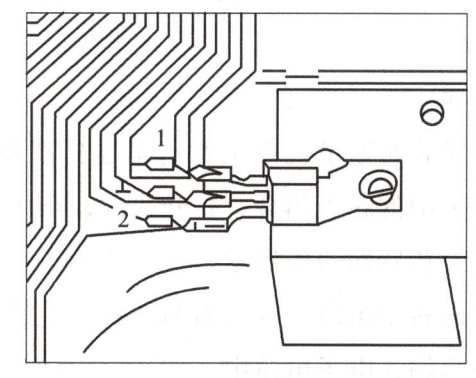

图5-6　桑塔纳、奥迪轿车仪表板专用的三端式电子式仪表稳压器

五、车速里程表

车速里程表是用来指示汽车行驶速度和累计行驶里程数的仪表。由车速表和里程表两部分组成。按构造不同，可分为磁感应式和电子式两种形式。

1. 磁感应式车速里程表

（1）构造　磁感应式车速里程表由变速器（或分动器）内的蜗轮蜗杆经软轴驱动，基本结构如图5-7所示。车速表是由与主动轴紧固在一起的永久磁铁、带有轴及指针的铝碗、磁屏和紧固在车速里程表外壳上的刻度盘等组成。里程表由蜗轮蜗杆机构和六位数字的十进位数字轮组成。

（2）工作原理　汽车静止时，在游丝的作用下，带有轴及指针的铝碗位于刻度盘零位。汽车行驶时，主动轴带着永久磁铁旋转，磁力线磁化铝碗，使铝碗产生磁场，永久磁铁磁场与铝碗磁场相互作用产生力矩，克服游丝的弹力，指针被铝碗带着转动一个与主动轴转速大小成正比例的角度，即在刻度盘上显示出相应的车速。

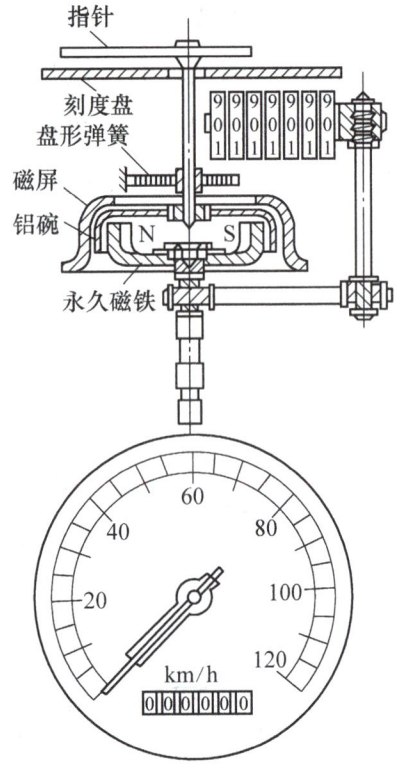

图5-7　磁感应式车速里程表

主动轴与蜗轮蜗杆机构具有一定的传动比，汽车行驶时，软轴带动主动轴，并经三对蜗轮蜗杆减速后驱动里程表右边第一数字轮，并从右向左逐级传到其余的数字轮，累计出行驶里程。同时，里程表上的齿轮通过中间齿轮，驱动短里程数字轮，并向左逐级传到其余的数字轮，记录短程行驶里程。当需要清除短里程记录时，按一下短里程表复位杆，可使短里程计数器的指示回零。

2. 电子式车速里程表

电子式车速里程表主要由车速传感器、电子电路、车速表和里程表四部分组成，舌簧开关中的触头闭合、打开八次，产生八个脉冲信号，如图5-8所示。

车速传感器的作用是产生正比于车速的电信号。它由一个舌簧开关和一个含有四对磁极的转子组成。变速器驱动转子旋转，转子每转一周，舌簧开关产生与车速成正比的信号输入电子电路中。

电子电路的作用是将车速传感器送来的电信号整形、触发，输出一个大小与车速成正比的电流信号。车速表是一个电磁式电流表，当汽车以不同的车速行驶时，从电子电路输出的与车速成正比的电流信号便驱动车速表指针偏转，即可指示相应的车速。里程表由一个步进电动机和六位数字的十进位数字轮组成。车速传感器输出的信号，经64分频后，再经功率放大器放大到足够的功率，驱动步进电动机，带动数字轮转动，从而记录行驶的里程。

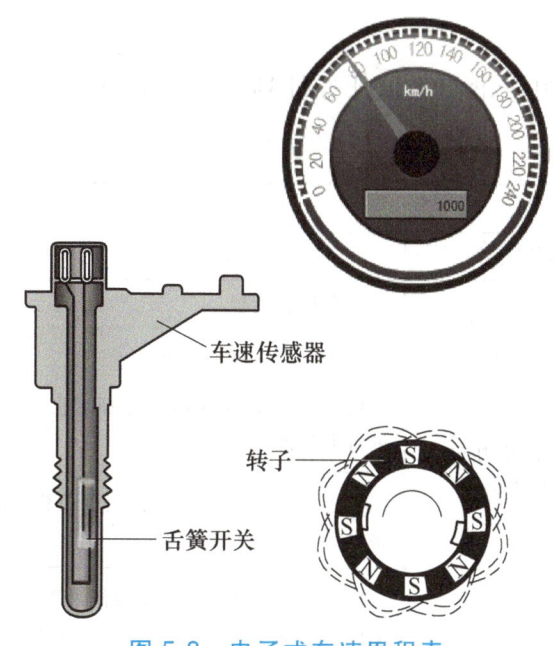

图 5-8 电子式车速里程表

六、发动机转速表

发动机转速表用于指示发动机的运转速度。常用的转速表有机械传动磁感应式和电子式两种。机械传动磁感应式转速表的结构和工作原理与磁感应式车速表基本相同。

电子式转速表获取转速信号的方式有三种，即取自点火系统、发动机的转速传感器和发电机，如图 5-9 所示。当发动机运转时，转速传感器的信号转子随曲轴一起转动，使曲轴位置传感器产生随转速变化而变化的电压信号，并将该信号传输到发动机 ECU（电脑），ECU 将该信号经过处理后，向转速表输出一个与转速成正比的频率信号，转速表内部的电子电路便驱动转速表指针偏转，从而指示相应的转速。

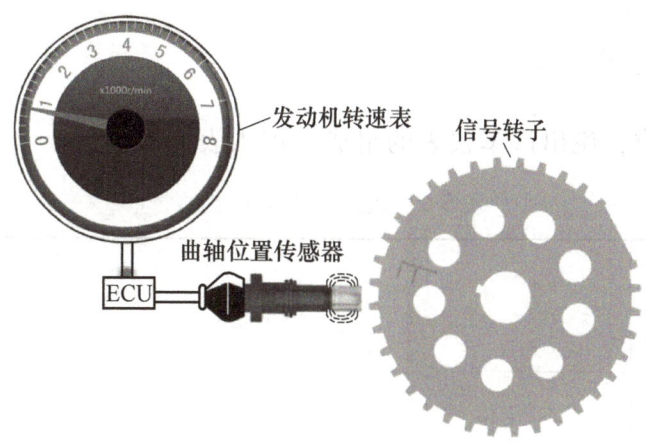

图 5-9 发动机转速表结构原理

任务计划

通过课前预习,分组讨论,制订任务计划,填入表5-1中。

表 5-1 任务计划表

工具及设备准备			
任务实施流程	检修项目	操作步骤	检修主要内容
	观察仪表装置	观察仪表装置	
		说出仪表装置的组成	
	电热式冷却液温度表电路检测	用万用表对机电热式冷却液温度表进行电阻值检测	
		将连接传感器的导线直接接负极,观察电热式冷却液温度表	
	电磁式冷却液温度表电路检测	用万用表对电磁式冷却液温度表的三个接线柱进行电阻值检测,判断其好坏	
		用热水加热热敏电阻式传感器,用万用表测量其电阻值的变化	
		将连接传感器的导线直接接负极,观察冷却液温度表的动作	
	电磁式燃油表电路检测	用万用表对电磁式燃油表的三个接线柱进行电阻值检测,判断其好坏	
		用手摆动浮筒式燃油传感器浮筒,用万用表测量其电阻值是否连续变化	
		将连接传感器的导线直接接负极,观察冷却液温度表的动作	

任务实施

一、仪表盘观察指认

观察仪表盘总成,说出汽车仪表的组成,填入表5-2。

表 5-2 汽车仪表盘的组成

车辆信息	
仪表组成	

二、机油压力表及电热式冷却液温度表电路的检测

连接机油压力表、电热式冷却液温度表及电热式传感器电路，观察其工作情况，填写表5-3。

1）用万用表对机油压力表、电热式冷却液温度表进行电阻值的检测，判断其好坏。

2）试着将连接传感器的导线直接搭铁（负极），观察机油压力表和电热式冷却液温度表的变化。

表5-3 机油压力表及电热式冷却液温度表电路的检测

电路类型	部件名称	万用表检测		性能判断	连接传感器的导线接负极后仪表的变化情况
		档位	数值		
机油压力表电路	机油压力表				
	机油压力传感器				
电热式冷却液温度表电路	冷却液温度表				
	冷却液温度传感器				

三、电磁式冷却液温度表电路的检测

连接电磁式冷却液温度表及热敏电阻式传感器电路，观察其工作情况，填写表5-4。

1）用万用表对电磁式冷却液温度表的三个接线柱进行电阻值的检测，判断其好坏。

2）用热水加热热敏电阻式传感器，用万用表测量其电阻值的变化。

3）试着将连接传感器的导线直接搭铁（负极），观察冷却液温度表的变化。

表5-4 电磁式冷却液温度表电路的检测

检测项目	万用表检测			性能判断	连接传感器的导线接负极后仪表的变化情况
	测量接线柱	档位	数值		
电磁式冷却液温度表	+与-				
	+与TEMP				
	-与TEMP				
冷却液温度传感器	接线柱与外壳（常温状态）				
	接线柱与外壳（加热状态）				

四、电磁式燃油表电路的检测

连接电磁式燃油表电路，用手摆动浮筒式燃油传感器浮筒观察其工作情况，填写

笔记栏　　表 5-5。

1）用万用表对电磁式燃油表的三个接线柱进行电阻值的检测，判断其好坏。

2）用手摆动浮筒式燃油传感器浮筒，用万用表测量其电阻值是否连续变化。

3）试着将连接传感器的导线直接搭铁（负极），观察燃油表的变化。

表 5-5　电磁式燃油表电路的检测

检测项目	万用表检测			性能判断	连接传感器的导线接负极后仪表的变化情况
	测量接线柱	档位	数值		
电磁式燃油表	+与-				
	+与FUEL				
	-与FUEL				
燃油表传感器	接线柱与外壳（油少状态）				
	接线柱与外壳（半箱油状态）				
	接线柱与外壳（油满状态）				

任务测评

按照表 5-6 的要求对本次任务的完成情况进行任务测评。

表 5-6　任务测评表

评价项目		评价标准	配分	得分
专业知识技能	40 分	能够描述常见仪表电路的组成、类型和主要部件的构造特点	10	
		能够描述常见仪表电路的工作原理和故障诊断方法	10	
		能对常见仪表电路主要部件进行检测	10	
		能对常见仪表电路进行电路分析、故障诊断与排除	10	
任务完成情况	40 分	任务完成的情况（圆满完成、基本完成、未完成）	15	
		任务完成的质量（优秀、良好、不及格）	15	
		在小组完成任务过程中所起的作用（主要、协助、未参与）	10	
职业素养	20 分	能够积极主动参与学习	10	
		能够与小组成员团结协作	5	
		能够服从工位安排，执行实训室"6S"的管理规定	5	
综合评议				

知识拓展

一、数字仪表的特点

1. 能够提供大量和复杂的信息，显示直观

为了满足汽车排气净化、节能、安全性和舒适性的要求，汽车电子控制装置必须能够迅速、准确地处理各种复杂的信息，并以数字、文字或图形的形式显示出来，供驾驶人了解汽车的运行状况，并且及时处理。另外，汽车的故障诊断、导航和定位等大量的信息，数字仪表显示终端能完成这些任务。

2. 具有高精度和高可靠性

数字式仪表显示为即时值，故精度高，而且没有运动部件，故障率低，提高了可靠性。

3. 可满足小型及轻量化的要求

数字式仪表既适用各种传感器和控制系统的电子化，又实现了小型轻薄化。既提高了仪表台附近的空间利用率，又能够处理日益增多的信息。

4. 具有一表多用的功能

数字式仪表采用数字显示，既能够用一组数字分时显示，又能够同时显示多个信息，不必为每个信息各设置一个指示表，故使仪表系统结构得以很大的简化。

二、常用数字仪表的显示器件

1. 发光二极管（LED）

发光二极管是应用最为广泛的低压显示器件，其实质是晶体管，如图5-10所示。正极、负极加上合适正向的电压后，其内半导体晶片发光。发光的颜色有红、绿、

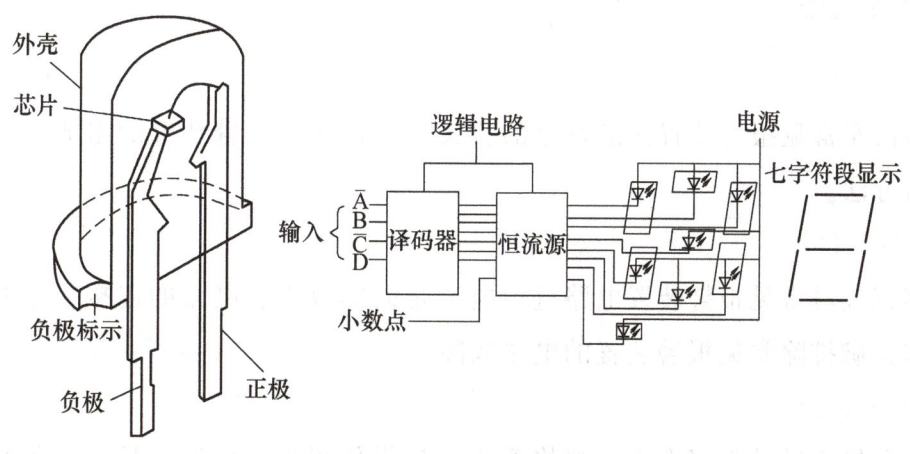

图5-10　发光二极管的结构与七字符段显示电路

黄、橙等，可单独使用，也可用来组成数字、字母、发光条图。汽车一般用于指示灯、数字符号段或点数不太多的光杆图形显示。

2. 液晶显示器件（LCD）

液晶是一种有机化合物，在一定温度范围和条件下，既具有普通液体的流动性，又具有晶体的某些光学特性。它有两块厚约1mm的玻璃基板，基板上涂有透明的导电材料作为电极，一面电极为图形。两基板间注入10μm厚的液晶，再在两玻璃基板的外表面分别贴上偏光板，四周密封。当两电极通一定电压时，位于通电电极范围内（要显示的数字、图形等）的液晶分子重新排列，通电部分电极就形成了在发亮背景下的字符或图形。由于液晶显示器件为非发光型显示器件，所以夜间显示必须采用照明光源，汽车上通常用白炽灯作为背景光源。液晶显示器件具有工作电压低（3V左右）、显示面积大、耗能少、显示清晰、通过滤光镜可显示不同颜色、在阳光直射下不受影响、电极图形设计自由度极高、设计成任何显示图形的工艺都很简单等优点，现已被广泛应用在中、高档轿车上。

任务练习

1. 汽车上常用的仪表装置有_____、_____车速里程表和发动机转速表等。各种仪表分别与各自对应的_____配合工作。

2. 电磁式冷却液温度表、燃油表上有_____个接线柱，分别接____和____和_____。

3. 仪表稳压器的作用是_____。

任务二　汽车报警装置的检修

任务目标

1. 理论目标

掌握汽车常见报警装置图形符号的含义，掌握常见报警装置的组成、工作原理和故障诊断方法。

2. 技能目标

能够正确对常见报警装置电路进行电流走向的分析、电路的连接、主要部件的检测，能够正确排除常见报警装置的电路故障。

3. 素养目标

养成积极主动的学习态度；严格遵守岗位操作规程，确保工具、设备和自身的安全；具有良好的团队协作精神和较高的组织沟通能力；树立"6S"的管理理念。

 **任务准备**

汽车报警装置的概述：为了指示汽车某系统的工作状况、引起车外行人及车辆或本驾驶人的注意，保证行车时的安全，所设置的灯光或声音信号装置称为报警装置。这些装置一般由警报开关（传感器）和警告灯（或蜂鸣器）等组成。常见的报警装置有机油压力不足警告指示灯、冷却液温度过高警告指示灯、制动液液压不足警告指示灯、燃油量不足警告指示灯、空气滤清器堵塞警告指示灯、制动蹄片磨损过量警告指示灯、发动机故障警告指示灯、车门未关好警告指示灯等装置。

警告指示灯通常安装在驾驶室内的仪表盘上，耗电功率为 1~3W。在灯泡前有滤光片，以使灯泡发黄或发红。滤光片上常刻有图形符号，以显示其功能，其含义如图 5-11 所示。

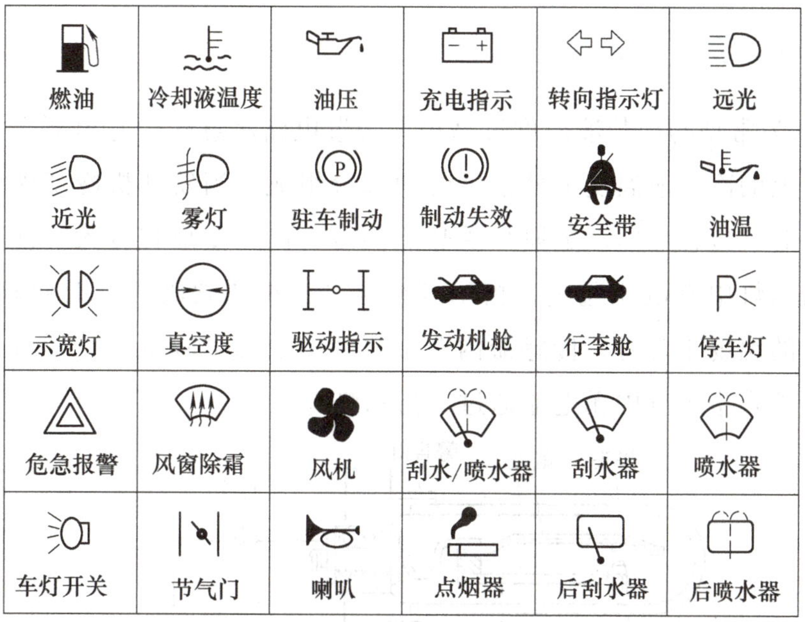

图 5-11 仪表盘上报警装置图形符号的含义

一、机油压力不足报警指示灯装置

机油压力不足报警装置有膜片式和弹簧管式两种，图 5-12 所示为最常见的弹簧管式机油压力报警装置电路示意图。它由安装在发动机主油道的弹簧管式传感器和安装在仪表板上的警告指示灯两部分组成。传感器内的管形弹簧一端与发动机主油道连接，另一端与动触点连接，静触点经导电片与接线柱连接。当润滑系统润滑油压力低于允许值时，如 EQ1090 型汽车为 50~90kPa，管形弹簧几乎无变形，动静触点闭合，警告灯中有电流通过，灯亮，提醒驾驶人注意。当润滑系统润滑油压力达到允许值时，管形弹簧的变形程度增大，使动静触点分开，警告指示灯中无电流通过，指示灯熄灭。

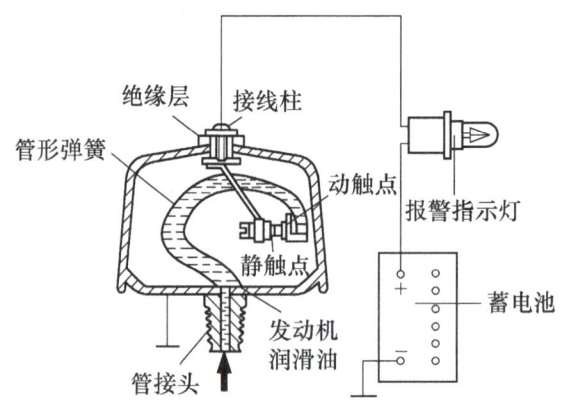

图 5-12　弹簧管式机油压力报警装置电路示意图

二、冷却液温度过高报警指示灯装置

图 5-13 所示为常见的冷却液温度过高报警装置电路示意图。它由双金属片式温度传感器和仪表板上的冷却液温度报警指示灯两部分组成。当发动机冷却液的温度达到或超过极限温度时，传感器内双金属片受热后温度升高，变形程度大，使其内动静触点闭合，警告指示灯中有电流通过，指示灯被点亮，提醒驾驶人及时停车检测处理。当发动机冷却液的温度正常时，传感器内双金属片受热温度较低，变形程度小，其内动静触点断开，警告指示灯中无电流通过，指示灯熄灭。

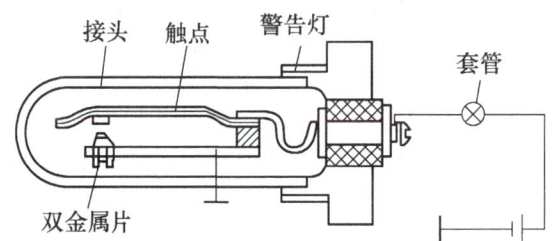

图 5-13　常见的冷却液温度过高报警装置电路示意图

三、燃油量不足报警指示灯装置

图 5-14 所示为常见的燃油量不足报警装置。它由负温度系数热敏电阻传感器和仪表板上的燃油量报警指示灯两部分组成。当油箱燃油量较多时，热敏电阻完全浸泡在燃油中，由于其散热快、温度低、阻值大，警告灯电路中相当于串联了一个很大的电阻，流过警告灯的电流很小，指示灯熄灭。当燃油减少到热敏电阻露出油面时（规定值以下），温度升高、散热慢、电阻值减小，流过警告灯的电流增大，指示灯被点亮。

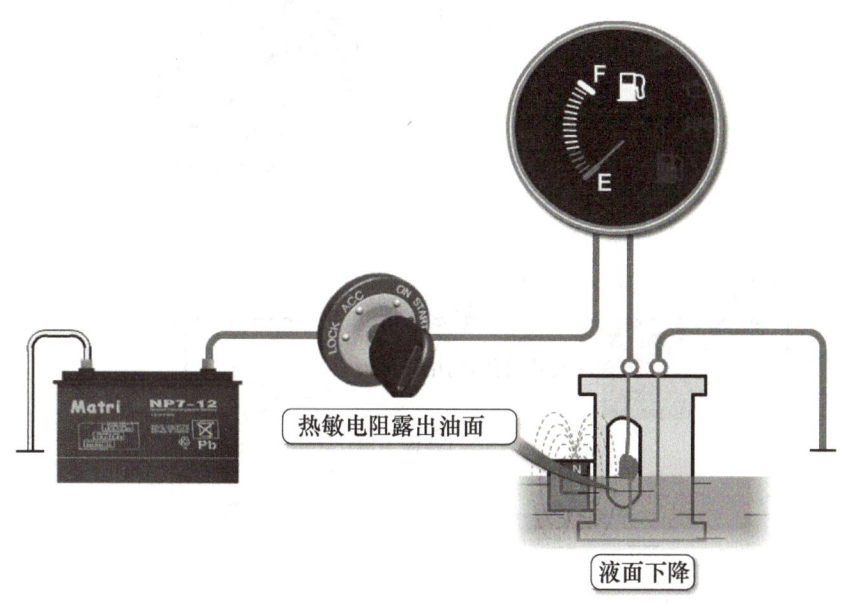

图 5-14　常见的燃油量不足报警装置

四、制动信号灯断线报警指示灯装置

图 5-15 所示为制动信号灯断线报警装置电路示意图。它由电磁线圈与舌簧开关构成的控制器、仪表板上的警告指示灯两部分组成。当汽车制动时，制动灯开关闭合，电流分别经点火开关、制动灯开关、控制器两并联线圈、左右制动信号灯、搭铁，使制动信号灯亮。同时两线圈所产生的磁场相互抵消，舌簧开关维持常开状态，警告指示灯不亮。当某一侧制动信号灯电路出现故障时，控制器线圈中只有一个有电流通过，通电的线圈产生电磁吸力使舌簧开关闭合，报警指示灯被点亮。

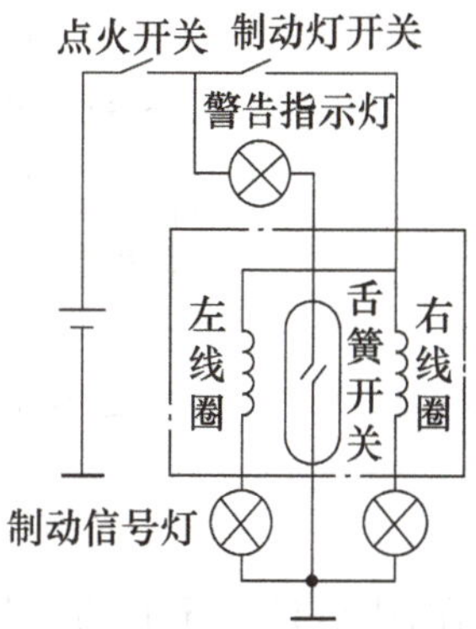

图 5-15　制动信号灯断线报警装置电路示意图

五、制动液液面过低报警指示灯装置

图 5-16 所示为制动液液面过低报警装置。它由安装在制动液储液罐内的浮子式传感器和警告灯两部分组成。当制动液充足时，浮子式传感器随制动液上浮，处于较高位置，其内永久磁铁与舌簧开关的位置较远，对舌簧开关的吸引力较弱，故舌簧开关仍处于常开状态，警告指示灯电路无法接通，指示灯不亮。当制动液不足时，浮子式传感器随制动液下浮，当下浮到规定值以下时，永久磁铁与舌簧开关的位置较近，磁力吸动舌簧开关闭合，警告指示灯电路被接通，指示灯被点亮。提醒驾驶人注意，防止制动效能下降而出现安全事故。

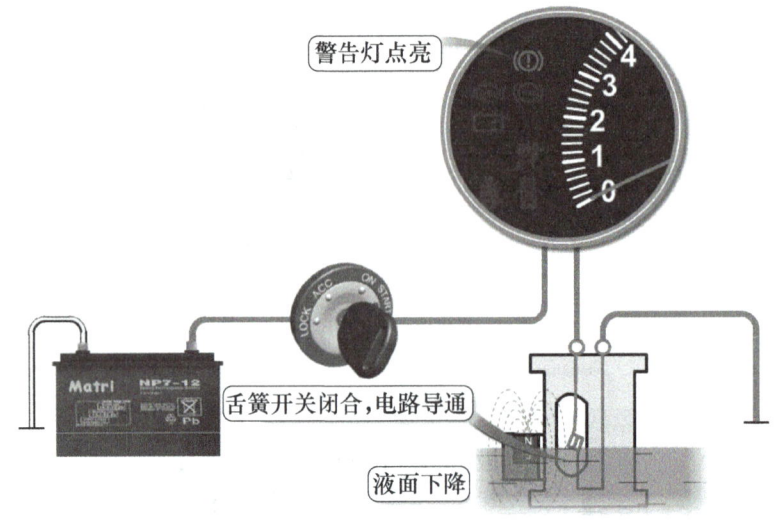

图 5-16 制动液液面过低报警装置

六、制动蹄片磨损过量警告灯装置

制动蹄片磨损过量警告灯装置的工作原理图如图 5-17 所示。制动蹄片磨损过量报警装置的作用是当制动摩擦片磨损到使用极限厚度时指示灯被点亮，发出报警信号。

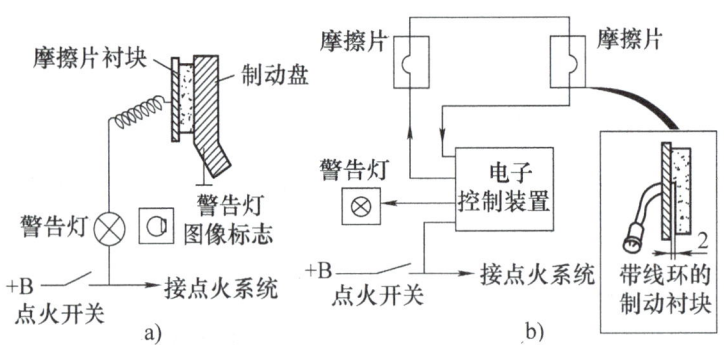

图 5-17 制动蹄片磨损过量警告灯装置的工作原理图

a）金属触点预埋型　b）金属导线预埋型

在图 5-17a 所示的装置中，将一个金属触点埋在摩擦片内部。当摩擦片磨损至使用极限厚度时，金属触点就会与制动盘（或制动鼓）接触而使报警指示灯与搭铁接通，仪表板上的报警指示灯便会被点亮，以示警告。

在图 5-17b 所示的装置中，将一段导线埋设在摩擦片内部，该导线与电子控制装置相连。当接通点火开关时，电子控制装置便向摩擦片内埋设的导线通电数秒钟进行检测，如果摩擦片已磨损到使用极限厚度，并且埋设的导线已被磨断，电子控制装置则使报警指示灯亮起，以示制动摩擦片需要更换。

七、空气滤清器堵塞警告指示灯装置

如图 5-18 所示，空气滤清器堵塞警告指示灯装置由与空气滤清器滤芯内外侧相连通的气压式开关传感器、警告指示灯两部分组成。气压式传感器是利用其上、下气室产生的压力差,推动膜片移动,从而使与膜片相连的磁铁跟随其移动。磁铁的磁力使舌簧开关打开或关闭,控制警告指示灯电路接通或断开。若空气滤清器滤芯未堵塞,说明传感器上、下气室间压差小,膜片及磁铁的移动量小,舌簧开关处于常开状态;若空气滤清器滤芯被堵塞,说明传感器上、下气室间压差增大,膜片及磁铁的移动量增大,磁铁磁力吸动舌簧开关而闭合,警告指示灯电路被接通,警告指示灯被点亮。

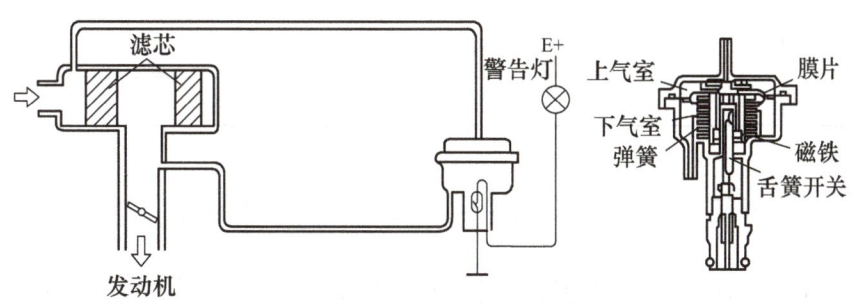

图 5-18 空气滤清器堵塞警告指示灯装置

任务计划

通过课前预习,分组讨论,制订任务计划,填入表 5-7 中。

表 5-7 任务计划表

工具及设备准备			
	检修项目	操作步骤	检修主要内容
任务实施流程	指认报警装置检测、性能判断	指认仪表盘上的相关报警指示灯	
		说出其电路组成和原理	
	万用表测量法对报警装置传感器检测、性能判断	检测机油压力不足报警传感器	
		检测冷却液温度过高报警传感器	
		检测燃油量不足报警传感器	
		检测制动液液面过低报警传感器	
		检测制动灯信号断线报警传感器	
	试灯法对报警装置传感器检测、性能判断	检测机油压力不足报警传感器	
		检测冷却液温度过高报警传感器	
		检测燃油量不足报警传感器	
		检测制动液液面过低报警传感器	

任务实施

一、指认报警装置

结合桑塔纳 2000 轿车整车电路实验台,找出实验台上有哪些报警装置,并说出其组成，填写表5-8。

表5-8 传感器的组成及其安装位置表

报警装置名称	报警装置电路组成	传感器安装位置

二、用万用表测量法对报警装置传感器进行检测并做出性能判断

用万用表对机油压力报警传感器、冷却液温度过高报警传感器、热敏电阻式燃油量报警传感器、制动液液面传感器、制动灯信号断线报警传感器进行阻值测量，判断其是否正常，根据检测结果填写表5-9。

表5-9 用万用表测量法对报警装置传感器进行检测并做出性能判断

传感器	万用表检测			性能判断
	检测条件	档位	测量结果	
机油压力过低报警传感器	自然状态			
	通入0.2MPa气压			
冷却液温度过高报警传感器	常温自然状态			
	加热温度大于105℃			
燃油量不足报警传感器	自然状态			
	浸在水中			
制动液液面过低报警传感器	浮子远离舌簧开关			
	浮子靠近舌簧开关			
制动灯信号断线报警传感器	自然状态			
	左侧或右侧线圈通电			
	左右侧线圈同时通电			

三、用试灯法对报警装置传感器进行检测并做出性能判断

用带导线的试灯分别与机油压力报警传感器、冷却液温度过高报警传感器、热敏电阻式燃油量报警传感器、制动液液面报警传感器、制动灯信号断线报警传感器串联后接到蓄电池的正负接线柱上，观察试灯的工作情况，判断传感器性能，并将结果记录表5-10。

表 5-10 用试灯法对报警装置传感器进行检测并做出性能判断

传感器名称	检测条件	试灯工作情况	测量结果	性能判断
机油压力报警传感器	自然状态			
	通入 0.2MPa 气压			
冷却液温度过高报警传感器	常温自然状态			
	加热温度高于 105℃			
热敏电阻式燃油量报警传感器	自然状态			
	浸在水中			
制动液液面过低报警传感器	浮子远离舌簧开关			
	浮子靠近舌簧开关			
制动灯信号断线报警传感器	自然状态			
	左侧或右侧线圈通电			
	左右侧线圈同时通电			

四、对警告灯电路进行总结

1）一般警告指示灯和报警传感器_____联后接入电路，报警传感器监视相应值，并按照设定的条件动作，使报警电路_____，警告灯点亮。

2）当警告灯电路所监测的系统正常工作时，警告灯传感器处于_____或其电阻值处于_____状态。

任务测评

按照表 5-11 的要求对本次任务的完成情况进行任务测评。

表 5-11 任务测评表

评价项目		评价标准	配分	得分
专业知识技能	40分	能够描述汽车常见报警装置的种类、组成和基本工作原理	10	
		能够熟练识别汽车常见报警装置图形符号的含义	10	
		具有用万用表对常见报警装置传感器和电路检测的能力	10	
		具有用试灯法对常见报警装置传感器和电路检测的能力	10	
任务完成情况	40分	任务完成的情况（圆满完成、基本完成、未完成）	15	
		任务完成的质量（优秀、良好、不及格）	15	
		在小组完成任务过程中所起的作用（主要、协助、未参与）	10	
职业素养	20分	能够积极主动参与学习	10	
		能够与小组成员团结协作	5	
		能够服从工位安排，执行实训室"6S"的管理规定	5	
综合评议				

知识拓展

一、座椅安全带报警装置

当接通点火开关而没有扣紧座椅安全带时，座椅安全带报警系统蜂鸣器发出报警声响并且点亮警告灯约 8s。

当座椅安全带被扣紧时，开关张开。当蓄电池电压随点火钥匙置于点火位时加至定时器，如果此时安全带未扣好，电路便通过常闭开关搭铁，接通蜂鸣器及警告灯电路。如果在安全带扣好的状态下接通点火开关，来自蓄电池的电流便通过加热器使双金属带发热，达到一定程度后，使触点张开，从而切断电路。座椅安全带警告系统电路如图 5-19 所示。

二、前照灯未关及点火钥匙未拔报警装置

如果驾驶人打开车门时没有关闭前照灯，蜂鸣器或发音器便发出鸣叫提示。

驾驶人边门控制开关为常闭式，只有当车门关闭时，该开关才断开。如果前照灯开关在前照灯或停车档，蓄电池电压经蜂鸣器和灯光开关加至驾驶人边门控制开关。如果驾驶人打开车门，蜂鸣器电路即被接通，于是发出鸣叫提示，直到前照灯关闭或驾驶人边门关闭才停止，如图 5-19 所示。

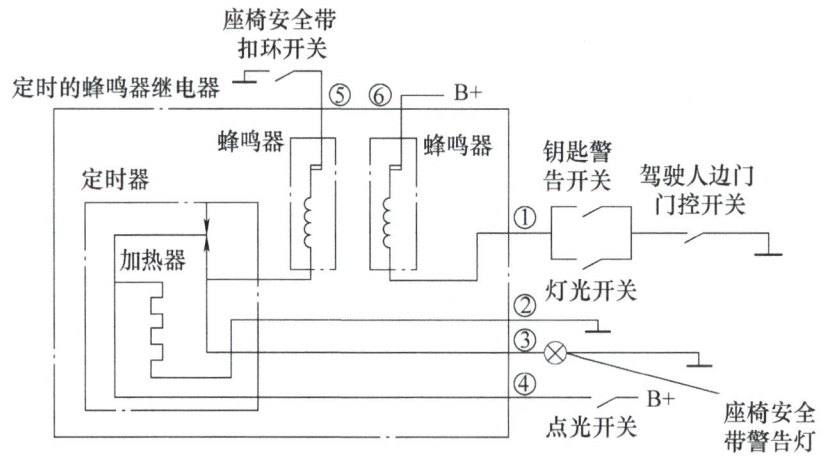

图 5-19 座椅安全带警告系统电路

任务练习

1. 汽车报警装置一般由_____和_____等组成。
2. 常见的报警装置有_____、_____、_____、燃油

量不足报警指示灯、空气滤清器堵塞警告灯、制动蹄片磨损过量警告灯、发动机故障警告指示灯、车门未关好警告灯等。

3. 当报警指示灯电路所监测的系统不能正常工作时，报警传感器处于_____状态或其电阻值处于_____状态，报警指示灯将由_____状态变为_____状态。

项目六　辅助电气设备的检修

 项目目标

通过对本项目的学习,学生能够:

1. 掌握风窗刮水洗涤装置的功用、组成及特点,主要部件的检修方法,电路的故障诊断与排除方法;

2. 掌握中央门锁系统的功用、组成、工作过程,主要部件的检修方法,电路的故障诊断与排除方法;

3. 掌握电动车窗及其系统的功用、组成、工作过程,主要部件的检修方法,电路的故障诊断与排除方法;

4. 掌握电动后视镜的组成、功用、工作过程,主要部件的检修方法,电路的故障诊断与排除方法。

任务一　风窗刮水洗涤装置的检修

1. 理论目标

掌握风窗刮水洗涤装置的结构及工作原理,掌握风窗刮水洗涤装置常见故障的诊断方法。

2. 技能目标

能够正确操作风窗刮水洗涤装置并且演示其功能,能够正确指认风窗洗涤装置各部件,能够读识风窗洗涤装置电路,能够检测风窗洗涤装置的主要元件,能够正确排除风窗洗涤装置的故障。

3. 素养目标

养成积极主动的学习态度;严格遵守岗位操作规程,确保工具、设备和自身的安全;具有良好的团队协作精神和较高的组织沟通能力;树立"6S"的管理理念。

一、风窗刮水装置

为了保证汽车在雨、雪天气行驶时驾驶人有良好的视线,确保行车安全,通常利用刮水装置刮除风窗玻璃上的雨水、雪或尘土等。汽车上风窗刮水器按动力源的不同分为真空式、气动式和电动式三种。因电动刮水器动力大、容易控制、不受发动机工况影响,故在汽车上得到了广泛的应用。一般汽车在前风窗装有刮水器,部分汽车前后风窗都装有刮水器。

1. 风窗刮水器的结构

电动风窗刮水器由刮水器臂及刮水片、刮水器电动机、传动机构和控制开关组成,如图6-1所示。

2. 刮水器电动机

1)刮水器电动机内部主要由永磁式双速直流电动机、蜗轮蜗杆式减速器和自动复位器等组成,如图6-2所示。

2)电动刮水器的变速原理。由于电动刮水器的动力来源是直流电动机,故刮水器的变速就是直流电动机的变速。直流电动机的转速公式为

$$n = \frac{U - IR}{kZ\phi}$$

式中 U——电动机端电压；

I——通过电枢绕组的电流；

R——电枢绕组的电阻；

k——常数；

Z——正、负电刷间串联的绕组（导体）数；

ϕ——磁极磁通。

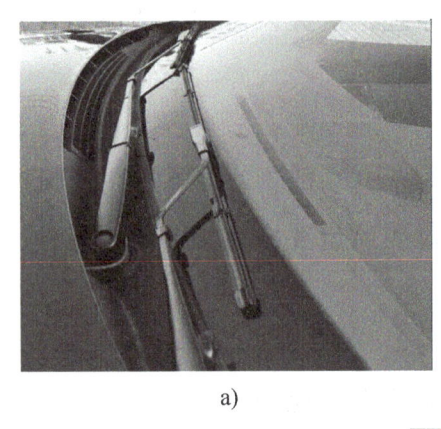

图 6-1 刮水器的组成

a）刮水器臂及刮水片 b）刮水器电动机 c）传动机构 d）控制开关

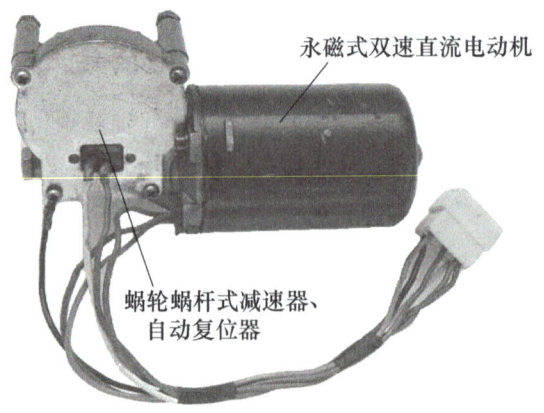

图 6-2 刮水器电动机

在实际应用中，I、R、k 均为定数，可见改变直流电动机的磁通 ϕ 和两电刷之间的电枢绕组（导体）数 Z 均能改变直流电动机的转速。当磁极磁通 ϕ 减小时转速 n 上升，反之则转速下降。当导体数目增多时，转速 n 也下降，反之则上升。通过改变磁通势大小来改变直流电动机转速的方法，只适用于绕线式直流电动机。

电动刮水器变速原理图如图 6-3 所示。当开关拨向 L 端时，电源电压 U 加在 B_1 与 B_3 电刷之间，电流经过由①、⑥、⑤与②、③、④组成的两条并联分流回路，每条回路中串联的有效线圈各三个，串联线圈（导体）数相对较多，故反电动势较大，电动机以较低的转速运转。

当开关拨向 H 端时，电源电压 U 加在 B_2 和 B_3 电刷之间，电流经过由②、①、⑥、⑤与③、④组成的两条并联分流回路，由于线圈②和线圈①、⑥、⑤的绕线方向相反，②产生方向相反的电动势与①反电动势互相抵消，只有两个线圈的反电动势与电源电压平衡，故反电动势较小，电动机以较高转速运转。可见，并联回路中串联线圈（导体）数目减少，能使电动机转速升高。

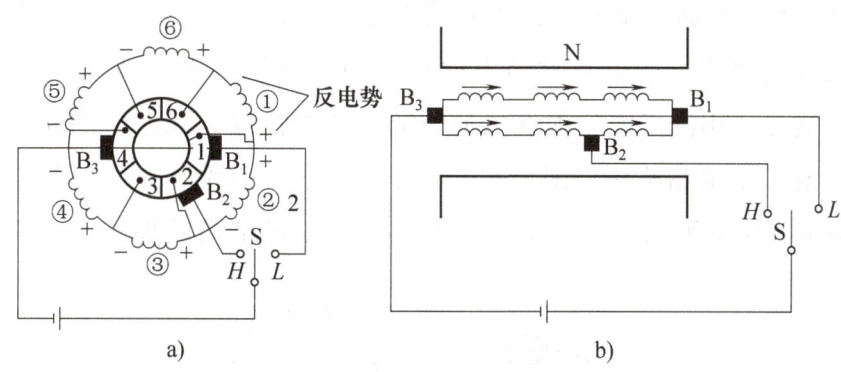

图 6-3 电动刮水器变速原理图

3. 刮水器自动复位装置

刮水器的自动复位是指在任何时刻关闭刮水器控制开关时，刮水片都能自动停止在风窗玻璃的最低位置而不影响驾驶人的视线。如图 6-4a 所示，在直流电动机减速机构的蜗轮上嵌有铜环，此铜环分为两个部分，其中面积较大的一片与电动机外壳连接（搭铁）。

当把刮水器开关退到 0 位时（关闭位置），如果刮水片此时还没有停止到规定位置，由于触点 B 与铜环相接触，如图 6-4b 所示，则电流继续流入电枢，此时电动机仍将运转，电路如下：蓄电池正极→熔断丝→电刷 B_3→电枢绕组→电刷 B_1→刮水器开关 0 档→触点 B→铜环→搭铁→蓄电池负极，此时刮水器以低速运转直至蜗轮旋转到图 6-4a 所示的特定位置，电路中断。

二、风窗玻璃洗涤装置

风窗玻璃洗涤装置与刮水器配合使用，可以使汽车风窗玻璃刮水器更好地完成刮

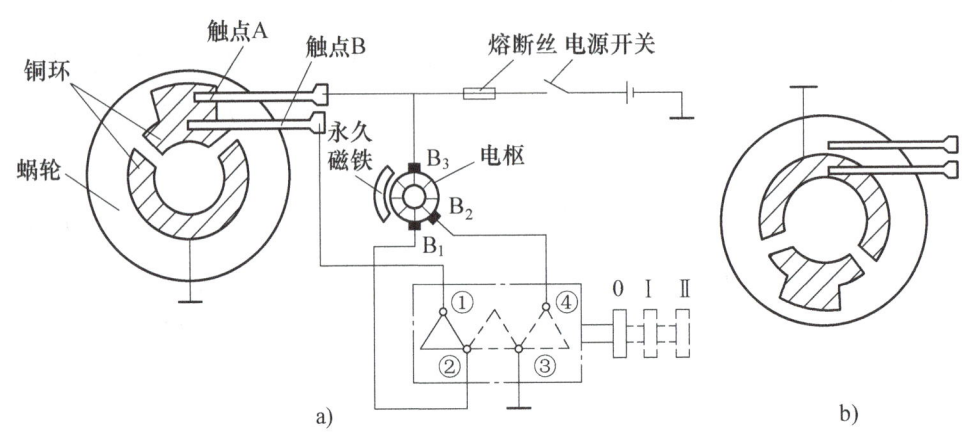

图 6-4 刮水器复位装置原理图

水工作,并获得更好的刮水效果。

如图 6-5 所示,风窗玻璃洗涤装置主要由储液罐、洗涤泵、输液管和喷嘴等组成。洗涤泵一般由永磁直流电动机和离心叶片泵组装成为一体,喷射压力可达 70~88kPa。洗涤泵一般直接安装在储液罐上,在离心式洗涤泵的进口处设置有滤清器。洗涤泵的喷嘴安装在风窗玻璃的下面,其喷嘴方向可以根据使用情况调整,喷水直径一般为 0.8~1.0mm,能够使用洗涤液喷射在风窗玻璃的适当位置。洗涤泵的连续工作时间不应超过 1min。对于刮水和洗涤分别控制的汽车,应先开启洗涤泵,再接通刮水器。喷水停止后,刮水器应继续刮动 3~5 次,以便达到良好的清洁效果。

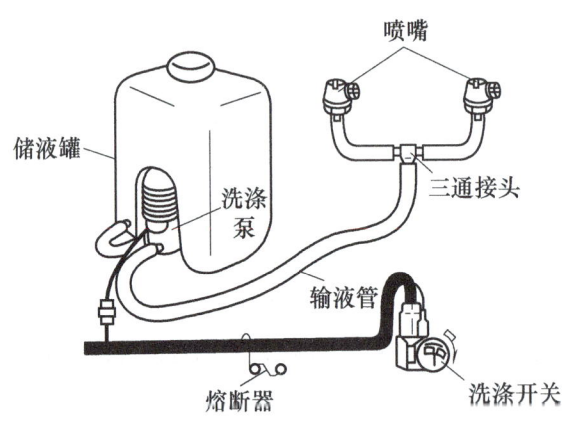

图 6-5 风窗玻璃洗涤装置的组成

为了保证风窗玻璃的洗涤效果,延长风窗密封胶条和刮水片胶条的使用寿命,汽车风窗玻璃洗涤时应选用添加适量去垢剂、防锈剂的专用风窗玻璃洗涤液。在冬季使用洗涤器时,还应选用添加凝固温度在 -20℃ 以上的防冻型专用洗涤液。

任务计划

通过课前预习,分组讨论,制订任务计划,填入表 6-1 中。

表6-1 任务计划表

工具及设备准备			
任务实施流程	检修项目	操作步骤	检修主要内容
	对桑塔纳轿车风窗刮水洗涤装置电路进行分析	功能演示	
		电路分析、总结	
	刮水器不工作的故障诊断与排除	检查熔断丝	
		检查刮水器电动机	
		检查刮水器开关	
		检查连接电路	

任务实施

一、结合桑塔纳轿车风窗刮水洗涤装置功能操作演示和电路图，对其电路进行分析

1. 功能演示和电路分析

如图6-6所示，桑塔纳2000轿车刮水器控制开关有5个档位，分别为复位停止档、间歇档、低速档、高速档和点动档。通常的标记为：J为间歇档、L为低速档（1档）、H为高速档（2档）、F为点动档。

将点火开关置于"ON"位置，接通了蓄电池向中间继电器磁化线圈的电路，其电流通路为：蓄电池"+"→点火开关"30"接线柱→点火开关"X"接线柱→中间继电器磁化线圈→搭铁→蓄电池"-"。在电磁吸力的作用下，中间继电器触点闭合，为刮水器电动机的工作做好了准备。

（1）点动刮水工作的位置 将刮水器控制开关拨到F档时，蓄电池将通过刮水器开关、间歇继电器常闭触点向刮水器电动机供电，其电流通路为：蓄电池"+"→中间继电器 J_{59} 触点→熔断丝 S_{11}→刮水器开关"53a"接线柱→刮水器开关"53"接线柱→间歇继电器 J_{31} 常闭触点→电刷 B_1→电刷 B_3→搭铁→蓄电池"-"，此时电动机以低速运转。当手离开刮水器开关时，开关将自动回到"0"位。此时如果刮水片处在影响驾驶人视线的位置，自动复位装置的常闭触点打开，常开触点闭合，刮水器电机电枢内继续有电流通过。其电流通路为：蓄电池"+"→中间继电器 J_{59} 触点→熔断丝 S_{11}→复位装置的常开触点→刮水器开关"53e"接线柱→刮水器开关"53"接线柱→间歇继电器 J_{31} 常闭触点→电刷 B_1→电刷 B_3→搭铁→蓄电池"-"。故电动机仍以低速运转，直至刮水片处在风窗玻璃的下端。

（2）低速刮水工作位置 当将刮水器控制开关拨到1档时，刮水器电动机以低速运转。其电流路径为：蓄电池"+"→中间继电器 J_{59} 触点→熔断丝 S_{11}→刮水器开关

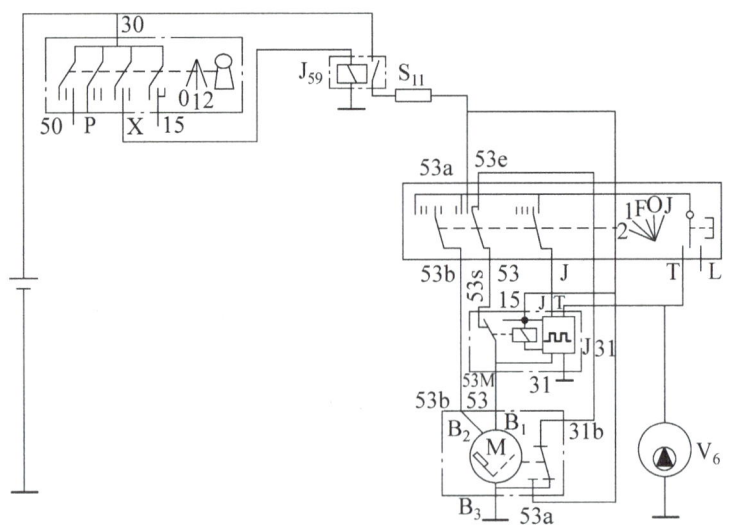

图 6-6 桑塔纳 2000 轿车风窗刮水洗涤装置的电路图

"53a"接线柱→刮水器开关"53"接线柱→间歇继电器 J_{31} 常闭触点→电刷 B_1→电刷 B_3→搭铁→蓄电池"-"。

（3）高速刮水工作位置 当将刮水器开关拨至 2 档时，刮水器电动机以高速运转。其电流路径为：蓄电池"+"→中间继电器 J_{59} 触点→熔断丝 S_{11}→刮水器开关"53a"接线柱→刮水器开关"53b"接线柱→电刷 B_2→电刷 B_3→搭铁→蓄电池"-"。

（4）间歇刮水工作位置 将刮水器开关拨至 J 位置时，电子式间歇继电器投入工作。间歇继电器 J_{31} 的触点不断地开启、关闭。当间歇继电器 J_{31} 的常闭触点打开，常开触点闭合时，蓄电池向电动机的放电回路为：蓄电池"+"→中间继电器 J_{59} 触点→熔断丝 S_{11}→间歇继电器 J_{31} 的常开触点→电刷 B_1→电刷 B_3→搭铁→蓄电池"-"，电动机以低速运转。当间歇继电器 J_{31} 断电，其触点复位（常闭触点闭合，常开触点打开）时，电动机停止运转。

（5）玻璃风窗洗涤位置 当将洗涤开关接通时（将刮水器开关向上扳动），洗涤泵控制电路接通，其电流通路为：蓄电池"+"→中间继电器 J_{59} 触点→熔断丝 S_{11}→洗涤开关→洗涤泵 V_6→搭铁→蓄电池"-"。位于发动机舱盖上的两个喷嘴同时向风窗玻璃喷射洗涤液。与此同时，也接通了刮水器间歇继电器 J_{31} 的控制电路，其电流通路为：蓄电池"+"→中间继电器 J_{59} 触点→熔断丝 S_{11}→洗涤开关→刮水器间歇继电器 J_{31}→搭铁→蓄电池"-"，于是刮水器电动机工作，驱动刮水片刮掉已经湿润的尘土和污物。当驾驶人松开手柄时，开关将自动回位，切断洗涤泵的控制电路，喷嘴停止喷射洗涤液，刮水器电动机在自动复位开关起作用后，将刮水片停靠在风窗玻璃的下方。

2. 电路特点总结

1）由图 6-6 分析可知，桑塔纳 2000 轿车风窗刮水洗涤电路均受_____

_____和_____控制。

2）在该电路中，只有_____工作位置不经过刮水器间歇继电器 J_{31}，在电路电源供电正常情况下，只受_____开关控制。

3）若该电路高速刮水工作位置正常，低速刮水工作位置不能工作，可用跨接线短接间歇继电器 J_{31} 的_____端子和____端子相对应的端孔后观察低速刮水位置是否正常工作，来判断间歇继电器 J_{31} 有无故障。

4）若风窗洗涤电路不能正常工作，可在电路电源供电正常的情况下，用跨接线短接风窗刮水洗涤开关的_____端子和____端子，来判断开关有无故障。

二、刮水器不工作的故障诊断与排除

1. 检查熔断丝

刮水器的熔断丝一般安装在仪表台的熔断丝与继电器盒内，在该盒内找到刮水器的熔断丝，使用熔断丝夹将该熔断丝取下。目测该熔断丝是否烧断，如果烧断需更换新的熔断丝；还要观察熔断丝外部和端子处是否有烧灼现象，如有烧灼现象，则说明该处可能存在接触不良的故障。如目视无法确定熔断丝的好坏，可用万用表的欧姆档测量熔断丝两端子之间的电阻，正常情况下应小于 1Ω，否则更换新的熔断丝。

2. 检查刮水器电动机

（1）刮水器电动机的拆卸　用头部缠好胶带的一字螺钉旋具拆下左、右刮水器臂的端盖；选用合适套筒与棘轮扳手，拆下左、右刮水器臂的锁止螺母，然后拆下左、右刮水器臂和刮水片总成；拆下发动机舱盖与防火墙的密封胶条；拆下风窗玻璃下方刮水器的装饰板；断开刮水器电动机的线束插接器；选用合适套筒与棘轮扳手，拆下刮水器电动机和传动机构的紧固螺栓；取出刮水器电动机和传动机构总成。

（2）刮水器电动机的检查　在实际维修过程中，无须分解检查，可通过施加电压的方法检查刮水器电动机是否正常。一般车型刮水器电动机插接器上有五个端子，分别为低速电刷端子、高速电刷端子、公共电刷端子（一般与外壳相连）、自动复位机构正极和自动复位机构输出端子。在施加电压之前先要分辨各端子。检查低速是否正常，将蓄电池正极引线连接至低速电刷端子，负极连接至公共电刷端子或外壳，检查并确认电动机低速运行；否则说明电动机损坏，需更换。检查高速是否正常，将蓄电池正极引线连接至高速电刷端子，负极连接至公共电刷端子或外壳，检查并确认电动机高速运行；否则说明电动机损坏，需更换。检查自动复位是否正常，将蓄电池正极引线连接至自动复位机构正极端子，再用引线将自动复位机构输出端子与低速电刷端子相连，负极连接至公共电刷端子或外壳，检查并确认电动机运转一下后能在自动停止位置停止；否则说明电动机自动复位机构损坏，需更换电机总成。

3. 检查刮水器开关

（1）刮水器开关（组合开关）的拆卸　转动转向盘使前轮对准直行位置；断开蓄电池的负极电缆；拆卸转向盘的装饰盖；使用头部缠有保护性胶带的一字螺钉旋具松开安全气囊插接器的锁扣，并断开安全气囊插接器和喇叭插接器；握紧转向盘，选用合适工具松开转向盘总成的紧固螺母；在转向盘总成和转向轴上做好装配标记，然后稍用力晃下转向盘；断开螺旋电缆下部的插接器，并拆下螺旋电缆；断开灯光开关的插接器，再用鲤鱼钳夹紧组合开关固定卡箍，使其松开；然后取下组合开关。安装顺序按拆卸顺序的反向进行，但在安装螺旋电缆时应注意先将电缆位置对中后再安装，防止电缆折断。

（2）刮水器开关的检测　对应刮水器开关的位置图，测量刮水器开关在不同档位时是否能够接通或断开，否则说明开关内部损坏，需更换新的开关总成。

4. 检查连接电路

（1）检查电路连接情况　用手振动或晃动连接刮水器电机与刮水器开关的电路，检查电路连接处是否松动，导线是否从端子中脱开，如果有，则需重新连接好；必要时换用新的配线。

（2）测量电路的接通情况　对应电路图，测量连接导线的两个端子阻值是否小于1Ω，再测量其中一个端子与搭铁阻值是否无穷大，否则说明该电路存在断路或短路故障。

三、结合丰田车型刮水器电路图，对其电路进行分析

丰田车型刮水器电路的结构特点是将间歇控制器与刮水器开关机制成一体，具体电路如图 6-7 所示。

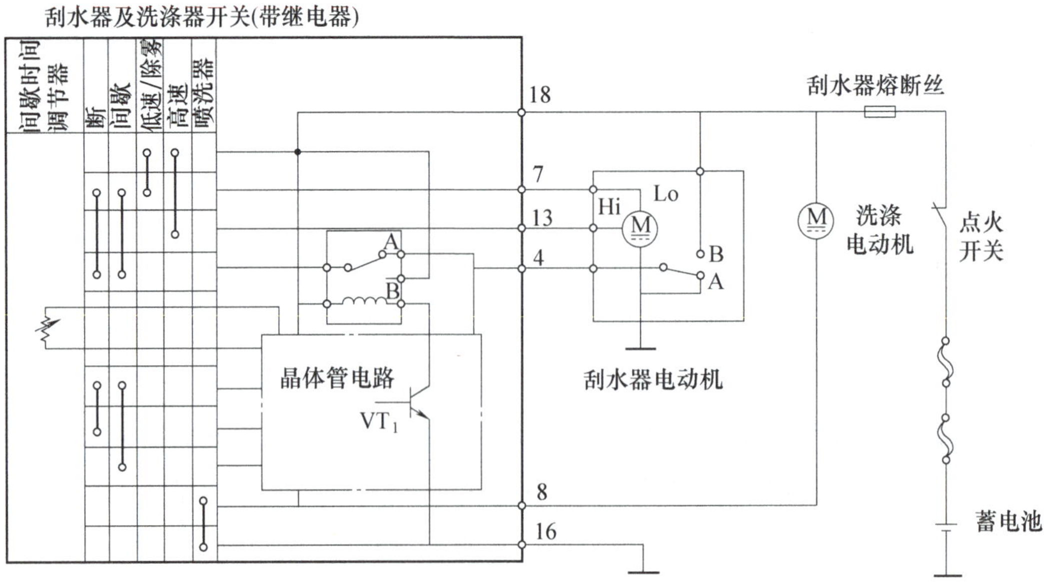

图 6-7　丰田车型刮水器电路图

任务测评

按照表6-2对本次任务的完成情况进行任务测评。

表6-2 任务测评表

评价项目		评 价 标 准	配分	得分
专业知识技能	40分	能描述风窗刮水装置的功能、组成和类型	10	
		能描述风窗洗涤装置的组成和原理	10	
		能对风窗玻璃洗涤装置主要元件检测	10	
		能对风窗玻璃洗涤装置常见故障进行诊断与排除	10	
任务完成情况	40分	任务完成的情况(圆满完成、基本完成、未完成)	15	
		任务完成的质量(优秀、良好、不及格)	15	
		在小组完成任务过程中所起的作用(主要、协助、未参与)	10	
职业素养	20分	能积极主动参与学习	10	
		能与小组成员团结协作	5	
		能服从工位安排,执行实训室"6S"的管理规定	5	
综合评议				

任务练习

1. 风窗刮水器由_____、_____、_____和刮水片组成。

2. 通过改变刮水直流电动机两电刷之间的_____来改变直流电动机的转速。

3. 风窗玻璃洗涤装置主要由_____、_____、输液管和喷嘴等组成。

4. 当刮水器停止工作时,为了避免刮水片停在风窗玻璃中间,影响驾驶人视线,汽车上电动刮水器都设有_____装置。

5. 桑塔纳轿车刮水器控制开关有____个档位,分别为_____、_____、低速档、_____档和_____档。

6. 刮水器不能正常工作的原因有_____、_____、_____、_____等。

任务二 中控门锁的检修

任务目标

1. 理论目标

掌握中控门锁装置的组成、功用和工作过程;掌握中控门锁控制器电路的工作过程。

2. 技能目标

能够正确操控中控门锁开关演示中控门锁功能；能够正确指认中控门锁装置的组成部件，会识读中控门锁电路；会检测中控门锁主要元件。

3. 素养目标

养成积极主动的学习态度；严格遵守岗位操作规程，确保工具、设备和自身的安全；具有良好的团队协作精神和较高的组织沟通能力；树立"6S"的管理理念。

任务准备

一、中控门锁装置的功用

为了提高汽车在使用过程中的安全性和便捷性，现代轿车多数都安装了电动中控门锁控制系统。它具有以下功能：

1）当驾驶人将驾驶人侧车门锁扣锁住时，其他几个车门及行李舱门都能自动锁定；同样，若用钥匙锁门，其他几个车门及行李舱门也被锁好；实现集中锁门的功能。

2）当将驾驶人侧车门锁扣拉起时，其他几个车门及行李舱门都能自动打开；同样，若用钥匙开门，其他几个车门及行李舱门也被同时打开；实现集中开门的功能。

3）为了方便，乘客仍可用各车门机械锁来开关车门。

二、中控门锁的组成

中控门锁主要由门锁开关、门锁控制器和装有门锁执行机构的门锁总成组成。门锁开关安装在门锁总成内，可通过转动门锁钥匙（门锁按钮或提钮）的门锁开关、装在驾驶员前门内侧扶手上的中控门锁控制开关两种类型组成。通过控制门锁开关，可实现同时锁上和打开所有的车门。门锁控制器可是独立装置，也可集中于防盗电脑或车身控制单元内，其功用是接受门锁开关的信号，通过门锁控制继电器实现所有车门的开锁闭锁。

如图6-8所示，门锁总成主要由门锁执行机构、门锁开关、门锁位置开关和门锁壳体等组成。门锁执行机构主要由电动机、蜗轮和齿轮等组成，当门锁电动机转动时，蜗杆带动蜗轮转动，蜗轮推动锁杆，车门被锁上或打开，然后蜗轮在回位弹簧的作用下返回原位置。

车外的机械门锁筒体和车内的门锁按钮通过连接杆与门锁总成内的锁杆相连，可实现对左前门锁的机械闭锁开锁控制，同时改变门锁总成内门锁开关和位置开关的状态。门锁位置开关的功用是将门锁总成的工作状态信号（开锁或闭锁）给门锁控制器。

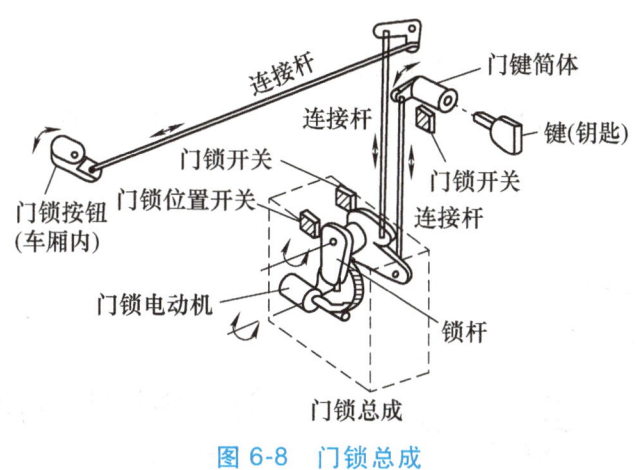

图 6-8 门锁总成

三、门锁执行机构

1. 双向空气压力泵式中控门锁

双向空气压力泵式中控门锁主要由双向空气压力泵、缓冲器、管路接头、橡胶软管等部分组成，如图 6-9 所示。其基本原理是：利用双向空气压力泵产生压力或真空，通过膜盒来完成门锁的开、关动作。

当拉起两前门的任一门锁扣来开门锁时，由于连接杆将锁扣和前车门门锁开关连接，此时连接杆被向上拉起，门锁开关内的开锁触头闭合。门锁控制器收到这一信号后，驱动双向空气压力泵转动，压缩空气，使管路中的气体呈正压，气体进入四个车门及行李舱的执行器膜盒内，膜片推动连接杆向上运动将各门锁打

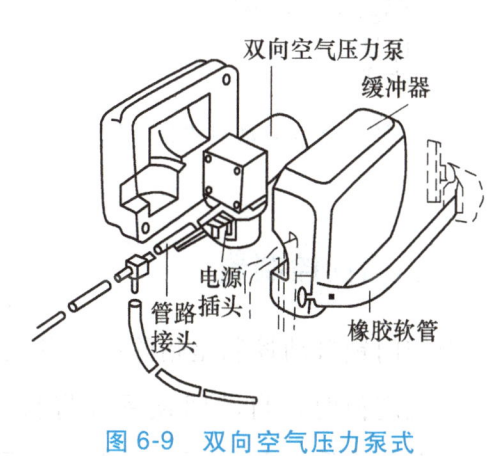

图 6-9 双向空气压力泵式中控门锁的结构

开。当按下两前门的任一门锁扣来锁门时，连接杆被压下，门锁开关内的锁门触头闭合。门锁控制器收到这一信号后，驱动双向空气压力泵反转，抽吸空气，管路中呈负压，各门锁执行器膜盒内呈现真空状态，膜片带动连接杆向下运动将门锁住。

2. 微型直流电动机式中控门锁

直流电动机式中控门锁主要由双向直流电动机、门锁总成、连杆执行机构、导线等组成，其结构如图 6-10 所示。基本原理是：利用控制直流电动机的正反电流方向，电动机正反向运转来完成门锁的开、关动作。

当用钥匙来开、锁门时，控制器被触发，门锁电动机运转，通过门锁操纵连杆来操纵门锁，由于在开或锁门时给控制器的触发不同，故通过门锁电动机的电流方向相反，这样利用电动机的正转或反转，就可完成车门的开、闭锁动作。

3. 电磁线圈式中控门锁

图 6-11 所示为一种双线圈式（电磁式）门锁执行机构。当给锁门线圈通正向电流时，衔铁带动连杆左移，锁门；当给开门线圈通反向电流时，衔铁带动连杆右移，开门。

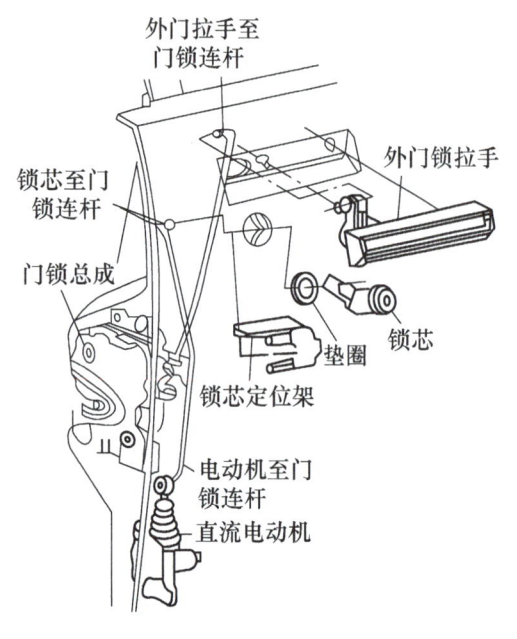

图 6-10 直流电动机中控门锁

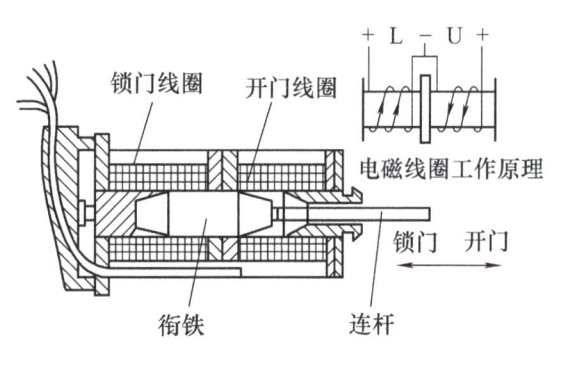

图 6-11 双线圈式门锁执行机构

四、门锁控制器

中控门锁自动控制是指除门锁开关外，还可以受控于车速控制，也就是当车速达到某一规定值时，自动门锁系统将自动锁死车门，即使按动开关开门，门锁也打不开。当车速降低至某一规定值时，自动闭锁系统将自动解除控制，此时按下开锁开关，门锁便可打开。

汽车自动门锁系统控制电路如图 6-12 所示。

1. 开启门锁

当手动门锁开关或钥匙门锁开关位于开锁状态时，门锁控制器 1 号或 7 号端子经手动或钥匙门锁开关搭铁，将门锁开启负触发信号送给门锁控制器，内部继电器工作，门锁执行电磁线圈电路为：蓄电池"+"→断电保护器→门锁 ECU 的 6 号端子→触点 K_3→门锁 ECU 的 2 号端子→门锁执行电磁线圈→门锁 ECU 的 5 号端子→触点 K_2→门锁 ECU 的 10 号端子→搭铁→蓄电池"-"。此时，门锁执行电磁线圈反向通电，活动铁心运动，车门开锁。

2. 闭锁门锁

当手动门锁开关或钥匙门锁开关位于开锁状态时，门锁控制器 3 号端子经手动或

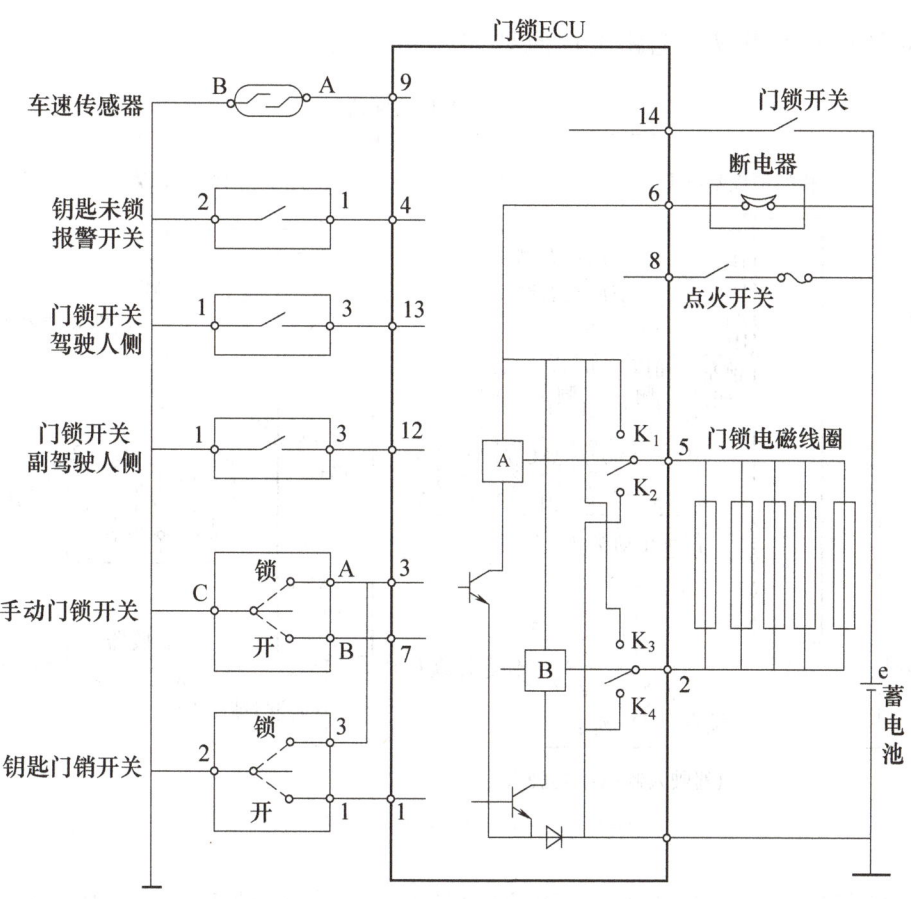

图 6-12 汽车自动门锁系统控制电路

钥匙门锁开关搭铁,将门锁闭锁负触发信号送给门锁控制器,内部继电器工作,门锁执行电磁线圈电路为:蓄电池"+"→断电保护器→门锁 ECU 的 6 号端子→触点 K_1→门锁 ECU 的 5 号端子→门锁执行电磁线圈→门锁 ECU 的 2 号端子→触点 K_4→门锁 ECU 的 10 号端子→搭铁→蓄电池"-"。此时,门锁执行电磁线圈正向通电,活动铁心运动,车门闭锁。

3. 自动闭锁

只有门锁处于开锁状态,门锁控制器的 9 号端子检测到速度传感器的车速信号升至规定值时,门锁 ECU 通过对内部继电器的控制,使触点 K_1、K_4 闭合,门锁执行电磁线圈电路同闭锁相同。钥匙限定防止系统的作用是当点火开关钥匙未从点火开关上拔下,打开驾驶人侧车门,用手动或门锁钥匙闭锁车门时,钥匙未锁报警开关的信号通过端子 4 输入门锁控制器,门锁 ECU 则强制使内部继电器工作在门锁开启状态,即触点 K_2、K_3 闭合,门锁执行电子线圈电路同开锁相同。

五、中控门锁遥控控制

遥控门锁系统电路主要由遥控门锁主开关、遥控发射器、遥控门锁 ECU、玻璃印制天线（除霜电热丝）、防盗和门锁ECU、门控灯开关、钥匙未锁警告开关、门锁电动机和位置开关等组成，电路工作原理如图6-13所示。

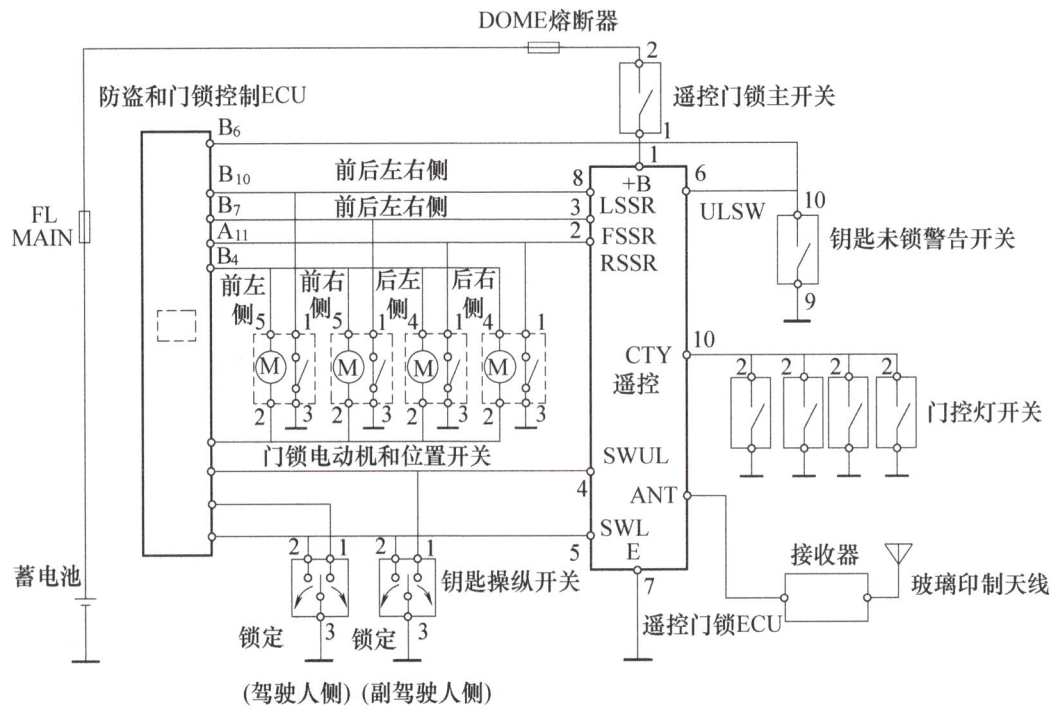

图6-13 中控门锁遥控控制原理图

当遥控门锁主开关接通时，蓄电池电压加到遥控门锁ECU的+B端子上，由遥控门锁ECU的E端子搭铁，遥控门锁ECU具备工作条件。

1. 遥控天线电路

操纵点火钥匙上的发射器时，电磁波由后窗玻璃上的印制天线接收，通过匹配器将其送至遥控门锁ECU的ANT端子，遥控门锁ECU即可控制车门锁的开启或闭锁。

2. 车门位置开关电路

车门位置开关设在门锁电动机总成内，当车门锁按钮处于锁住位置时，开关断开；当车门锁按钮处于打开位置时，开关接通。遥控门锁ECU的LSSR、FSSR、RSSR端子分别为左前门、右前门和两后门的车门位置开关端子。当四个车门的任一车门锁按钮处于锁住位置时，相对应ECU端子的电压为蓄电池电压12V；相反，当车门锁按钮处于打开位置时，端子的电压为搭铁电压0V。

3. 钥匙操纵开关电路

操纵钥匙开关设在车门锁芯内，当车门钥匙转至锁住侧时，开关的锁住端子（SWL）搭铁，当车门钥匙转至打开侧时，开关的打开端子（SWUL）搭铁。当点火开关接通时，蓄电池电压通过防盗ECU加到遥控门锁ECU的SWL端子和SWUL端子上，即SWL端子和SWUL端子的电压为12V。当钥匙操纵开关锁住端子搭铁时，遥控门锁ECU的SWL端子电压为0V；当钥匙操纵开关打开端子搭铁时，遥控门锁ECU的

SWUL 端子的电压为 0V。

当遥控门锁 ECU 的 ANT 端子接到点火钥匙发送器发出的遥控电波信号时，根据 SWL 端子和 SWUL 端子电压信号，输出打开或锁住所有车门的信号，该信号通过两个 ECU 之间的通信电路 B7-FSSR、B10-LSSR、A11-RSSR 给防盗 ECU，防盗 ECU 即控制门锁锁住或打开。

4. 钥匙未锁警告开关电路

当钥匙插入点火开关锁芯时，钥匙未锁警告开关接通，遥控门锁 ECU 的 ULSW 端子电压为 0，ECU 执行钥匙禁闭预防功能；钥匙未插入时，开关断开，ULSW 端子的电压为蓄电池电压 12V，钥匙禁闭预防功能解除。

5. 门控灯开关电路

门控灯开关在车门打开时接通，车门关闭时断开，当任一车门打开时，遥控门锁 ECU 的 CTY 端子电压为 0；当所有车门均关闭时，CTY 端子电压为蓄电池电压 12V。

任务计划

通过课前预习，分组讨论，制订任务计划，填入表 6-3 中。

表 6-3 任务计划表

工具及设备准备			
任务实施流程	检修项目	操作步骤	检修主要内容
	观察、分析中控门锁的工作过程	观察中控门锁的工作过程	
		分析中控门锁的工作过程	
	检查门锁执行机构	检查门锁执行机构数量	
		检查门锁执行机构安装位置	
		检查门锁执行机构结构形式	
	检查门锁控制器	检查门锁控制器数量	
		检查门锁控制器安装位置	
		检查门锁控制器结构形式	

任务实施

结合捷达中控门锁装置实训台和电路图，观察、分析中控门锁的工作过程。

1）找出门锁开关，将其安装数量、安装位置和结构形式等内容填入表 6-4。

2）找出门锁执行机构，将其安装数量、安装位置和结构形式等内容填入表 6-4。

3）找出门锁控制器，将其安装数量、安装位置和结构形式等内容填入表 6-4。

4）结合教学实习用车，观察用车门锁钥匙分别开锁、闭锁左前门、右前门，观察工作过程，填入表 6-5。

笔记栏

表 6-4　中控门锁装置的组成

名称	安装数量	结构形式	安装位置
门锁开关			
门锁执行机构			
门锁控制器			

表 6-5　中控门锁工作过程观察表

执行操作	四车门门锁初始状态 （开锁/闭锁）	四车门门锁工作后状态 （开锁/闭锁）	结论
车门钥匙开锁左前门	左前门门锁： 右前门门锁： 左后门门锁： 右后门门锁：	左前门门锁： 右前门门锁： 左后门门锁： 右后门门锁：	
车门钥匙闭锁左前门	左前门门锁： 右前门门锁： 左后门门锁： 右后门门锁：	左前门门锁： 右前门门锁： 左后门门锁： 右后门门锁：	
车门钥匙开锁右前门	左前门门锁： 右前门门锁： 左后门门锁： 右后门门锁：	左前门门锁： 右前门门锁： 左后门门锁： 右后门门锁：	
车门钥匙闭锁右前门	左前门门锁： 右前门门锁： 左后门门锁： 右后门门锁：	左前门门锁： 右前门门锁： 左后门门锁： 右后门门锁：	

任务测评

按照表 6-6 对本次任务的完成情况进行任务测评。

表 6-6　任务测评表

评价项目		评价标准	配分	得分
专业知识技能	40 分	能描述中控门锁装置的组成、功用和工作过程	10	
		能描述中控门锁控制器电路的工作过程	10	
		能正确演示中控门锁的功能，正确指认中控门锁装置的组成部件	10	
		会识读中控门锁电路，检测中控门锁主要元件	10	

(续)

评价项目		评价标准	配分	得分
任务完成情况	40分	任务完成的情况（圆满完成、基本完成、未完成）	15	
		任务完成的质量（优秀、良好、不及格）	15	
		在小组完成任务过程中所起的作用（主要、协助、未参与）	10	
职业素养	20分	能够积极主动参与学习	10	
		能够与小组成员团结协作	5	
		能够服从工位安排，执行实训室"6S"的管理规定	5	
综合评议				

任务练习

1. 汽车中控门锁由＿＿＿＿、＿＿＿＿、＿＿＿＿、＿＿＿＿、和＿＿＿＿组成。

2. 门锁总成主要由＿＿＿＿、＿＿＿＿和门锁壳体等组成。

3. 门锁执行机构按结构可分为＿＿＿＿式、＿＿＿＿式和＿＿＿＿式三种。

任务三　电动车窗的检修

任务目标

1. 理论目标

掌握电动车窗的功用、组成及其分类；掌握电动车窗升降器的构造特点；掌握电动车窗电路的工作过程及其检修方法。

2. 技能目标

会操作电动车窗开关演示电动车窗的功能；能够正确指认电动车窗的组成部件；会检测电动车窗的主控开关、分控开关及其车窗电动机；会读识电动车窗的电路图；能够对电动门窗电路进行故障诊断与排除。

3. 素养目标

养成积极主动的学习态度；严格遵守岗位操作规程，确保工具、设备和自身的安全；具有良好的团队协作精神和较高的组织沟通能力；树立"6S"的管理理念。

任务准备

一、电动车窗的组成及分类

电动车窗是指以电为动力使车窗玻璃自动升降的车窗。它是由驾驶人或乘员操纵开关接通车窗升降电动机的电路，使电动机产生电磁转矩，通过一系列的机械传动，实现车窗玻璃按要求进行升降。其优点是操作简便，有利于行车安全。

电动车窗系统主要由双向直流电动机、车窗玻璃升降器、控制开关、继电器和断路器等装置组成。

二、主要元件的构造特点

1. 双向直流电动机

双向直流电动机有永磁式和双绕组串励式两种。每个车窗都安装有一个电动机，通过开关控制它的电流或磁场方向，使车窗玻璃上升或下降。

2. 车窗玻璃升降器

如图 6-14 所示，车窗玻璃升降器常见的车窗玻璃升降器有钢丝滚筒式和齿扇式两种。钢丝滚筒式玻璃升降器上的双向直流电动机前端安装有减速机构，其上安装一个绕有钢丝的滚筒，玻璃卡座固定在钢丝上并且可在滑动支架上并移动。齿扇式玻璃升降器上的双向直流电动机带动蜗轮蜗杆减速改变方向后，驱动齿扇，从而使玻璃上下移动，齿扇上安装有螺旋弹簧，当门窗下降时螺旋弹簧收缩，当门窗上升时螺旋弹簧伸展，达到直流电动机双向负荷平衡的目的。

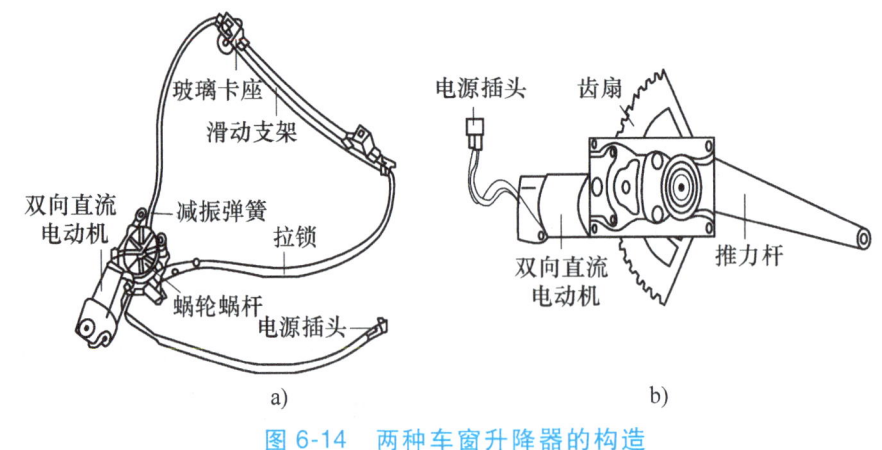

图 6-14 两种车窗升降器的构造

a) 钢丝滚筒式 b) 齿扇式

3. 控制开关

如图 6-15 所示，车窗控制开关有两套：一套为主控开关，安装在驾驶人侧车门扶手上或变速杆附近，由驾驶人控制玻璃升降。另一套为分控开关，安装在每个车门扶手上，可由乘客控制玻璃升降。主控开关上还安装有控制分控开关的安全开关（门窗锁止开关），若安全开关断开，除左前门车窗外，其他门车窗分控开关就不再起作用。有的汽车电动车窗带有延迟开关系统，可在点火开关断开后约50s内，或在车门打开以前，仍提供电源，使驾驶人和乘客有时间关闭车窗。

图 6-15　门窗控制开关

a）门窗主控开关　b）门窗分控开关

4. 断路器

为了防止电动机过载，在电路或直流电动机内安装有一个或多个双金属片式热敏断路器，用以控制电动机中的电流。若车窗玻璃因某种原因卡住（如结冰），即使车窗控制开关没有断开，双金属片式热敏断路器会因电流过大发热，双金属片发生变形自动断开车窗电路。

三、电动车窗的新功能

随着汽车技术的发展，在一些中高档汽车电动车窗上具有了以下新的功能：

1. 手动开/关的功能

如图 6-16 所示，当电动车窗开关被推或拉到一半时，窗户持续打开或关闭直至开关被松开。

2. 单触式自动开/关功能

如图 6-16 所示，当电动车窗开关被推或拉到底时，窗户全开或全关。有些车型只有自动打开的功能，有些车型只有驾驶人窗有自动开关功能。

3. 车窗锁止功能

如图 6-16 所示，当车窗锁止开关打开时，除驾驶人侧车窗外，所有车窗打开和关闭功能失效。

4. 防夹保护功能

如图 6-17 所示，在单触式自动关窗期间，如果异物卡在窗内，此功能可自动停止电动车窗，并将车窗玻璃向下移动约 50mm。

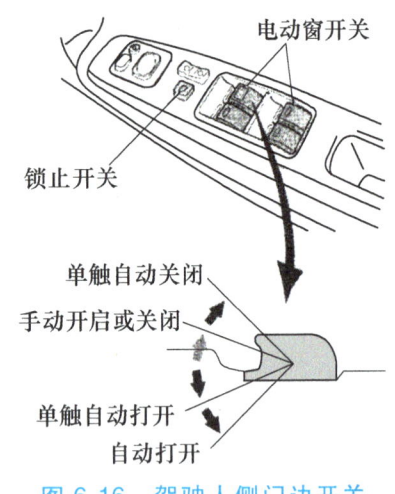

图 6-16　驾驶人侧门边开关

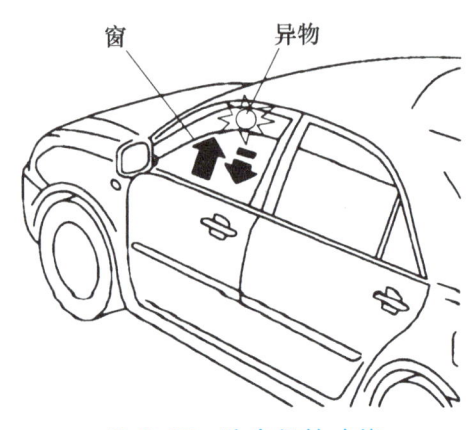

图 6-17　防夹保护功能

5. 无钥匙电动车窗功能

如图 6-18 所示，如果驾驶人车门不打开，在点火开关置于 ACC 或 LOCK 位置后约 45s 的时间里，此功能允许电动车窗系统的操作。驾驶人车门锁芯联动功能，此功能按照驾驶人车门锁芯和无线控制门锁的操作打开和关闭车窗。

6. 电动机热敏保护

为了避免车窗升降电动机过热，每个电动机都有自己的热敏保护装置，电动机运行时间在一个计数器内累加，计数器的初始值由环境温度确定。如果计数器超过了一个阈值，就不能再接受新的操作功能，但正在进行的移动仍可继续进行，如果电动机关闭了计数器数值，会重新减小阈值，当减小到小于阈值后又能接受操作要求了。

7. 负荷中断

为了保护蓄电池，车窗升降器在起动发动机时不能操作。每个正在进行的动作（如打开或点动自动功能）会立即结束，车窗升降器停止运行。起动过程结束后，车窗可通过重新操纵而完全恢复功能。

图 6-18　无钥匙电动门窗的功能

8. 低压断电

供电电压就在本地车门模块内被监控，如果供电电压小于 9V，车窗升降器将闭锁，每个正在进行的动作将中断。

9. 便捷开启/关闭功能

便捷功能用于上车前或下车后能够关闭或打开所有车窗，借助于无线电遥控钥匙或通过钥匙在驾驶人侧车门锁上的机械操作，可以触发便捷开启/关闭功能。每个车窗按后部车窗升降器、前部车窗升降器的顺序依次关闭。

 **任务计划**

通过课前预习,分组讨论,制订任务计划,填入表6-7中。

表6-7 任务计划表

工具及设备准备			
任务实施流程	检修项目	操作步骤	检修主要内容
	分析电动车窗电路工作过程	手动控制车窗玻璃升降过程	
		自动控制车窗玻璃升降过程	
	电动车窗电路主要部件检测	检测驾驶人侧电动车窗主控开关	
		检测电动车窗安全开关	
		检测电动车窗分控开关	
		检测电动车窗电动机	
	电动车窗电路常见故障诊断与排除	某个车窗只能向一个方向运动	
		某个车窗两个方向都不能运动	
		所有车窗均不能升降或偶尔不能升降	
		两个后车窗分控开关不起作用	
	电动车窗初始化及位置储存、恢复	电动车窗初始化设定的条件	
		丰田佳美电动车窗的初始化设定	
		新皇冠电动车窗的初始化设定	
		君越电动车窗的初始化设定	
		林荫大道电动车窗的初始化设定	

 任务实施

一、结合捷达轿车电动车窗的实验台和电路图,观察分析电路的工作过程

大众车系电动车窗的控制功能有手动控制、自动控制两种。手动控制功能是指用手持续控制相应的车窗控制开关,车窗可以上升或下降,若中途松开开关,上升或下降的动作就立刻停止。自动控制是指瞬间按下车窗开关(按下时间≤300ms),车窗会一直上升至最高或下降至最低位置。大众车系的电路图如图6-19所示。

1. 手动控制玻璃的升降

向前方按下手动旋钮后,触点 A 与开关的 UP 接点相连,触点 B 处于原来状态,电动机按 UP 箭头方向通过电流,车窗玻璃上升直至关闭;当将手离开旋钮时,利用开关自身的回复力回到中立位置,电动机停止转动。

若将手动旋钮推向车辆后方,触点 A 保持原位不动,而触点 B 则与 DOWN 侧相连,电动机按 DOWN 箭头方向通过电流,电动机反转,车窗玻璃向下移动,直至下降

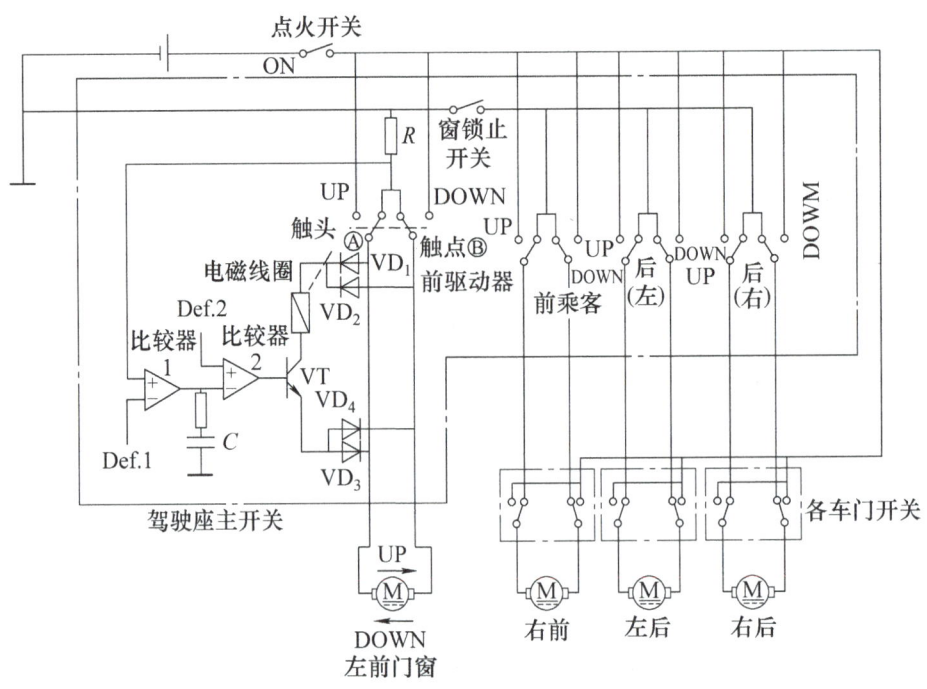

图 6-19　电动车窗的控制电路

到最低位置。

结合图 6-19 对右前门窗手动控制上升、左后门窗玻璃下降进行电路的分析，将其电路的工作过程填入表 6-8。

表 6-8　电动门窗的工作过程

门窗动作名称	电路工作过程
右前门窗玻璃手动控制上升	
左后门窗玻璃手动控制下降	

2. 自动控制玻璃的升降

向前方按下自动旋钮后，触点 A 与开关的 UP 接点相连，触点 B 处于原来状态，电动机按 UP 箭头方向通过电流，车窗玻璃上升。与此同时，检测电阻 R 上的电压降低，此电压通过比较器 1 的一端，它与参考电压 Def.1 比较。Def.1 的电压值设定为相当于电动机锁止时的电压，通常情况下，比较器 1 的输出电位为负电位。而比较器 2 的基准电压 Def.2 设定为小于比较器 1 的输出电位，所以比较器 2 的输出电压为正电压，晶体管 VT 导通，电磁线圈通过较大的电流，其路径为：蓄电池"+"→点火开关→UP→触点 A→二极管 VD_1→电磁线圈→晶体管 VT→二极管 VD_4→触点 B→电阻 R→搭铁。线圈通电后产生较大的电磁吸力，吸引驱动器的开关柱塞，于是柱塞铁心将止板向上顶压，越过止板凸缘的滑动销而将按钮锁定。此时，即使将手移开自动旋钮，开关仍会保持原来的状态。

当玻璃上升至终点位置时，由于电动机上锁止电流流过，检测电阻 R 上的电压降增大，当此电压超过参考电压 Def.1 时，比较器 1 输出低电位，此时，电容 C 开始充电，当 C 两端电压上升至超过比较器 2 的参考电压 Def.2 时，比较器 2 则输出低电位，晶体管 VT 立即截止，电磁线圈中的电流被切断，止板弹簧通过滑销压下，自动旋钮自动回复到中立位置，触点 A 搭铁，电动机停转。

在自动上升过程中，若想中途停止，则向反方向扳手动旋钮，然后立刻松开。触点 B 将短暂脱离搭铁，使电动机因回路被切断而自动停转。同时，通过电磁线圈的电流已被切断，止板弹簧通过滑销压下，自动旋钮自动回复到中立位置，触点 A、B 均搭铁，电动机停转。电动车窗自动下降的工作过程与上述情况相反。

二、电动车窗主要元件的检测

1. 检测主控开关，将检测结果填入表 6-9。

1）从驾驶人侧装饰板上拆下电动车窗的主控开关，查找维修手册中主控开关插接器的端子图。

2）用万用表的欧姆档检测主控开关在车窗处于上升、下降和关闭状态时各个端子的导通情况。若测得的结果与手册中的不相符，说明车窗主控开关损坏，需要进行更换。

2. 检测电动车窗的安全开关，将检测结果填入表 6-9。

按下车窗安全开关，当开关位于 LOCK 位置时，用万用表测量端子之间应该断路；当开关位于 UNLOCK 位置时，端子之间应该导通。

表 6-9 车窗主控开关检测

按下开关名称	万用表				开关好坏判断
	黑表笔测试端子名称	红表笔测试端子名称	档位	数值	
左前门窗上升	2	4			
左前门窗下降	1	4			
右前门窗上升	2	4			
右前门窗下降	1	4			
左后门窗上升	2	4			
左后门窗下降	1	4			
右后门窗上升	2	4			
右后门窗下降	1	4			
安全开关 LOCK 位置	3	5			
安全开关 UNLOCK 位置	3	5			

3. 检测电动车窗的分开关，将检测结果填入表6-10。

用万用表的欧姆档检查各分控开关在车窗处于上升、下降和关闭状态时各个端子的导通情况。

表6-10 车窗分开关的检测

按下开关名称	万用表				开关好坏判断
	黑表笔测试端子名称	红表笔测试端子名称	档位	数值	
左后门窗上升	2	4			
左后门窗下降	1	4			
右后门窗上升	2	4			
右后门窗下降	1	4			

4. 检测车窗电动机，将检测结果填入表6-11。

将蓄电池的正、负极分别接在车窗电动机的两个端子上并互换一次，电动机能够正转、反转，且转速平稳。否则说明电动机有故障，应该进行更换。

表6-11 车窗电动机的检测

	左前电动机		右前电动机		左后电动机		右后电动机	
电动机接脚	1号	2号	1号	2号	1号	2号	1号	2号
蓄电池	正极	负极	正极	负极	正极	负极	正极	负极
测试结果								
蓄电池	负极	正极	负极	正极	负极	正极	负极	正极
测试结果								
电动机好坏判断								

三、电动车窗常见故障的诊断

电动车窗常见的故障现象有：某个车窗只能向一个方向运动；某个车窗两个方向都不能运动；所有车窗均不能升降或偶尔不能升降；两个后车窗分开关不起作用等。具体的故障原因及诊断思路见表6-12。

表6-12 电动车窗常见故障的诊断

常见故障	故障原因	诊断思路
某个车窗只能向一个方向运动	分开关的故障	检测分开关导通的情况
	分开关至主控开关可能出现断路	检测分开关至主控开关控制导线导通的情况
某个车窗两个方向都不能运动	传动机构卡住	检测传动机构是否卡住
	车窗电动机损坏	测试电动机的工作情况，包括断路、短路及搭铁情况的检测
	分开关至电动机断路	检测分开关至电动机电路导通情况

(续)

常见故障	故障原因	诊断思路
所有车窗均不能升降或偶尔不能升降	熔断丝被烧断	检测熔断丝,更换相同规格熔断丝
	搭铁虚接不实	检测、清洁、紧固搭铁
两个后车窗分开关不起作用	主控开关上的安全开关出现的故障	检测安全开关导通情况

四、电动车窗的初始化设定

1. 汽车电动车窗初始化设定的条件

当汽车电动车窗发生以下情况时,需要对系统进行初始化设定:

系统供电被切断时;自动向上操作失效不能执行时;分开关线束插头、升降器总成拆除和安装时;作为独立设备进行升降器总成的操作时,车门玻璃拆除和安装时。

2. 丰田品牌汽车电动车窗的初始化设定

(1) 新皇冠电动车窗玻璃升降器的初始化设定

1) 打开点火开关（IG）。

2) 用开关将电动车窗打开到半程。

3) 完全推上开关直到电动车窗完全关闭,并在电动车窗完全关闭之后,将开关继续保持1s或更长时间。

4) 检查AUTO UP/DOWN功能操作是否正常。如果AUTO UP/DOWN功能运行正常,则重新设定操作完成。如果不正常,则进行步骤5)~7)。

5) 将电缆从蓄电池负极端子断开10s。

6) 将电缆连接到蓄电池负极端子上。

7) 再进行步骤1)~4)。如果AUTO UP/DOWN功能运行正常,则重新设定操作完成。如果不正常,则进行步骤8)~11)。

8) 打开点火开关（IG）。

9) 用开关将电动车窗打开到半程。

10) 完全推上开关直到电动车窗完全关闭,并在电动车窗完全关闭之后将开关继续保持12s。

11) 检查AUTO UP/DOWN功能是否正常。

(2) 丰田佳美2.0、2.4、3.0的初始化设定 丰田佳美2.0、2.4、3.0系列车型当拆开玻璃升降器和升降电动机后,需要重新设置玻璃升降电动机（极限开关初始位置）。具体方法如下:

1) 拆下玻璃升降电动机,在玻璃升降电动机和玻璃升降器上做记号。

2) 插上玻璃升降电动机和电动玻璃升降开关的插头。

笔记栏

3）打开点火开关至"ON"位置，操作电动玻璃升降开关，让玻璃升降电动机向上升方向空转6圈以上，但少于10圈（多于4s）。

4）把玻璃升降器和升降电动机装在一起，在升降器低于中间点时装上电动机。

5）在安装玻璃升降电动机时，对准玻璃升降电动机和玻璃升降的记号。

3. 上海通用电动车窗的初始化设定

（1）君越电动车窗玻璃升降器初始化设定方法　SGM18玻璃升降器为带有ECU的绳轮式双导轨/单导轨电动玻璃升降器，当玻璃升降器在车门安装完成后需通电进行初始化操作，即使玻璃升降器上升运动到达车窗顶部并继续按压上升操作键并保持2~3s，确保玻璃升降器上升运动被电子模块自动关闭，从而使初始化过程顺利完成。

（2）林荫大道电动车窗玻璃升降器初始化设定方法　按住电动车窗开关并保持直至车窗玻璃完全降下，继续按住电动车窗开关约3s。按住电动车窗开关并保持直至车窗玻璃完全上升，继续按住电动车窗开关约3s，电动车窗玻璃升降器电动机现在已完成快速功能的编程。对所有电动车窗重复上述过程。

任务测评

按照表6-13的要求对本次任务的完成情况进行任务测评。

表6-13　任务测评表

评价项目		评价标准	配分	得分
专业知识技能	40分	能够描述电动车窗的功用、组成、分类、主要部件的构造特点	10	
		能正确操纵电动车窗开关演示其功能	10	
		能识读电动车窗电路图、正确检测控制开关、电动机	10	
		能对电动车窗电路进行故障诊断与排除	10	
任务完成情况	40分	任务完成的情况（圆满完成、基本完成、未完成）	15	
		任务完成的质量（优秀、良好、不及格）	15	
		在小组完成任务过程中所起的作用（主要、协助、未参与）	10	
职业素养	20分	能够积极主动参与学习	10	
		能够与小组成员团结协作	5	
		能够服从工位安排，执行实训室"6S"管理规定	5	
综合评议				

任务练习

1. 电动车窗系统主要由_____、_____、_____、继电器和断路器等装置组成。

2. 车窗玻璃升降器常见的有_____式和_____式两种。

3. 车窗控制开关有两套：一套为_____，由_____控制玻璃升降；另一套为_____，由_____控制玻璃升降。

4. 大众车系车窗的控制有_____控制和_____控制两种功能。

5. 驾驶人按下门窗安全开关后，再操作左右后门窗分控开关，则左右后门门窗玻璃将_____。

6. 带有点动功能自动升降车窗在进行故障检测时，若更换了门窗控制单元、门窗升降器单元，此时应进行_____。

7. 当右后车窗玻璃无论按下主控开关，还是按下分控开关均不能升降时，造成故障的原因有_____、_____、_____。

任务四　电动天窗的检修

任务目标

1. 理论目标

掌握电动天窗的功用、组成和分类；掌握电动天窗的构造特点；掌握电动天窗电路工作过程及其检修方法。

2. 技能目标

会操作电动天窗开关演示电动天窗功能，能正确指认电动天窗的组成部件，会检测电动天窗主控开关、分控开关和天窗电动机，会读识电动天窗的电路图，能够对电动天窗电路进行故障诊断与排除。

3. 素养目标

养成积极主动的学习态度；严格遵守岗位操作规程，确保工具、设备和自身安全；具有良好的团队协作精神和组织沟通能力；树立"6S"的管理理念。

任务准备

一、电动天窗的功用和分类

汽车电动天窗具有通风换气、节约能耗、除雾、开阔视野和提高汽车档次的功能。汽车天窗按驱动方式的不同可分为手动式和电动式；按开启方向的不同可分为内藏式、外倾式和敞篷式等。手动天窗主要有外倾式和敞篷式，此类天窗结构比较简单，价格也较便宜，且便于安装；电动天窗主要有内藏式和外倾式，此类天窗档次较高，价格较贵，安装时由于要布线，安装难度较大。

一般来说，外倾式的手动天窗多用于经济型轿车，而内藏式的电动天窗多用于商务车或高档车。外倾式天窗在开启后向车顶的外后方升起，分为电动和手动两种形式，具有防夹功能和自动关闭功能，配有可拆式遮阳板，此类天窗主要安装在中小型轿车上。内藏式天窗在开启后可以保持不同的弧度，具有防夹功能和自动关闭功能，配有独立的内藏式遮阳板。此类天窗多用于大中型轿车上。敞篷式天窗在开启后天窗完全打开，使用高品质的特殊材料组合而成，具有防紫外线和隔热的效果。

二、汽车电动天窗的构成和主要元件构造特点

汽车电动天窗主要由于窗玻璃、天窗电动机、传动机构、控制系统和开关五部分组成。

1. 天窗电动机

天窗电动机为双向直流电动机，它通过传动机构为天窗开闭提供动力，通过改变流过电动机的电流方向来改变旋转方向，实现现天窗的开闭。

2. 传动机构

传动机构主要由滑动机构、连接机构和驱动机构三部分组成。

（1）滑动机构　如图 6-20 所示，电动天窗滑动机构主要由驱动电动机、驱动齿轮、滑动螺杆、后枕座等组成。天窗开关动作时，驱动电动机所产生的转矩由驱动齿轮传递给滑动螺杆，滑动螺杆带动后枕座滑动。电动机正、反转使后枕座前、后移动，决定天窗玻璃打开还是关闭。在电动机齿轮外壳内部有两个利用凸轮进行工作的限位开关。

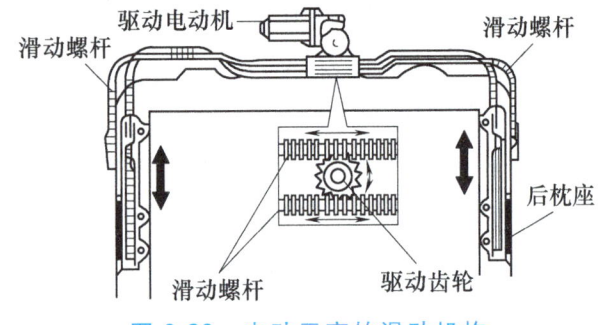

图 6-20　电动天窗的滑动机构

（2）连接机构　电动天窗的连接机构如图 6-21 所示，当天窗玻璃打开时，后枕座由于滑动螺杆的作用，向车辆后方推出。两个层向销分别沿着导向槽移动，首先把天窗后端向下方引出，落入车顶下部。其后，对螺杆压紧，向车辆后方滑动，当天窗玻璃关闭时，后枕座向车辆前方伸出滑动，导向销达到图示位置即为全闭。

从这种状态开始起，后枕座进一步向车辆前方移动，导向销也沿着导向槽向前移动，连杆即按箭头 A 方向移动，使天窗玻璃斜升。当天窗玻璃斜降开始时，后枕座按前头 B 的方向收回合拢，使天窗玻璃斜降。斜降完成后，天窗玻璃才可进行滑动打开与关闭。

（3）驱动机构　驱动机构由电动机、驱动齿轮、凸轮、限位开关等组成电动机通过蜗轮、中间齿轮进行减速，将动力传递给驱动齿轮，驱动齿轮一方面带动滑动螺杆

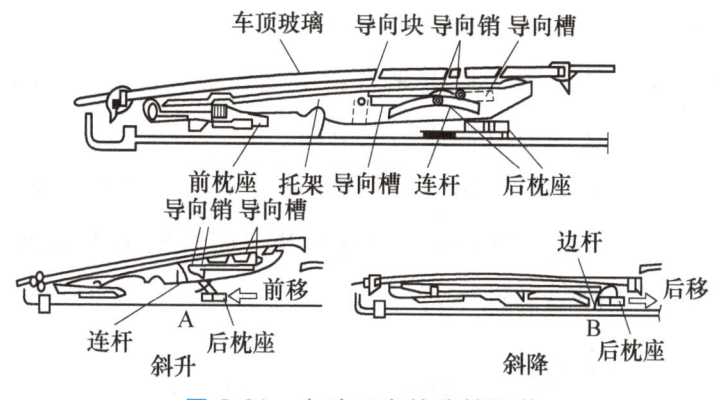

图 6-21 电动天窗的连接机构

移动。另外经再减速后传递给凸轮。

3. 控制系统

控制系统（ECU）是一个数字电路，设有定时器、蜂鸣器和继电器等，其作用是接收开关输入的信息，通过数字电路进行逻辑运算，确定继电器的动作，控制天窗的开闭。

4. 开关

电动天窗的开关由控制开关和限位开关组成。

（1）控制开关 如图 6-22 所示，控制开关主要包括滑动开关和斜升开关。滑动开关有滑动打开、滑动关闭和断开（中间位置）三个档位。斜升开关也有斜升、斜降和断开（中间位置）三个档位。通过操作这些开关，可使天窗驱动机构的电动机实现正反转，使天窗实现不同状态。

（2）限位开关 如图 6-23 所示，限位开关（又称为行程开关）主要是用来检测天窗所处的位置。限位开关是靠凸轮转动来实现断开和闭合的，凸轮安装在驱动机构的动力输出端。当电动机将动力输出时，通过驱动齿轮和滑动螺杆减速以后带动凸轮转动，于是凸轮周缘的凸起部位顶动限位开关使其开闭，以实现对天窗的自动控制。

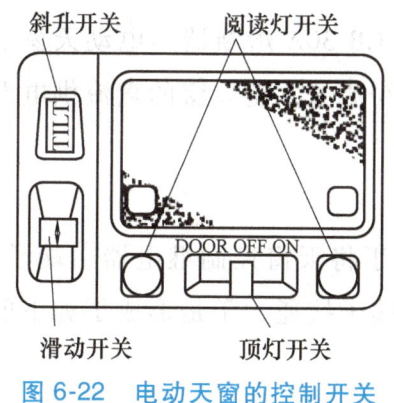

图 6-22 电动天窗的控制开关

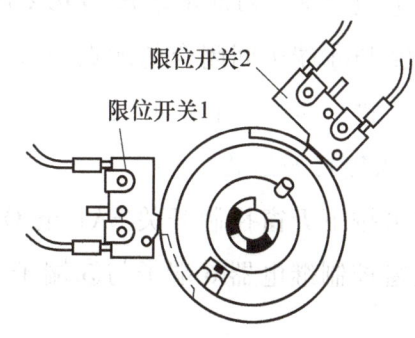

图 6-23 电动天窗的限位开关

三、电动天窗的工作原理

电动天窗的控制电路图如图 6-24 所示，其工作原理如下：

1. 电源电路

电动天窗控制继电器的⑫端子供电来自蓄电池正极，经过 FLMAIN1.25B 易熔线、DOME 10A 熔丝后得到，这是一组常通供电电路。

当将点火开关转至 ON 位置（IG1）时，就形成了如下的电流通路：

蓄电池"+"→120A 熔丝→40A 熔丝→点火开关闭合的 IG1 触点→GAUGE 10A 熔丝→电动天窗主继电器线圈→搭铁→蓄电池"-"。

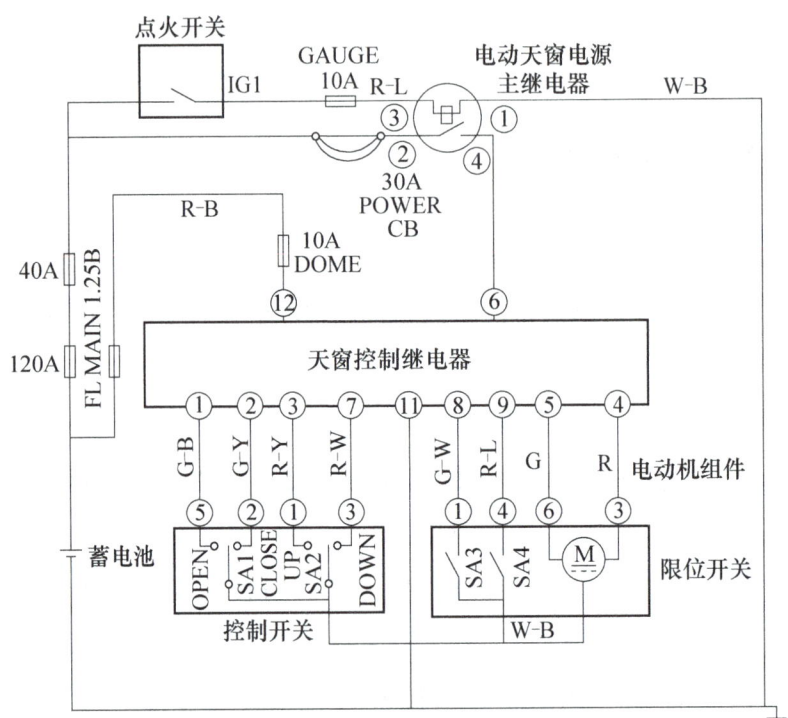

图 6-24　电动天窗的控制电路图

此时电动天窗主继电器线圈得电吸合，其常开开关触点闭合，从而又形成了如下的电流通路：

蓄电池"+"→120A 熔丝→40A 熔丝→POWER CB 30A 熔断器→电动天窗电源主继电器②与④端子间闭合的触点→天窗控制继电器⑥端子，使天窗的直流供电形成回路，只要进一步操作相应开关，就可对天窗进行调节。

2. 天窗打开过程

如果按下天窗控制开关 SA1 至 OPEN 侧，等效于将天窗控制继电器①端子搭铁，这时天窗控制继电器⑥端子与⑤端子、④端子与⑪端子接通，于是形成了如下的电流通路：

蓄电池"+"→120A 熔丝→40A 熔丝→POWER CB 30A 熔断器→电动天窗电源主继电器②与④端子间闭合的触点→天窗控制继电器⑥与⑤端子间接通的电路→电动机组件⑥端子→天窗电动机 M→电动机组件③端子→天窗控制继电器④端子和⑪端子间接通的电路→搭铁→蓄电池"-"。

此时电动天窗电动机 M 中有从左到右流过的电流，电动机 M 起动正向运转，从而使天窗打开。

3. 天窗关闭过程

如果按下天窗控制开关 SA1 至 CLOSE 侧，等效于将天窗控制继电器的②端子搭铁，这时天窗继电器的⑥端子与④端子、⑤端子与⑪端子接通，由此就形成了如下的电流通路：

蓄电池"+"→120A 熔丝→40A 熔丝→POWER CB 30A→熔断器电动天窗电源主继电器②与④端子间闭合的触点→天窗控制继电器⑥端子与④端子间接通的电路→电动机组件③端子→天窗电动机 M→电动机组件⑥端子→天窗控制继电器⑤端子与⑪端子间接通的电路→搭铁→蓄电池"-"。

此时电动天窗电动机 M 中有从右到左的电流流过，电动机 M 起动反向运转，从而使天窗向关闭的方向滑移。

当天窗滑移 200mm 左右，但不到全关位置时，限位开关 SA3 由 ON 转为 OFF，使天窗控制继电器⑧端子与搭铁间断开，随即停止天窗滑移。

4. 天窗上倾过程

如果将天窗控制开关 SA2 拨至 UP 侧，等效于天窗控制继电器的③端子搭铁，这时天窗控制继电器的⑥端子与④端子、⑤端子与⑪端子接通，形成的电流通路如下：

蓄电池"+"→120A 熔丝→40A 熔丝→POWER CB 30A 熔断器→电动天窗电源主继电器②与④端子间闭合的触点→天窗控制继电器⑥端子与④端子间接通的电路→电动机组件③端子→天窗电动机 M→电动机组件⑥端子→天窗控制继电器⑤端子和⑪端子间接通的电路→搭铁→蓄电池"-"。

此时电动天窗电动机中有从右向左的电流流过，电动机 M 起动运转，驱动天窗上倾。

5. 天窗下倾过程

如果将天窗控制开关 SA2 拨至 DOWN 位置时，等效于天窗控制继电器的⑦端子搭铁，这时天窗控制继电器⑥端子与⑤端子、④端子与⑪端子接通，形成的电流通路如下：

蓄电池"+"→120A 熔丝→40A 熔丝→POWER CB 30A 熔断器→电动天窗电源主继电器②与④端子间闭合的触点→天窗控制继电器⑥端子与⑤端子间接通的电路→电动机组件⑥端子→天窗电动机 M→电动机组件③端子→天窗控制继电器④端子与⑪端子间接通的电路→搭铁→蓄电池"-"。

此时电动天窗电动机 M 中有从左向右的电流流过，电动机 M 起动运转，驱动天窗下倾。

6. 保护指示

如果滑移式天窗处于向上倾斜位置,两只限位开关在 OFF 状态时,将点火开关转至 ACC 或 OFF 位置,则会发出蜂鸣声,提醒驾驶人注意滑移式天窗仍处于向上倾斜位置。

四、对电动天窗电控单元进行初始化程序设定

电动天窗在更换控制部件后、排除车辆故障需拆下蓄电池负极电缆时,必须对其电控单元进行初始化程序设定,电动天窗才能恢复正常工作。若不进行初始化程序设定,则天窗自动操作功能、防夹功能、钥匙关闭功能、钥匙联动打开和关闭功能、发射器联动打开和关闭等功将不能正常工作。

1. 皇冠 3.0 轿车天窗的初始化设定方法

1)打开点火开关。

2)将电动天窗处于完全关闭状态。

3)依次按下天窗的滑动开关或倾斜开关,将天窗进行如下操作:上倾→大约 1s→下倾→滑动打开→滑动关闭。

4)设定完成。

5)检查电动天窗自动操作是否正常运行。

2. 宝来、高尔夫轿车天窗的初始化设定方法

宝来、高尔夫轿车根据车辆的底盘编号顺序不同,其电动天窗装有 MD2、MD4 两种不同型号的电动机总成,两种类型的天窗电动机总成的以底盘编号区分,例如:新高尔夫 A3230545(灰色内饰)、A3230755(米色内饰),新宝来 A3061163(灰色内饰)、A3061161(米色内饰)等。在这些底盘编号之前的车辆使用 MD2 天窗电动机,之后的车辆使用 MD4 天窗电动机。其天窗装置在更换电动机总成后、轨道清洗后,为使天窗控制单元能识别到天窗的各个极限位置,保证开关能控制天窗电动机工作,必须对天窗控制单元进行初始化设定,其方法如下。

(1)装有 MD4 型电动机总成的天窗初始化设定方法

1)打开点火开关,将天窗开关在关闭位置持续按住,等待 25~30s 后,天窗向上翻开至最大,听到"咔嚓"声时松开。

2)再次按住开关,天窗将自动完成:下落→滑动开启→关闭。至此,天窗初始化设定完成。

(2)装有 MD2 型电动机总成的天窗初始化设定方法

1)首先用手动方式强制关闭天窗。

2)取下顶灯盖板(天窗开关的面板),断开电动机线束插头或断开蓄电池负极线,等待 10s 后再接上线束或电源。

3）将开关由关闭位置旋向开启位置方向约 15°，再迅速旋回到关闭位置，听见电动机有"咯哒"的响声后，按住按钮，此时天窗将自动完成一个循环的运行，一个自动循环完成后则表明天窗初始完成。

4）关闭点火开关 5~7s 后，天窗初始化设定记忆完成。

任务计划

通过课前预习，分组讨论，制订任务计划，填入表 6-14 中。

表 6-14 任务计划表

工具及设备准备			
任务实施流程	检修项目	操作步骤	检修主要内容
	电动天窗主要部件的检修	熔断器的检测	
		主继电器的检测	
		天窗控制开关和限位开关的检测	
		天窗驱动电动机的检测	
		天窗控制继电器的检测	
	对电动天窗控制单元进行初始化设置	天窗控制单元进行初始化设置的条件	
		皇冠 3.0 轿车电动天窗的初始化设定	
		宝来、高尔夫轿车电动天窗的初始化设定	

任务实施

一、结合教学用车、电动天窗实训台对电动天窗电路主要部件进行检查

1. 熔断器的检查

检查熔断器是否熔断。如熔丝元件已熔断，在更换新熔丝元件之前，应检查电路中是否有短路之处。

2. 电源主继电器的检查

电源主继电器主要是检查其内线圈是否有断路现象。图 6-24 中电动天窗电源主继电器线圈中有电流通过时，其常开触点是否能闭合接通。

3. 天窗控制开关和限位开关的检查

对天窗控制开关和限位开关主要是检查它们的通、断性能，当其接通时应能可靠地闭合，当其断开时应能可靠地分离。

4. 天窗驱动电动机的检查

对天窗驱动电动机，可将其从配线插接器上分离，直接对其施加正向或反向蓄电池电压，看其运转状态。如果直接通电后，驱动电动机不转，或虽转但电动机发热严

重,或驱动齿轮旋转方向与规定的方向不符,都说明电动机有问题,应对其进行修理或更换新件。

5. 天窗控制继电器的检查

可先对天窗控制继电器周围相关配线及插接器进行检查,确认无误后,再用万用表测量其相应端子与搭铁间、相应端子间的导通情况。如果与要求的状态不相符,则说明天窗控制继电器内部有问题,应更换新件。

二、结合教学用车、电动天窗实训台对电动天窗电路主要部件进行检修

现以丰田大霸王轿车电动天窗系统为例,说明其主要部件的检修方法。

1. 天窗控制开关

1)断开点火开关,从天窗控制开关上拔下配线插接器。

2)将天窗控制开关置于"OFF"位置,如图 6-25 所示,用万用表 R×200Ω 档检查该开关 1、2、3 端子间的导通情况,应不导通。

3)将天窗控制开关置于"OPEN"位置,用万用表检查该开关 2、3 两端子间的导通情况,应导通。

4)将天窗控制开关置于"CLOSE"位置,用万用表检查该开关 1、2 两端子间的导通情况,应导通。

如果检查结果与上述情况不符,说明天窗控制开关有问题。

2. 限位开关

1)断开点火开关,拔下限位开关配线插接器,拆下限位开关。

2)松开限位开关1和限位开关2的开关销,如图 6-26a 所示,使两只限位开关均处于断开位置,用万用表 R×200Ω 档检查限位开关插接器 1、2、3 各端子间的导通情况(图 6-26b),应不导通。

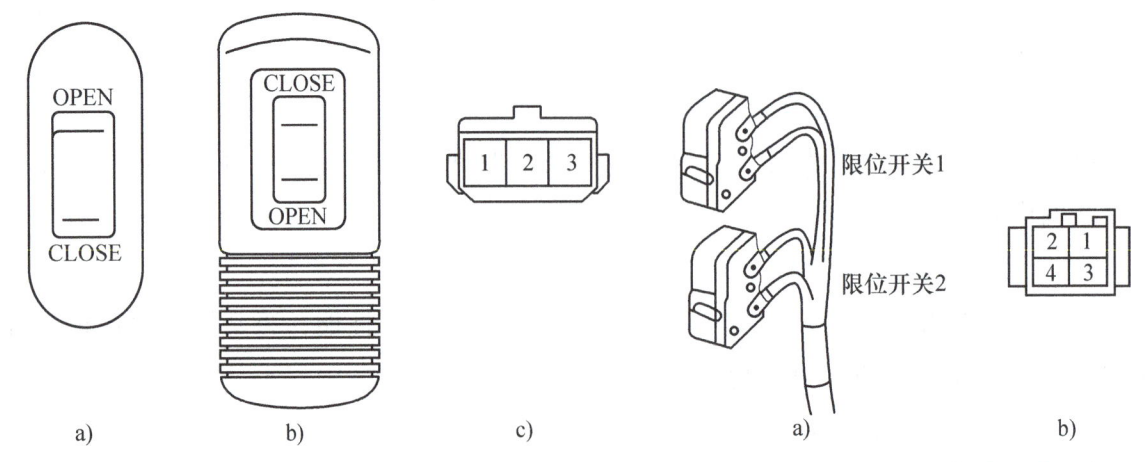

图 6-25 丰田大霸王轿车电动天窗控制开关检测示意图
 a)无后空调 b)有后空调 c)插接器插孔位置

图 6-26 丰田大霸王轿车天窗限位开关检测示意图

3）按下限位开关1的开关销，使限位开关1处于接通位置，用万用表R×1Ω档检查限位开关插接器1、3两端子间的导通情况，应导通。

4）按下限位开关2的开关销，使限位开关2处于接通位置，用万用表R×1Ω档检查限位开关插接器2、3两端子间的导通情况，应导通。

如果检查结果与上述情况不符，说明限位开关损坏。

3. 驱动电动机

1）断开点火开关，拔下天窗驱动电动机配线插接器。

2）用导线将蓄电池正极与驱动电动机插接器2号端子连接，负极与1号端子连接，对驱动电动机施加蓄电池电压进行检查，如图6-27所示，驱动电动机应顺时针方向旋转。

3）用导线将蓄电池正极与驱动电动机插接器1号端子连接，负极与2号端子连接，对驱动电动机施加蓄电池电压，驱动电动机应逆时针方向旋转。

如果通电后驱动电动机不转，则说明电动机已经损坏。

4. 控制继电器

先断开点火开关，从天窗控制继电器上拔下配线插接器，然后按图6-28所示，用万用表检查配线插接器相关端子与车身搭铁间的电压、电阻和导通性。

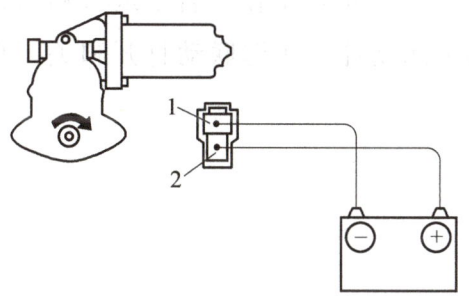

图6-27 丰田大霸王天窗驱动电动机检测示意图

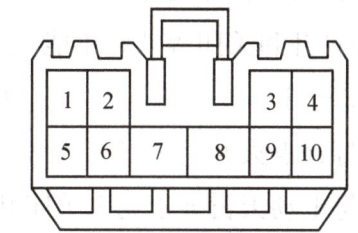

图6-28 丰田大霸王天窗控制继电器插接器示意图

1）将点火开关置于"LOCK"或"ACC"位置，用万用表直流电压档检查配线插接器3号端子与车身搭铁间的电压，该电压应为0V。

2）将点火开关置于"ON"位置，用万用表50V直流电压档检查配线插接器3号端子与车身搭铁间的电压，该电压正常值应为蓄电池电压。

3）将限位开关1（图6-26）置于断开位置，用万用表R×200Ω档检查配线插接器1号端子与车身搭铁间的导通性，应不导通。

4）将限位开关1置于接通位置，用万用表R×200Ω档检查配线插接器1号端子与车身搭铁间的导通性，应导通。

5）将限位开关2置于接通或断开位置，检测配线插接器2号端子与车身搭铁间的电阻值情况与检测限位开关 1 相同。

6）用万用表 R×200Ω 档检查配线插接器 4、10 两端子间的导通性，应导通。

7）将天窗控制开关置于"CLOSE"位置，用万用表 R×200Ω 档检查配线插接器 5 号端子与车身搭铁间的导通性，应不导通。

8）将天窗控制开关置于"OPEN"位置，用万用表 R×200Ω 档检查配线插接器 5 号端子与车身搭铁间的导通性，应导通。

9）将天窗控制开关置于"CLOSE"位置，用万用表 R×200Ω 档检测配线插接器 6 号端子与车身搭铁间的导通性，应不导通。

10）将天窗控制开关置于"OPEN"位置，用万用表 R×200Ω 档检测配线插接器 6 号端子与车身搭铁间的导通性，应导通。

11）用万用表 R×200Ω 档检测配线插接器 8 号端子与车身搭铁间的导通性，应导通。

如果检查结果与规定不符，应检修相关电路；如果检查结果与规定相符，应修理或更换天窗控制继电器。

三、对电动天窗电控单元进行初始化程序设定

电动天窗在更换控制部件后、排除车辆故障需拆下蓄电池负极电缆时，必须对其电控单元进行初始化程序设定，电动天窗才能恢复正常工作。若不进行初始化程序设定，则天窗自动操作功能、防夹功能、钥匙关闭功能、钥匙联动打开和关闭功能、发射器联动打开和关闭等功将不能正常工作。

1. 皇冠 3.0 轿车电动天窗的初始化设定方法

1）打开点火开关。

2）将电动天窗处于完全关闭状态。

3）依次按下电动天窗的滑动开关或倾斜开关，将天窗进行如下操作天窗：上倾→大约 1s→下倾→滑动打开→滑动关闭。

4）设定完成。

5）检查电动天窗自动操作是否正常运行。

2. 宝来、高尔夫轿车天窗的初始化设定方法

宝来、高尔夫轿车根据车辆的底盘编号顺序不同，其电动天窗装有 MD2、MD4 两种不同型号的电动机总成，两种类型的天窗电动机总成的区分以底盘编号为时限，例如：新高尔夫 A3230545（灰色内饰）、A3230755（米色内饰），新宝来 A3061163（灰色内饰）、A3061161（米色内饰）等。在这些底盘编号之前的车辆使用 MD2 天窗电动机，之后的车辆使用 MD4 天窗电动机。其天窗装置在更换电动机总成后、轨道清洗后，为使天窗控制单元能识别到天窗的各个极限位置，保证开关能控制天窗电动机工作，必须对天窗控制单元进行初始化设定，其方法如下。

(1) 装有 MD4 型电动机总成的天窗初始化设定方法

1) 打开点火开关，将天窗开关在关闭位置持续向下按住，等待 25~30s 后，天窗向上翻开至最大，听到"咔擦"声时松开。

2) 再次按住开关，天窗将自动完成：下落→滑动开启→关闭。至此，天窗初始化设定完成。

(2) 装有 MD2 型电动机总成的天窗初始化设定方法

1) 首先用手动方式强制关闭天窗。

2) 取下顶灯盖板（天窗开关的面板），断开电动机线束插头或断开蓄电池负极线，等待 10s 后再接上线束或电源。

3) 将开关由关闭位置旋向开启位置方向约 15°，再迅速旋回到关闭位置，听见电动机有"咯哒"的响声后，按住按钮，此时天窗将自动完成一个循环的运行，一个自动循环完成后则天窗初始完成。

4) 关闭点火开关 5~7s 后，天窗初始化设定记忆完成。

任务测评

按照表 6-15 对本次任务的完成情况进行任务测评。

表 6-15 任务测评表

评价项目		评价标准	配分	得分
专业知识技能	40 分	能描述电动天窗的功用、组成和分类,熟悉主要部件的构造特点	10	
		能正确操纵电动天窗开关演示其功能	10	
		能识读电动天窗电路图,正确检测控制开关和电动机	10	
		能对电动天窗主控单元进行程序设定、电路进行故障诊断与排除	10	
任务完成情况	40 分	任务完成的情况（圆满完成、基本完成、未完成）	15	
		任务完成的质量（优秀、良好、不及格）	15	
		在小组完成任务过程中所起的作用（主要、协助、未参与）	10	
职业素养	20 分	能积极主动参与学习	10	
		能与小组成员团结协作	5	
		能服从工位安排,执行实训室"6S"的管理规定	5	
综合评议				

任务练习

1. 汽车电动天窗主要由天窗玻璃、_____、_____、_____和_____等五部分组成。

2. 电动天窗传动机构主要有_____、_____和_____三部分组成。

3. 电动天窗常见的开关有_____和_____两种类型。

4. 检修天窗电动机时，在拔下电动机配线插接器后，可通过_____对天窗电动机进行测试。

5. 在检修电动天窗电路时，若电动天窗总成被拆装或更换，需进行_____。

任务五　电动后视镜的检修

1. 理论目标
掌握电动后视镜的组成和功用；掌握电动后视镜的工作过程和电路检修方法。

2. 技能目标
会操作电动后视镜开关演示电动后视镜的功能；能正确指认电动后视镜的组成部件；会检测电动后视镜开关和电动机；会识读电动后视镜电路图；能够对电动后视镜电路进行故障诊断与排除。

3. 素养目标
养成积极主动的学习态度；严格遵守岗位操作规程，确保工具、设备和自身安全；具有良好的团队协作精神和组织沟通能力；树立"6S"的管理理念。

一、电动后视镜的作用和组成

电动后视镜作为汽车后视镜的一种，是以电动机控制方式取代手动调整后视镜的角度，具有非常显著的优点，一是驾驶人可以在车内通过按钮对电动后视镜的角度进行调节，以获得良好的后方视域；二是驾驶人调节右侧车外电动后视镜时不再因距离远而难以操作；三是驾驶人在倒车时，通过调节功能让电动后视镜向下翻（前进档时电动后视镜会自动回位），便于观察车辆与路边的距离，避免剐蹭。

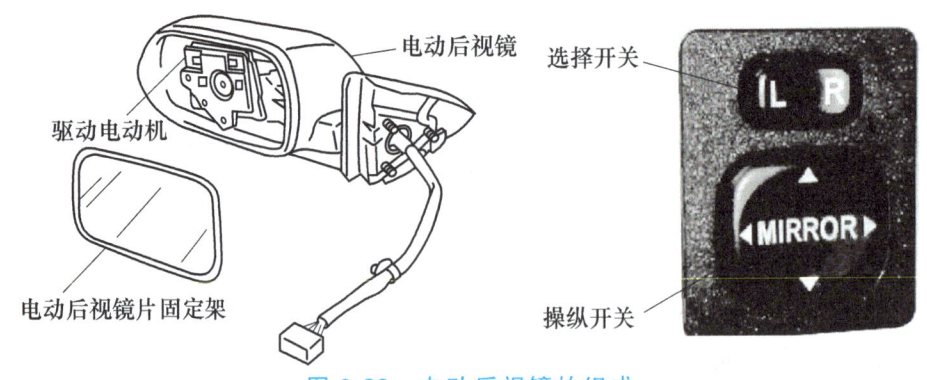

图 6-29　电动后视镜的组成

汽车的电动后视镜一般由镜片、驱动电动机、控制电路及操纵开关等组成，如图 6-29 所示。后视镜镜片以枢轴为中心，在每个后视镜镜片的背后都有两个可逆电动机，可操纵其上下及左右运动。通常垂直方向的倾斜运动由一个永磁电动机控制，水平方向的倾斜运动由另一个永磁电动机控制。

二、电动后视镜调节电路

电动后视镜由车门饰板或仪表板上的选择开关和调节开关联合控制。选择开关用于选择要调节的左边或右边的电动后视镜，调节开关则是控制镜片在上、下、左、右四个方向的摆动。每个后视镜内装有两个微型电动机，通过调节开关可使电动机驱动后视镜做上、下、左、右摆动，直到后视镜的反射视野范围达到预期目的。

通过操控后视镜开关，改变电动机的电流方向，就可完成对后视镜上下左右方向的调整。后视镜操控开关及安装位置、实物如图 6-30 和图 6-31 所示。

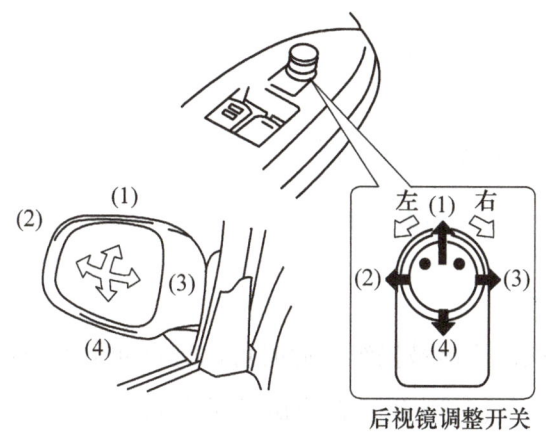

图 6-30 电动后视镜调整开关的安装位置

图 6-31 捷达轿车电动后视镜调整开关实物

1. 左外侧后视镜上下角度的调整

如图 6-32 所示，将组合开关旋钮旋向 L（左）位置，开关 M11 的第 3 位接通，左外侧后视镜被选中。此时，如果向上拨动组合开关 M 的旋钮，子开关 M22 的第 1 位接通，电动机 V_{34-2} 的电枢电流从下方流入、上方流出，后视镜向上摆动，电路为：C 路电源→熔断器 S12→M22 的第 1 掷第 1 位→M11 的第 2 掷第 3 位→电动机 V_{34-2}→M11 的第 3 掷第 3 位→M22 的第 2 掷第 1 位→搭铁→电源"-"；如果向下拨动组合开关 M 的旋钮，子开关 M22 的第 3 位接通，电动机 V_{34-2} 的电枢电流从上方流入、下方流出。后视镜向下摆动，电路为：C 路电源→熔断器 S12→M22 的第 1 掷第 3 位→M11 的第 3 掷第 3 位→电动机 V_{34-2}→M11 的第 2 掷第 3 位→M22 的第 2 掷第 3 位→搭铁→电源"-"。

2. 左外侧后视镜左右角度的调整

在组合开关旋钮处于 L（左）位置的前提下，向左拨动组合开关 M 的旋钮，子开关 M21 的第 3 位接通，电动机 V_{34-1} 电枢电流从下方流入、上方流出，电动机旋转带动左外侧后视镜向左摆动，电路为：C 路电源→熔断器 S12→M21 的第 2 掷第 3 位→M11 的第 2 掷第 3 位→电动机 V_{34-1}→M11 的第 1 掷第 3 位→M21 的第 1 掷第 3 位→搭铁→电源"-"；当向右拨动组合开关 M 的旋钮时，子开关 M11 的第 1 位接通，电动

机 V_{34-1} 电枢电流从上方流入、下方流出，电动机旋转方向改变，从而带动左外侧后视镜向右摆动，电路为：C 路电源→熔断器 S12→M21 的第 2 挡第 1 位→M11 的第 1 挡第 3 位→电动机 V_{34-1}→M11 的第 2 挡第 3 位→M21 的第 1 挡第 1 位→搭铁→电源"-"。

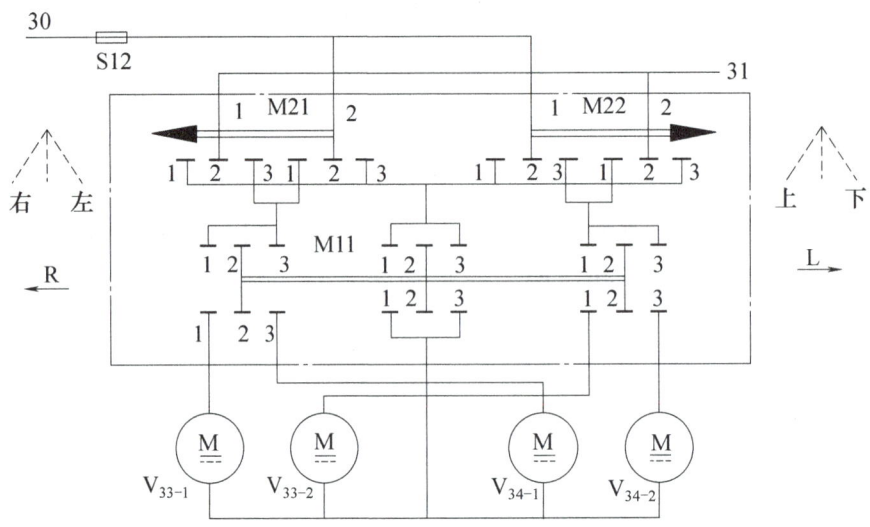

图 6-32　电动后视镜调节系统电路图

3. 故障诊断

当电动后视镜有故障时，其直接表现是后视镜不能被操纵，此时可以进行如下检查：

1）首先检查熔丝和断电器（过载保护），然后用万用表测试开关总成。

2）如果开关完好，应用 12V 电源的跨接线检查电动机的工作情况，接线换向时，电动机也应反向转动。

3）如果电动机工作正常，而后视镜仍不运动，应检查连接后视镜控制开关和车门或仪表板金属件的搭铁情况。

任务计划

通过课前预习，分组讨论，制订任务计划，填入表 6-16 中。

表 6-16　任务计划表

工具及设备准备			
	检修项目	操作步骤	检修主要内容
任务实施流程	分析后视镜电路	调节左侧后视镜左方向摆动	
		调节右侧后视镜右方向摆动	
	捷达轿车后视镜开关检测	对开关进行检测	
	电动后视镜检修	用万用表电阻档检测后视镜上接线柱三个端子之间的电阻	
	电动后视镜电路故障诊断与检修	电动后视镜均不能工作	
		一侧电动后视镜不能动	
		一侧电动后视镜上下方向不能动	
		一侧电动后视镜左右方向不能动	

 **任务实施**

一、结合后视镜电路图,对后视镜电路进行分析

结合图 6-33,对左侧后视镜左、右方向的摆动调节电路工作进行电路分析,填写表 6-17。

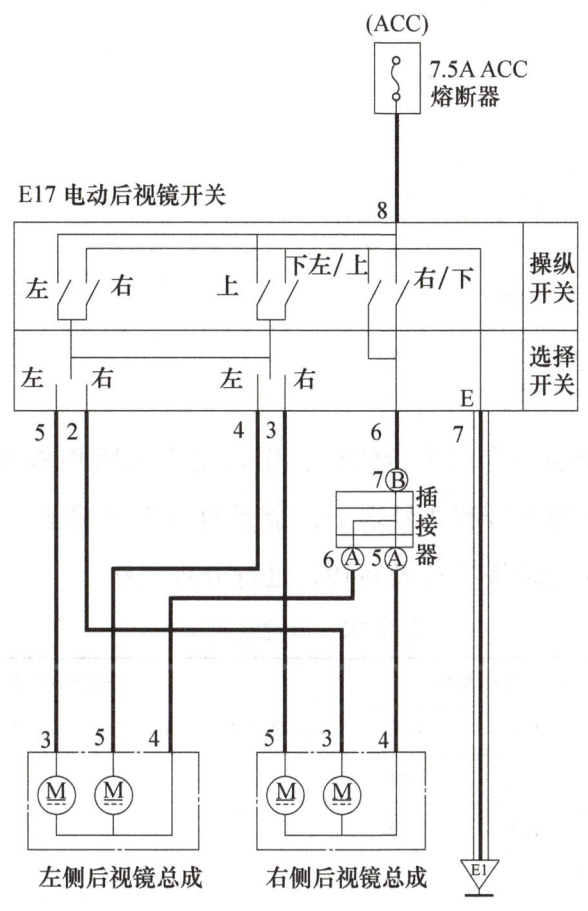

图 6-33 电动后视镜电路

表 6-17 电动后视镜工作过程

开关动作名称	电路工作过程
左侧后视镜向左摆动调整	
左侧后视镜向右摆动调整	

二、检测捷达轿车后视镜开关

捷达轿车后视镜开关的插头上有七个接线柱,分别标有数字代码,将左右选择开

关分别置于左侧、右侧，按照要求对开关进行检测，并填写表 6-18。

表 6-18 后视镜控制开关检测

步骤	开关状态					检测结果		
	后视镜选择		上	下	左	右	第一组相通的两个接线柱端子名称	第二组相通的两个接线柱端子名称	公共接线柱端子
	左边	右边							
1	●		●						
2	●			●					
3	●				●				
4	●					●			
5		●	●						
6		●		●					
7		●			●				
8		●				●			

三、电动后视镜检修

电动后视镜上接线端子有三个接线柱，用万用表电阻档检测三个端子间的电阻，电阻值最大的两个端子为 1 号和 2 号端子，余下的为 3 号端子。按要求对电动后视镜进行通电检测，记录检测结果填写表 6-19，进行分析判断。

表 6-19 后视镜检测

后视镜名称	后视镜接线柱编号			检测结果及其分析		
	1 号	2 号	3 号	后视镜有无动作	后视镜运动方向	结果判断
左侧后视镜	正极		负极			
		正极	负极			
	负极		正极			
		负极	正极			
右侧后视镜	正极		负极			
		正极	负极			
	负极		正极			
		负极	正极			

四、电动后视镜电路故障诊断与检修

电动后视镜常见的故障有电动后视镜均不能工作、一侧电动后视镜不能动、一侧电动后视镜上下方向不能动、一侧电动后视镜左右方向不能动等。检查时应首先检查熔断丝、电路连接和搭铁情况是否良好，再检查开关和电动机是否良好。可按上述的顺序和表 6-20 的要求进行故障原因的分析和检修。

表 6-20 电动后视镜常见故障诊断

故障现象	故障原因	故障排除方法
电动后视镜均不能工作	熔断丝熔断	检查确认熔断丝后更换
	搭铁不良	修理
	后视镜开关损坏	更换
	后视镜电动机损坏	更换
一侧电动后视镜不能动	后视镜开关损坏	更换
	电动机损坏	更换
	搭铁不良	修理
一侧电动后视镜上下方向不能动	上下调整电动机损坏	更换
	搭铁不良	修理
一侧电动后视镜左右方向不能动	左右调整电动机损坏	更换
	搭铁不良	修理

任务测评

按照表 6-21 对本次任务的完成情况进行任务测评。

表 6-21 任务测评表

评价项目		评价标准	配分	得分
专业知识技能	40 分	能描述汽车电动后视镜的功用、组成,熟悉主要部件构造的特点	10	
		能正确操纵电动后视镜开关演示其功能	10	
		能识读电动后视镜电路图,检测控制开关、电动机	10	
		能对电动后视镜电路进行故障诊断与排除	10	
任务完成情况	40 分	任务完成的情况(圆满完成、基本完成、未完成)	15	
		任务完成的质量(优秀、良好、不及格)	15	
		在小组完成任务过程中所起的作用(主要、协助、未参与)	10	
职业素养	20 分	能积极主动参与学习	10	
		能与小组成员团结协作	5	
		能服从工位安排,执行实训室"6S"的管理规定	5	
综合评议				

任务练习

1. 电动后视镜一般由镜片、_____、_____ 及控制电路等组成。
2. 每个后视镜镜片背后均有__个可逆电动机,可控制其____及____运动。
3. 电动后视镜均不能正常工作的原因有_____、_____、_____、_____等。

任务六　电动座椅的检修

 任务目标

1. 理论目标

掌握电动座椅电路的组成和功用；掌握电动座椅电路的工作过程和检修方法。

2. 技能目标

会操作电动座椅控制开关演示其功能；能正确指认电动座椅的组成部件；会检测其控制开关和电动机；会识读电动座椅电路图，能够对其电路进行故障诊断与排除。

3. 素养目标

养成积极主动的学习态度；严格遵守岗位操作规程，确保工具、设备和自身安全；具有良好的团队协作精神和组织沟通能力；树立"6S"的管理理念。

 任务计划

通过课前预习，分组讨论，制订任务计划，填入表6-22中。

表6-22　任务计划表

工具及设备准备			
任务实施流程	检修项目	操作步骤	检修主要内容
	认识电动座椅	观察座椅控制开关的种类	
		指认座椅电动机安装位置及功能	
		观察座椅传动装置的工作过程	
		指认座椅控制器的安装位置	
	分析座椅电路工作过程	分析座椅靠背倾斜调整工作过程	
		分析座椅坐垫前后高低调整工作过程	
		分析座椅前后移动调整工作过程	
		分析座椅腰垫调整工作过程	
	电动座椅主要部件检修	检测座椅前后滑移开关	
		检测座椅坐垫前后垂直调整开关	
		检测座椅靠背倾斜调整开关	
		检测座椅调整电动机	
	电动座椅初始化及位置储存、恢复	对电动座椅记忆储存系统初始化	
		正常行驶时对座椅和车外后视镜位置进行储存设置	
		将所储存的座椅位置输入遥控钥匙上	
		倒车时副驾驶人侧车外后视镜记忆设定	
		恢复已储存的座椅和车外后视镜位置	

一、观察电动座椅电路主要零件,熟悉构造特点

现代轿车的前排电动座椅可进行座椅的前后位置、座椅靠背位置、座椅倾斜位置、座椅的高度位置共计八个方向的调节。如图 6-34 所示,汽车电动座椅主要由座椅调节开关、永磁双向直流电动机、传动装置和控制器(ECU)等组成。如要完成八个方向的调整,则需要四个电动机来完成。

电动座椅

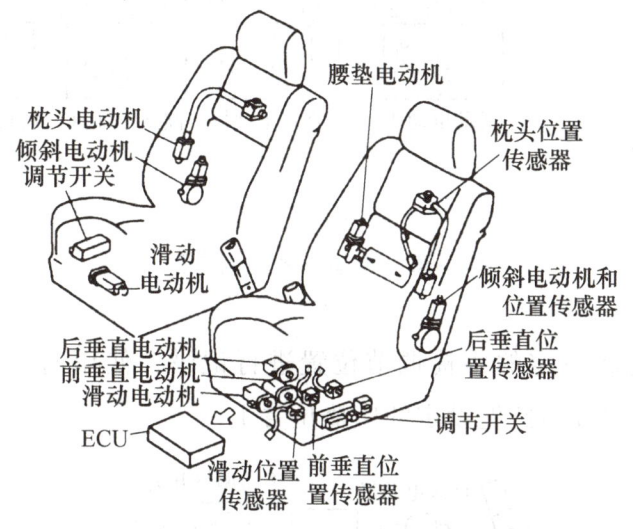

图 6-34 汽车电动座椅的构成

二、对汽车电动座椅的控制电路进行分析

1. 普通电动座椅控制电路

电动座椅控制电路(以丰田轿车为例)如图 6-35 所示,以坐垫靠背的倾斜调节为例,介绍控制过程。

当电动座椅的开关处于倾斜位置时,如果要调整靠背向前倾斜,则闭合倾斜电动机的前进方向开关,即端子 4 处于左位时,电路为:蓄电池"+"→FLALT→DOOR CB→端子 14→倾斜开关"前"→端子 4→1(2)端子→倾斜电动机→2(1)端子→端子 3→端子 13→搭铁。此时座椅靠背前移。

端子 3 置于右位时,倾斜电动机反转,座椅靠背后移。电路为:蓄电池"+"→FLALT→FLAM1→DOOR CB→端子 14→倾斜开关"后"→端子 3→2(1)端子→倾斜电动机→1(2)端子→端子 4→端子 13→搭铁。

2. 带储存功能电动座椅电路

目前,许多高档轿车的电动座椅系统采用存储器,具有记忆功能。系统控制示意

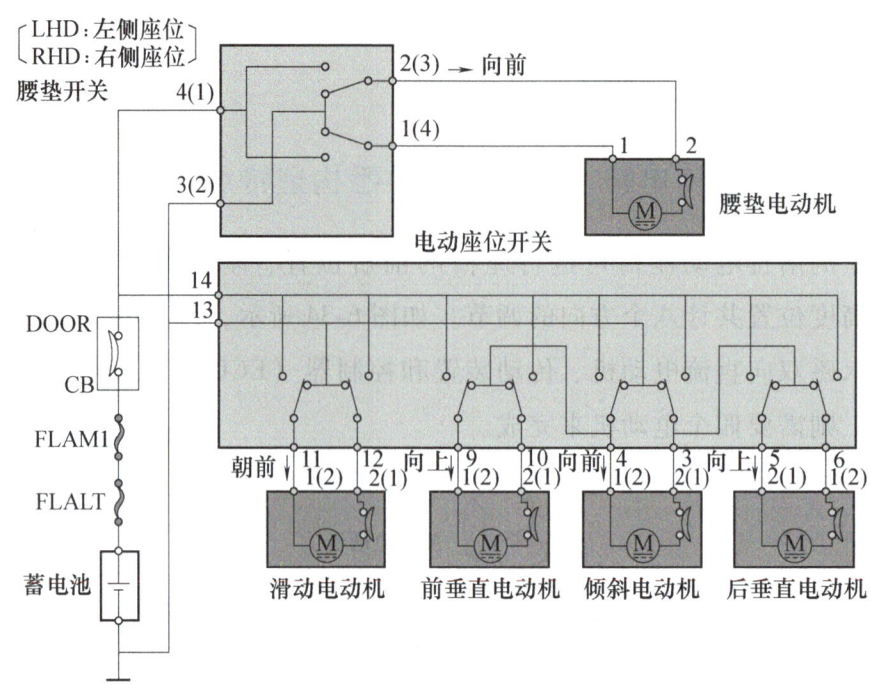

图 6-35 电动座椅控制电路

图如 6-36 所示，它能将设定的座椅调节位置进行记录，使用时只要按指定的按键开关，座椅就会自动地调节到预先设定的座椅位置上。

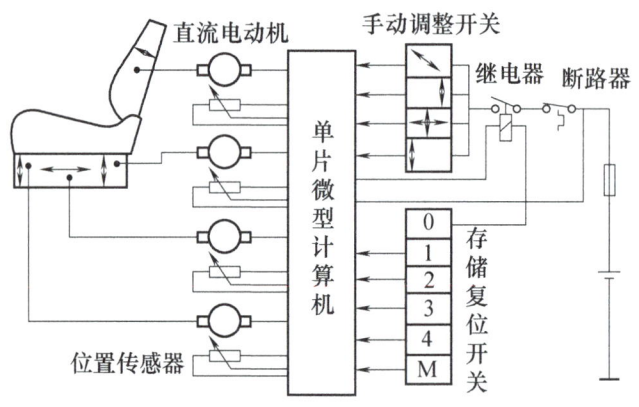

图 6-36 带储存功能的电动座椅系统控制图

电动座椅系统主要由电控部分和执行器等组成，四个位置传感器用来检测座椅的设定位置。当座椅位置设定后，驾驶人按下存储器的按钮，单片微型计算机就把这些电压信号记忆在存储器中，作为重新调整位置时的基准。使用时，只要一按按钮，就能按存储时的状态来调整座椅位置。

三、对汽车电动座椅主要部件进行检修

（1）检查前排电动座椅开关　检查电动座椅开关各端子之间的导通情况见表 6-23。

表 6-23 检查电动座椅开关各端子之间的导通情况

开关状态		插头									
		1	2	3	4	5	6	7	8	9	10
前后滑移开关	前移	○—	—	—	—○					○—	—○
	关	○				○					○
	后移	○—	—	—	—	—○						○
前端垂直升降开关	上			○—	—○					○	
	关			○		○				○	
	下			○—	—	—	—○			○	
后端垂直升降开关	上						○—	—○			
	关						○	○			
	下						○—	—	—○		
倾斜调整开关	前倾					○—	—	—	—○		
	关					○			○		
	后倾					○—	—	—	—	—○		

(2) 电动座椅电动机的检修 将蓄电池的正负极导线分别与电动机端子相连接,检查电动机是否旋转。反向连接极性,检查电动机是否按反方向旋转,如果运转情况与规定不符,则更换电动机。

四、对教学用车的电动座椅初始化设置

1. 对汽车电动座椅初始化

带有位置储存功能的电动座椅在更换座椅后、在解除遥控钥匙储存座椅位置同步时必须先做座椅记忆存储系统初始化,然后方可进行驾驶人侧座椅和车外后视镜记忆设定。大众迈腾轿车座椅记忆储存系统初始化的操作步骤如下:

1) 打开驾驶人侧车门,关闭点火开关。

2) 操作座椅靠背调节按钮,使座椅靠背向前移动到极限位置。座椅靠背向前移动到极限位置后,松开调节按钮,再次向前拨动座椅靠背调整开关直到听到提示锣声后停止。

注意:在初始化过程中,所有记忆和设定将被删除。初始化后可以重新设定座椅和后视镜记忆,并对遥控钥匙进行同步化设置。

2. 储存正常行驶时座椅和车外后视镜位置

1) 打开点火开关,不能挂倒档。

2) 将座椅和车外后视镜调整到所需位置,按下"SET"按钮并保持 1s 以上,在 10s 内按下三个储存按钮的一个,储存结束后,系统会提示锣声。

3. 将所储存的座椅位置输入遥控钥匙上

储存座椅和后视镜位置之后在 10s 内将该位置输入遥控钥匙上。将遥控钥匙从点

火开关内拔下,按下遥控钥匙开锁按钮并保持约 2s,直到听到输入完成的确认声音。

注意:在重新调整座椅的记忆位置后,在 10s 内不要随便按遥控钥匙按键,否则,遥控器将记忆最后所储存的座椅位置。

4. 倒车时副驾驶人侧车外后视镜记忆设定

1)打开点火开关,按下所期望的储存按钮,选择倒档。

2)调整副驾驶人侧车外后视镜到倒车时所需的位置,系统会自动将该位置储存。

注意:不能按压 SET 按钮,否则系统将不储存设定的倒车时副驾驶人侧车外后视镜位置。调整完后归位即可。

5. 调出已储存的座椅和车外后视镜位置

车辆静止,点火开关打开情况下轻按一下相应的储存按钮,即可调出设定的座椅及车外后视镜位置。

任务测评

按照表 6-24 对本次任务的完成情况进行任务测评。

表 6-24 任务测评表

评价项目		评价标准	配分	得分
专业知识技能	40 分	能描述电动座椅的功用和组成,熟悉主要部件的构造特点	10	
		能正确操纵电动座椅控制开关演示其功能	10	
		能识读电动座椅电路图,检测控制开关和电动机	10	
		能对电动座椅电路进行故障诊断与排除	10	
任务完成情况	40 分	任务完成的情况(圆满完成、基本完成、未完成)	15	
		任务完成的质量(优秀、良好、不及格)	15	
		在小组完成任务过程中所起的作用(主要、协助、未参与)	10	
职业素养	20 分	能积极主动参与学习	10	
		能与小组成员团结协作	5	
		能服从工位安排,执行实训室"6S"的管理规定	5	
综合评议				

任务练习

1. 电动座椅电路一般由_____、_____、_____和_____组成。

2. 电动座椅若要完成八个方向的调整,则需要_____个电动机来完成。

3. 可通过_____方法来检查电动座椅电动机工作是否正常。

4. 高档轿车的电动座椅系统采用_____，具有_____功能。

5. 当电动座椅电路不工作时，座椅电动机的两端子均与_____相互导通。

任务七　汽车倒车辅助装置的检修

任务目标

1. 理论目标
掌握倒车雷达、倒车影像装置的功用、组成和基本工作原理。

2. 技能目标
能够正确对倒车雷达装置和倒车影像装置进行安装调试；具有对倒车雷达、倒车影像电路进行故障诊断与排除的能力。

3. 素养目标
养成积极主动的学习态度；严格遵守岗位操作规程，确保工具、设备和自身安全；具有良好的团队协作精神和组织沟通能力；树立"6S"的管理理念。

任务准备

一、认识倒车雷达

1. 倒车雷达的组成及各部件功用

倒车雷达的全称为"倒车防撞雷达"，又称为"泊车辅助装置"，其主要是针对汽车倒车或泊车时无法目测到车尾的障碍物与车身间的距离而设计开发的安全辅助装置，它能以声音或更为直观的显示告知驾驶人周围障碍物的情况，提高驾驶的安全性。

倒车雷达系统通常由倒车雷达控制单元（俗称为主机）、超声波传感器和显示器蜂鸣报警装置等部分组成。其各主要组成部分的作用如下：

1）倒车雷达控制单元是倒车雷达系统的核心，其作用是发射正弦波脉冲给超声波传感器，同时传送各个探头探测到的距离和方位，并处理其接收的信号，换算出距离值后，将数据与指示设备通信，最近距离数据控制着变频蜂鸣音以及指示装置。

2）超声波传感器用于发射及接收超声波信号和测量距离，其安装在后保险杠上，一般超声波传感器按安装数量分为1、3、4、6只不等，分别均匀安装在车辆前后保险杠上，传感器以45°辐射，上下左右搜寻目标，它最大的特点是能探索到低于保险杠而驾驶人从后窗难以看见的障碍物（如花坛、蹲在车后玩耍的小孩等）并发出声光报警警示。

3）显示器蜂鸣报警装置的作用是接收倒车雷达控制单元距离数据，并根据距离远近显示距离值和提供不同级别的距离报警音，倒车雷达的显示器安装在驾驶室仪表板上，它不停地提醒驾驶人汽车距后面物体还有多少距离，到危险距离时蜂鸣器就开始鸣叫，提醒驾驶人停车。

倒车雷达的组成、倒车雷达控制单元接线示意图如图 6-37 和图 6-38 所示。

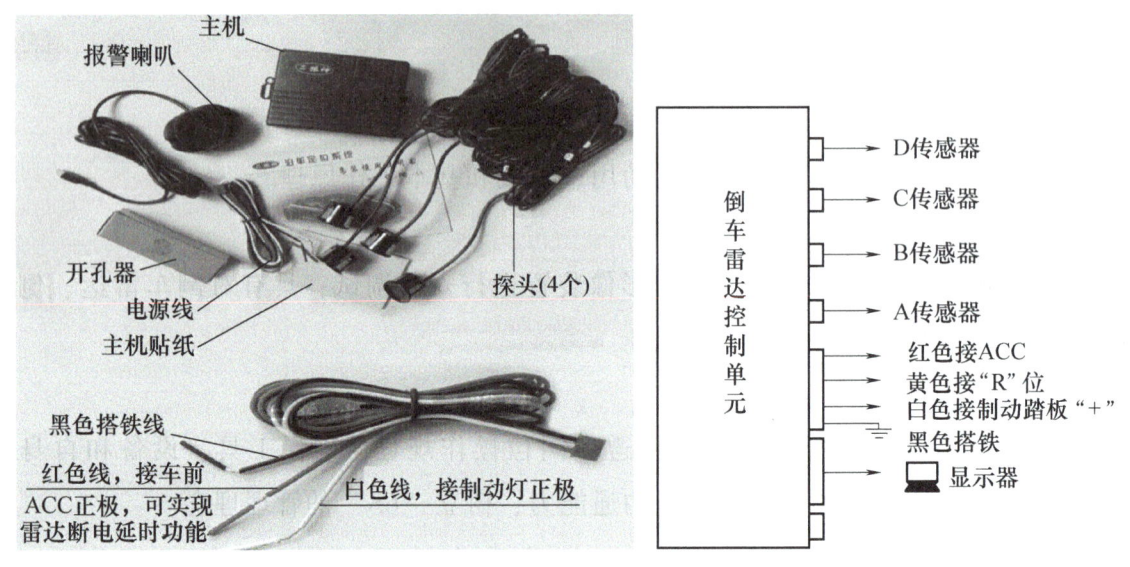

图 6-37　倒车雷达系统的组成　　图 6-38　倒车雷达控制单元接线示意图

2. 倒车雷达系统的工作原理

倒车雷达系统的工作原理是利用超声波测距原理。在倒车时，倒车雷达会自动启动进入工作状态，并在倒车雷达控制单元的控制下，由装置于车尾保险杠上的超声波传感器发出超声波信号，当遇到障碍物时产生回波信号，探头接收到回波信号后经控制器进行处理并计算出车体与障碍物之间的实际距离，判断出障碍物的位置，然后通过显示或语音设备提示给驾驶人，使其停车或不至于撞上障碍物。整个过程，驾驶人无须回头便可知车后的情况，使停车和倒车更容易、更安全。

倒车雷达系统主要是辅助驾驶人倒车，车辆退出倒档或当相对移动速度超过某一车速时（一般为 5km/h），系统功能将会停止工作或失效。

二、认识倒车影像

倒车影像又称为泊车辅助系统，被广泛应用于各类大、中、小车辆倒车或行车安全辅助领域。倒车影像是指在车辆上加装一个显示装置，驾驶人在倒车时，系统会自动接通位于车尾的倒车摄像头，将车后的情况显示在车内显示装置上，让驾驶人清楚地查看到车辆后方的情况，确保倒车和停车安全。其主要由带警示标尺划线的液晶显示器、倒车摄像头和连接线束等组成，如图 6-39 所示。

如图 6-40 所示，警示标尺划线有绿、黄、红三种颜色。绿色线条的位置是离车子最远的地方，大约为 2m，这时可以放心地倒车。黄色线条所处位置与车尾距离约为 1m 左右，警示驾驶人要注意，要缓慢地倒车。红色线条可视为警戒线，该线底部所处的位置与车尾的距离为 30cm，不宜再倒车。这时配合倒车雷达使用效果更佳。

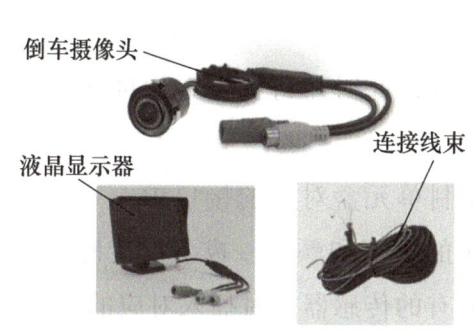

图 6-39 倒车影像的组成

图 6-40 带警示标尺划线的液晶显示器

任务计划

通过课前预习，分组讨论，制订任务计划，填入表 6-25 中。

表 6-25 任务计划表

工具及设备准备			
任务实施流程	检修项目	操作步骤	检修主要内容
	倒车雷达装置安装与常见故障诊断与排除	倒车雷达的安装流程	
		蜂鸣报警装置常鸣故障诊断与排除	
		倒车时雷达显示报警装置无显示故障诊断与排除	
		显示器只显示同一个数据故障诊断与排除	
		显示正常，无报警声故障诊断与排除	
	倒车影像装置安装与常见故障诊断与排除	倒车影像的安装流程	
		显示器黑屏故障的诊断与排除	
		显示影像模糊故障的诊断与排除	

任务实施

一、对教学用车进行倒车雷达的安装

1. 倒车雷达的安装

1) 先根据超声波传感器的数量，严格按照安装说明的最佳高度和宽度分配布置

安装，使用所配钻头打孔。

2）将超声波传感器穿入孔中，调整超声波传感器的方向和轴向，把线理顺。

3）将倒车雷达控制单元的红线与倒车灯的正极电源线连接，黑线对地搭铁。若电源线为黄线，则与制动灯正极电源线连接。

4）将显示器（此时显示器暂未固定，而是放在车尾）与倒车雷达控制单元盒连接好，探头暂不接。

5）不要起动汽车，挂倒车档或踩制动踏板，此时车灯亮，显示屏应被点亮，表明倒车雷达系统进入正常的检测状态。

6）将一只超声波传感器插入倒车雷达控制单元盒对应的接口中，人站在传感器正前方1m以内，应能正常探测，并显示相应的距离和颜色。拔下该传感器，按同样的方法检查其他传感器，待检查完毕后，将所有的传感器同时插入对应的接口上。

2. 安装注意事项

1）倒车雷达系统的显示器与倒车雷达控制单元都是一一对应的，探头与倒车雷达控制单元盒可以互换。

2）当检测到危险区之内有障碍物，声音为常鸣或报"停车"，如有指示标示则变为红色显示，以警示作用。驾驶人应立即停车。

3）超声波传感器的安装要松紧适宜，并要修整探头安装孔，不能有毛刺。

4）超声波传感器如果安装于铁的挡板上，可能会影响探测结果，需要包裹电工绝缘胶布。

5）倒车雷达控制单元避免安装于易受干扰的位置，如排气管和电器布线附近。

6）在进行安装时，必须将车置于熄火状态。

7）大雨、大雪、过冷、过热、过湿天气，传感器上积雪、积泥、结冰、路面凹凸不平、沙地、斜坡、沟渠等情况下，有可能会影响探测效果。

二、对车辆倒车雷达常见故障的诊断及排除

1. 蜂鸣报警装置常鸣故障

首先检查超声波传感器是否出问题，若超声波传感器工作正常，则是倒车雷达控制单元有问题。

2. 倒车时雷达显示报警装置无显示

应首先检查显示器是否完好，若完好无损，再检查电源线是否未接上或松动，或汽车电源是否有电。

3. 显示器只显示同一个数据，数据无变化

首先应检查超声波传感器是否从安装位置孔内脱落，造成其只探测到地面，导致同一数据在显示器上无变化，若出现该情况，应及时安装固定传感器；若传感器固定

良好，则应采用互换法检查该传感器探头是否出现故障。

4. 显示器有数据显示，无报警声音

首先检查超声波传感器是否出问题，超声波传感器表面应清洁，如有玷污、破损，应及时清理更换，若超声波传感器工作正常，则是倒车雷达控制单元有问题。

三、对教学用车进行倒车影像的安装

1）首先拆除车上蓄电池负极搭铁线，并将拆除的连线放在远离电极的地方，以防止电源意外接通。

2）将车辆牌照灯拆下，装上摄像头，调整角度达到最佳倒车视角后卡口卡到位或螺口拧紧。

3）将摄像头的电源线与车后倒车灯电源线连接，再将摄像头的视频线与视频延长线相连，视频延长线的另一端与车载显示器的AV输入相连接。倒车影像的接线示意图如图6-41所示。

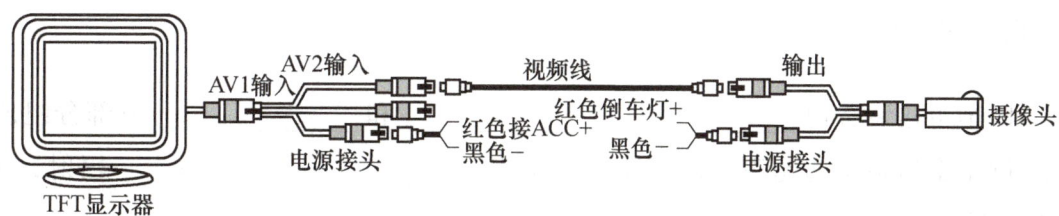

图 6-41　倒车影像的接线示意图

4）连接蓄电池负极搭铁线，起动汽车，挂入倒车档，即可在车载显示器上看到倒车影像。

四、对车辆倒车影像常见故障的诊断与排除

1. 显示器黑屏故障

应首先断开显示器电源插头，采用直接通电的方法检查显示器是否工作正常，若显示其工作正常，再检查倒车影像连接电路，检查电路有无明显破损、虚接导致接触不良现象，最后检查摄像头有无故障。

2. 显示影像模糊

应首先检查摄像头表面有无污垢灰尘，及时擦拭清洁，再检查摄像头表面是否划痕过多，若有应进行更换。更换摄像头后，影像仍然模糊，可通过对显示器的显示分辨率进行重新设置，按倒车影像系统的还原键，尝试还原系统以进行修复。

任务测评

按照表6-26对本次任务的完成情况进行任务测评。

表 6-26 任务测评表

评价项目		评价标准	配分	得分
专业知识技能	40分	能描述倒车雷达装置的功用、组成和工作原理,熟悉主要部件的功用	10	
		能安装倒车雷达装置、常见故障诊断与排除	10	
		能描述倒车影像装置的功用、组成和工作原理,熟悉主要部件的功用	10	
		能安装倒车影像装置、常见故障诊断与排除	10	
任务完成情况	40分	任务完成的情况(圆满完成、基本完成、未完成)	15	
		任务完成的质量(优秀、良好、不及格)	15	
		在小组完成任务过程中所起的作用(主要、协助、未参与)	10	
职业素养	20分	能积极主动参与学习	10	
		能与小组成员团结协作	5	
		能服从工位安排,执行实训室"6S"的管理规定	5	
综合评议				

任务练习

1. 倒车雷达装置由_____、_____和_____三部分组成。

2. 倒车雷达系统的超声波传感器一般安装在_____上,以____辐射,上下左右搜寻目标。

3. 可通过_____方法来检查电动座椅电动机工作是否正常。

4. 倒车影像装置由_____、_____和_____三部分组成。

5. 倒车影像显示器上的警示标尺划线有__、____、____三种颜色,当车后的障碍物处于_____色标尺线位置时,应立即停车。

项目七　空调系统的检修

项目目标

通过对本项目的学习，学生能够：
1. 掌握汽车空调系统的功用、类型、组成及特点；
2. 掌握汽车空调系统操作面板的操作方法、各种图形符号和按钮的含义及其功能；
3. 掌握汽车空调制冷装置的组成、工作过程、主要元件的功用及其构造特点；
4. 掌握汽车空调制冷装置电控系统的组成及其工作过程；
5. 掌握汽车空调制冷维护保养和故障诊断的方法。

任务一　汽车空调系统的认知

任务目标

1. 理论目标

了解汽车空调的功能、组成及其类型，掌握汽车空调供暖系统、制冷系统、通风换气装置的组成及其基本的工作原理。

2. 技能目标

能够正确操控空调控制面板，能够正确识别空调系统的各组成部件，能够正确识别汽车空调系统的类型和供暖系统的类型。

3. 素养目标

养成积极主动的学习态度；严格遵守岗位操作规程，确保工具、设备和自身的安全；具有良好的团队协作精神和较高的组织沟通能力；树立"6S"的管理理念。

任务准备

一、汽车空调系统的功能及其组成

汽车空调系统是利用多种方式对车内的空气进行调节，使之在温度、湿度、流速和洁净度上能够满足人体舒适的需要，并且预防或去除玻璃上的雾、霜和冰雪，确保行车安全。

1. 汽车空调系统的主要功能

（1）车内温度的调节　温度是表示冷热的程度。

（2）车内湿度的调节　湿度是指空气中所含水分的高低。

（3）车内气流速度的调节　空气的流速和方向对人体舒适性影响很大，夏季流速应该限制在 0.25m/s 以内。

（4）车内空气的净化　车厢内的空气质量是乘员舒适性的重要保证，由于车内空间小、乘员密度大，车内极易出现缺氧和二氧化碳浓度过高的情况，还有尾气、灰尘和烟味等造成车内空气的污浊，影响乘员的身体健康，因此必须要求汽车空调具有补充车外新鲜空气、过滤和净化车内空气的功能。

2. 汽车空调系统的组成

（1）供暖系统　供暖系统用以提高车厢内空气的温度。

（2）制冷系统　制冷系统用以降低车厢内空气的温度，并降低其湿度。

（3）通风装置　通风装置用以调节车内的气流以及换气，同时防止风窗玻璃起雾。

（4）空气净化装置　空气净化装置能净化空气，除去车内存在的灰尘和气味。

（5）控制装置　控制装置对制冷和供暖系统进行控制，使空调正常工作。

二、汽车空调系统的类型

1）空调按驱动方式可分为独立式空调和非独立式空调。

一些豪华的大客车采用独立式空调，其制冷压缩机和送风机由辅助发动机驱动，制冷和供暖多装在一起。

轿车上采用非独立式空调。

2）空调按功能分为单一功能型（只有制冷或供暖的空调）、冷暖一体型（图7-1）和全功能型（同时具备降温、除湿、供暖、通风和空气净化功能，如图7-2所示）三种。

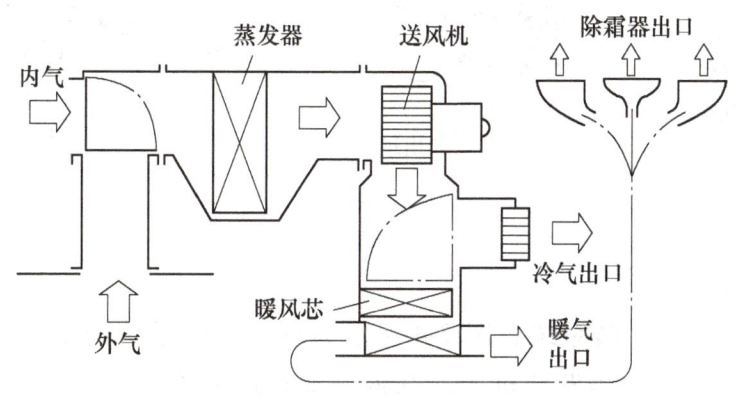

图 7-1　冷暖一体型空调示意图

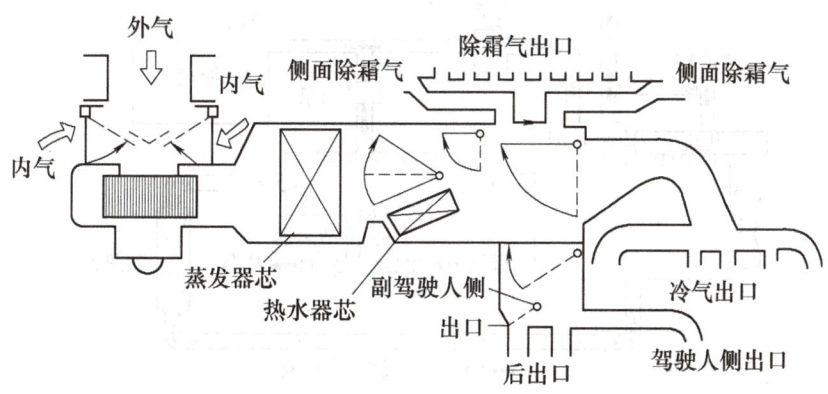

图 7-2　全功能型空调示意图

三、汽车空调的供暖系统

汽车空调的供暖系统有许多种类型，按热源的不同可分为热水供暖系统、燃气供暖系统和废气供暖系统等。目前小车上主要采用热水供暖系统,大型车辆上主要采用燃气供暖系统。

1. 热水供暖系统的工作原理

如图7-3所示,热水供暖系统的热源通常采用发动机的冷却液,使冷却液流过一个加热器芯,再使用鼓风机将冷空气吹过加热器芯来加热空气,使车内的温度升高。热水供暖系统主要由加热器芯、水阀、鼓风机和控制面板等组成。

热水供暖系统的热水管路中加装有水阀,用于控制进入加热器芯的水量,进而调节供暖系统的加热量。调节时,可通过控制面板上的调节杆或旋钮进行控制。有的供暖系统暖风的气道中安装空气混合调节风门,此风门可以控制通过加热器芯的空气和不通过加热器芯空气的比例,也可以实现温度的调节。

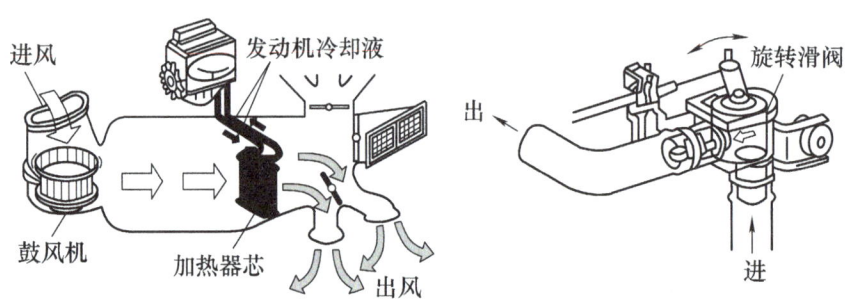

图7-3 热水供暖系统及水阀的结构

2. 燃气取暖系统的工作原理

客车中常采用燃气供暖系统,图7-4所示为燃气供暖系统的示意图。燃油和空气在燃烧室中混合燃烧,加热发动机的冷却液,加热后的冷却液进入加热器芯处散热,降温后返回发动机再进行循环。

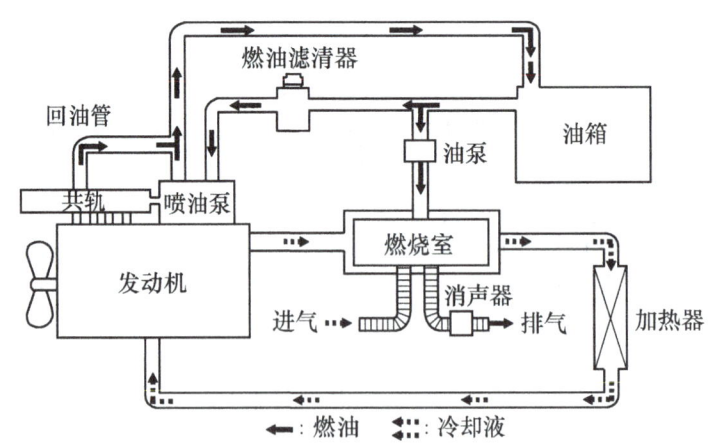

图7-4 燃气供暖系统的示意图

四、汽车空调制冷系统

汽车空调制冷系统的作用是将车内的热量通过制冷剂(R12、R134a)循环、状态变化而转移到车外,实现车内降温的目的。制冷系统普遍采用的是蒸气压缩式制冷,即制冷系统是利用制冷剂由液态转化为气态过程中,需要吸收大量的热量,从而使车厢内部的空气温度下降;气态的制冷剂在空调压缩机的作用下,压力急剧增加,迅速由气态转变为液态,同时将释放出大量的热量,散发到车厢外部,如此周而复始地循环工作,达到降低车厢内部温度的目的。

制冷系统各部件之间采用铜管(铝管)以及高压橡胶管连接形成一个密闭系统,其主要由压缩机、冷凝器、储液干燥过滤器、膨胀阀和蒸发器等组成,制冷系统在轿车上的布置图及其循环工作过程如图7-5和图7-6所示。

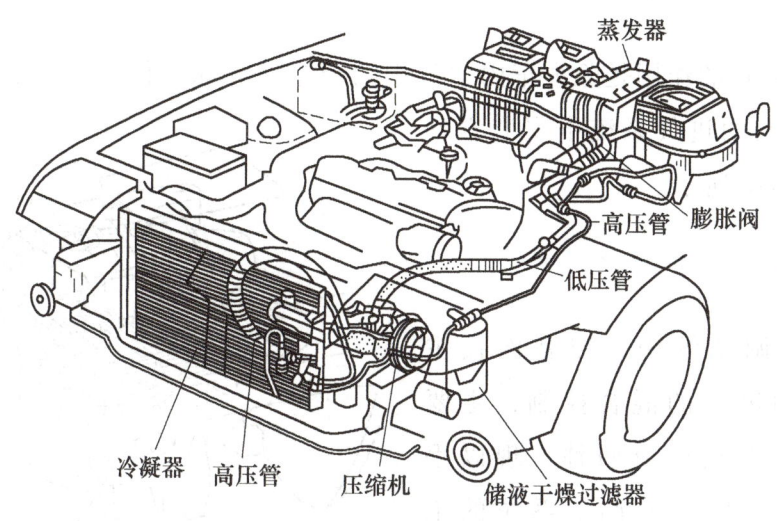

图 7-5 制冷系统在轿车上的布置图

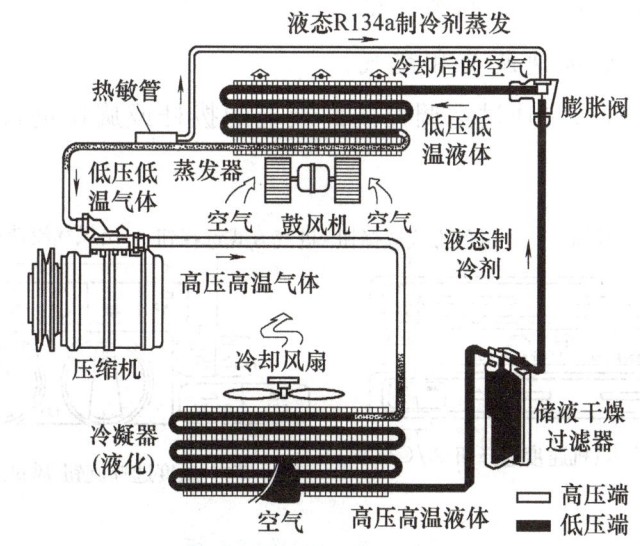

图 7-6 制冷系统循环工作过程

五、空气通风装置

通风系统的作用是将车外的新鲜空气引入车内,将车内的污浊空气排出车外,同时通风系统还具有防止风窗除霜的作用。通风系统可使车内的空气保持新鲜，提高了车辆的舒适性。

基本形式：利用汽车行驶过程中产生的动压进行通风，利用车上的鼓风机进行强制通风。空调强制通风系统如图7-7所示。

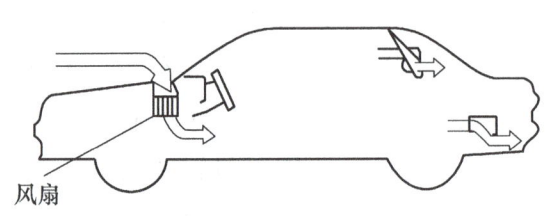

图7-7 空调强制通风系统

六、空气净化装置

空气净化装置的作用是除去车内空气中的灰尘及异味，保持车内空气的清洁。净化方式是在空调的进气系统中安装空气滤清器，如图7-8所示。

七、汽车空调的操作面板

在汽车空调系统中，控制面板主要完成温度和风量的混合控制，主要有手动调节和自动调节两种，现以手动调节为例来说明空调调节系统的工作情况。

手动空调的调节包括温度调节、出风口位置调节、鼓风机风速调节和空气的内外循环调节等。调节是通过空调控制面板上的拨杆或旋钮进行的，空调的控制面板如图7-9所示。

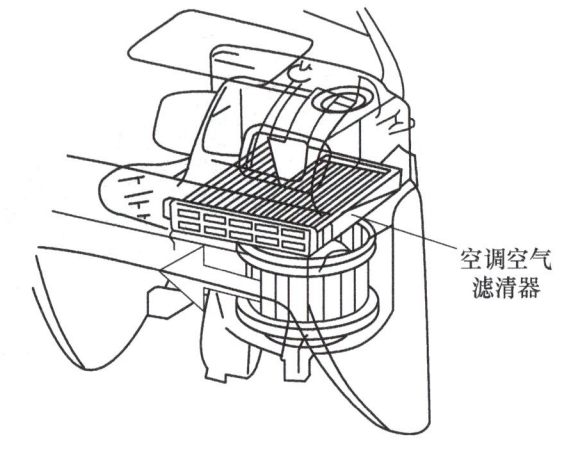

图7-8 空调空气净化装置

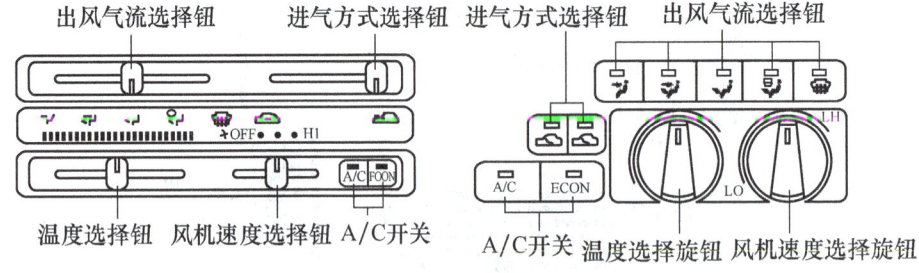

图7-9 空调的控制面板

任务计划

通过课前预习，分组讨论，制订任务计划，填入表7-1中。

表7-1 任务计划表

工具及设备准备			
任务实施流程	检修项目	操作步骤	检修主要内容
	认识空调制冷系统	高压元件	
		低压元件	
	认识空调供暖系统	工作原理	
		各元件指认	
	认识空调操作面板	温度调节	
		风速调节	

任务实施

观察操作实习用车（桑塔纳空调实验台）的空调系统，回答下列问题

1. 该空调系统（　　）制冷系统。

A. 有　　　　B. 无

2. 该空调系统（　　）供暖系统。

A. 有　　　　B. 无

3. 该空调系统（　　）通风装置。

A. 有　　　　B. 无

4. 该空调系统（　　）空气净化装置。

A. 有　　　　B. 无

5. 该空调制冷系统采用（　　）制冷剂。

A. R12　　　B. R134a

6. 该空调的供暖系统采用（　　）。

A. 燃气供暖　B. 热水供暖

7. 该空调暖风系统暖风量的控制采用（　　）形式。

A. 燃气供暖　B. 热水供暖

8. 综上所述，该车空调系统为（　　）型。

A. 单一功能　B. 冷暖一体　C. 全功能

任务测评

按照表7-2的要求对本次任务的完成情况进行任务测评。

笔记栏

表7-2 任务测评表

评价项目		评价标准	配分	得分
专业知识技能	40分	能够描述汽车空调的功能、组成及其类型	10	
		能够描述汽车空调供暖系统、制冷系统、通风换气装置的组成及其原理	10	
		能正确判断空调及其供暖类型	10	
		能正确操纵空调控制面板按钮	10	
任务完成情况	40分	任务完成的情况（圆满完成、基本完成、未完成）	15	
		任务完成的质量（优秀、良好、不及格）	15	
		在小组完成任务过程中所起的作用（主要、协助、未参与）	10	
职业素养	20分	能够积极主动参与学习	10	
		能够与小组成员团结协作	5	
		能够服从工位安排，执行实训室"6S"的管理规定	5	
综合评议				

任务练习

1. 汽车空调系统的作用是调节车内_____、_____、_____和_____。

2. 汽车空调系统由_____、_____、_____、_____和_____组成。

3. 目前汽车空调供暖系统主要采用_____系统和_____系统。

4. 当开启汽车空调制冷系统时，在不通风换气的情况下，应把进气方式选择按钮扳至_____位置，温度选择按钮扳至_____位置，再按下_____开关，通过_____调节室内出风口的冷风量，通过_____调节冷气出风口的气流流向。

5. 制冷系统主要由_____、_____、_____、_____和_____等组成。

任务二　制冷系统部件的检修

任务目标

1. 理论目标

了解汽车空调制冷系统的工作原理，掌握其组成；掌握汽车空调制冷系统主要部件的功用及其构造特点；掌握汽车空调制冷系统电控装置电路的分析方法。

2. 技能目标

具有正确拆装制冷系统各部件的能力，具有对制冷系统各部件进行检测的能力，具有对制冷系统控制电路进行电路分析的能力。

3. 素养目标

养成积极主动的学习态度；严格遵守岗位操作规程，确保工具、设备和自身的安全；具有良好的团队协作精神和较高的组织沟通能力；具有"6S"的管理理念。

任务准备

一、汽车空调制冷系统的组成及其工作原理

汽车空调系统主要由压缩机、冷凝器、储液干燥过滤器、膨胀阀、蒸发器和连接管路等组成，其功能是对车内空气或由外部进入的新鲜空气进行冷却和除湿，使车内空气变得凉爽舒适，其工作过程如下：

1. 压缩过程

吸入来自蒸发器中的低温、低压的气态制冷剂，将其压缩成温度为 70～80℃、压力为 1.3～1.5MPa 的高温、高压的气态制冷剂，经高压管路送入冷凝器。

2. 冷凝过程

气态制冷剂经外部风扇冷却，使其温度下降到 50℃，压力约为 1.3～1.5MPa，完成制冷剂的液化，送入储液干燥过滤器。

3. 干燥过程

将中温、高压的液态制冷剂过滤，除去制冷剂中的杂质和水分，送入膨胀阀，并且储存少部分制冷剂。

4. 膨胀过程

将过滤后中温、高压的液态制冷剂利用节流原理，使其转变到压力为 0.15～0.30MPa、温度为 1～4℃的低温低压的雾状细小液滴制冷剂，送入蒸发器。

5. 蒸发过程

从膨胀阀喷出的低压雾状液体制冷剂进入蒸发器，此时由于制冷剂沸点远低于蒸发器内温度，故这些雾状液体制冷剂在蒸发器内蒸发、沸腾成气体制冷剂。在蒸发过程中大量吸收流经蒸发器周围的空气热量，从而降低了车内温度。

图 7-10 和图 7-11 所示为制冷系统的组成和工作循环流程图。

二、制冷剂和冷冻油

1. 制冷剂

制冷剂俗称为冷媒，是汽车制冷系统进行热量交换的媒体。汽车用制冷剂常见的

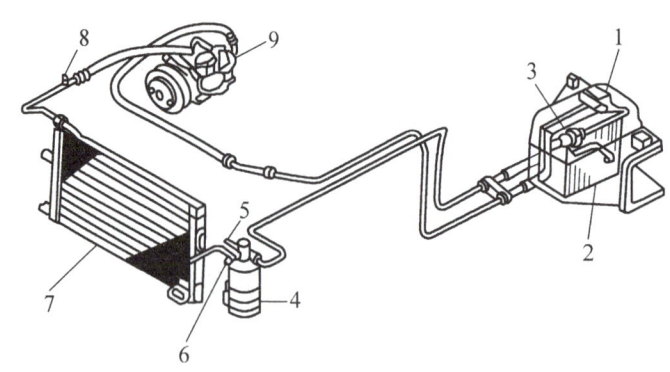

图 7-10 汽车空调制冷系统的组成

1—热敏开关　2—蒸发器　3—膨胀阀　4—储液干燥过滤器　5—高压检测端口
6—低压开关　7—冷凝器　8—低压检测端口　9—压缩机

种类有 R12 和 R134a 等，如图 7-12 所示。

制冷剂 R12 又称为氟利昂 12。这种制冷剂破坏大气层中的臭氧层，使太阳的紫外线直接照射到地球，对植物和动物造成了很大的伤害，目前已经停止生产使用 R12 作为制冷剂的汽车空调系统。

目前汽车上广泛使用的是对大气臭氧层不产生破坏作用的 R134a。该制冷剂在常温常压的情况下，如果将其

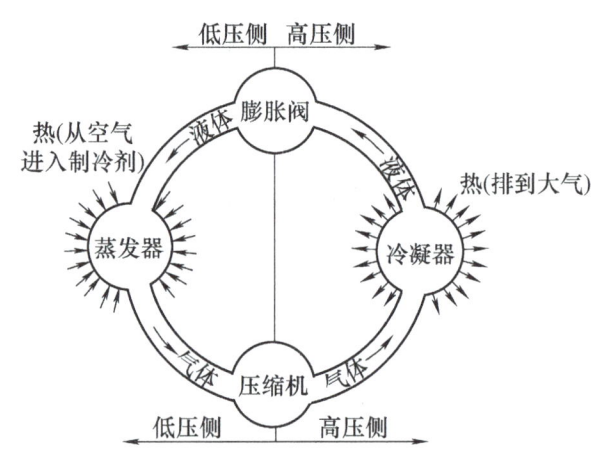

图 7-11 空调系统制冷循环流程

释放，将会立即吸收空气中的热量，由液体转变为气体；如果对 R134a 气体施加高压后散热，该制冷剂也很容易由气体转变为液体。

使用不同种类制冷剂的汽车制冷系统，在使用中不能互换制冷剂。

2. 冷冻油

在制冷系统中，为了保证压缩机正常工作，减轻其磨损程度，随系统循环流动并且和制冷剂相溶的油称为冷冻油。目前汽车空调系统中使用的冷冻油为 R134a。冷冻油具有润滑、密封、冷却和降低压缩机噪声的功用。

需要注意的是：使用不同类别制冷剂的制冷系统，在使用中不能互换冷冻油。

图 7-12 两种不同类型的制冷剂
a）R134a　b）R12

三、汽车制冷系统的主要部件

1. 制冷压缩机

制冷压缩机是汽车空调制冷系统的心脏，其作用是将来自蒸发器的低温、低压的气态制冷剂压缩成高温、高压的气态制冷剂，并为制冷剂的循环提供动力。其原理与普通空气压缩机相似，只是密封程度要求更高，图 7-13 所示为空调压缩机的外形图。

图 7-13　空调压缩机的外形图

按照结构的不同，常见的主要有曲轴连杆式压缩机、斜盘式压缩机、摆盘式压缩机、旋叶式压缩机、滚动活塞式压缩机和涡旋式压缩机等。

2. 冷凝器

冷凝器把来自压缩机的高温高压气体通过管壁和翅片将其中的热量传递给冷凝器周围的空气，从而使高温高压的气态制冷剂冷凝成高温高压的液体。冷凝器按结构形式主要分为管带式、管翅式和平流式等类型，平流式冷凝器的外形如图 7-14 所示。

3. 蒸发器

蒸发器是将经过节流降压后的液-气混合状态的制冷剂在低温低压的蒸发器内沸腾汽化，同时吸收蒸发器表面周围的热量而降低温度，风机再将冷空气送入车厢，从而达到降低车内温度的目的。蒸发器按结构形式主要分为管片式、管带式和层叠式等类型，管片式蒸发器的外形如图 7-15 所示。

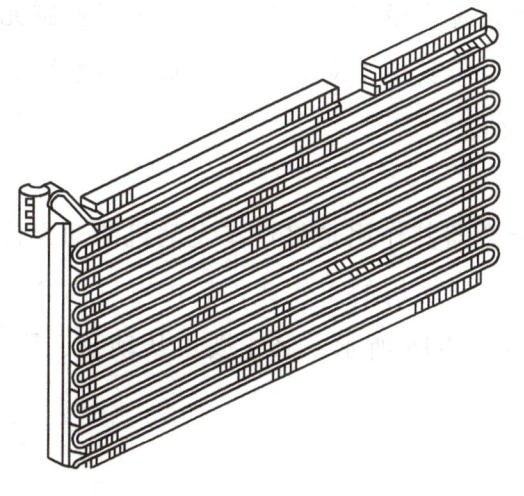

图 7-14　平流式冷凝器的外形

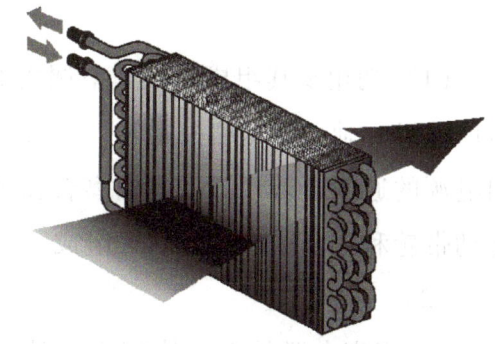

图 7-15　管片式蒸发器的外形

4. 储液干燥过滤器

储液干燥过滤器的作用是储存液态制冷剂，根据制冷剂负荷的需求，随时供给蒸发器，并且对系统中的水分和杂质进行干燥和过滤，即储存制冷剂、过滤杂质和吸收湿气。其主要由储液器、干燥剂、过滤器、观察窗和安全装置等几部分组成，如图 7-16 所示。

5. 膨胀阀

膨胀阀的作用是根据制冷剂负荷、压缩机转速的变化，通过节流作用降低液态制冷剂的压力，以便使液态制冷剂在蒸发器中蒸发成气态，吸收热量，保持车内温度的稳定。其主要有热力膨胀阀、H 形膨胀阀和节流膨胀管等类型，图 7-17 所示为 H 形膨胀阀的构造图和实物图。

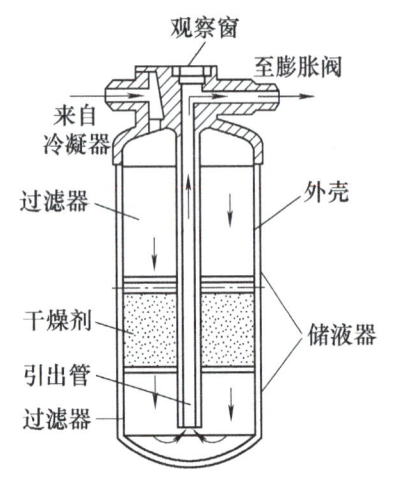

图 7-16　储液干燥过滤器

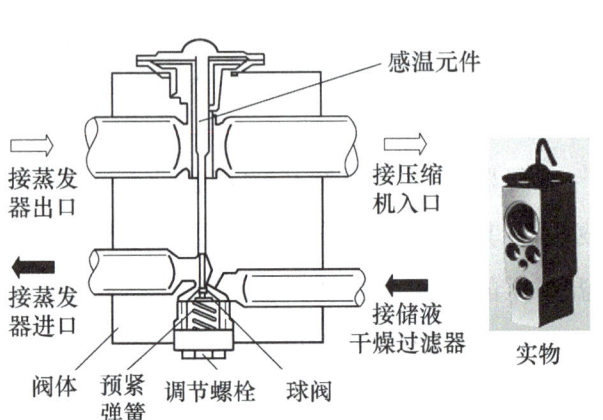

图 7-17　H 形膨胀阀的构造图和实物图

四、汽车空调制冷系统的控制装置

为了保证空调系统能够正常的工作，空调系统中设有一系列电路，用于控制元件和执行机构。主要原理为：通过控制压缩机的工作实现了对温度的控制和对系统的保护，通过对鼓风机转速的控制来调节制冷剂负荷。

1. 电磁离合器

（1）功用及其组成　汽车空调用的电磁离合器其作用是将汽车发动机的动力传递给压缩机主轴，使压缩机运转，完成制冷循环。压缩机的工作或停转由电磁离合器线圈电源的通断进行控制。电磁离合器的结构如图 7-18 所示，其主要由从动盘、压盘、传动带轮和离合器电磁线圈等组成。

（2）工作原理

1）当离合器的电磁线圈无电流通过时，电磁线圈无电磁吸力，在片簧作用下，压力板和带轮分离，带轮空转，发动机的动力不能传给压缩机主轴，压缩机停止工作，如图 7-19 所示。

2）当离合器的电磁线圈有电流通过时，电磁线圈产生电磁吸力，使压力板与带轮吸合，带轮便通过压力板和片簧将发动机的动力传给压缩机主轴，使压缩机工作，如图 7-19 所示。

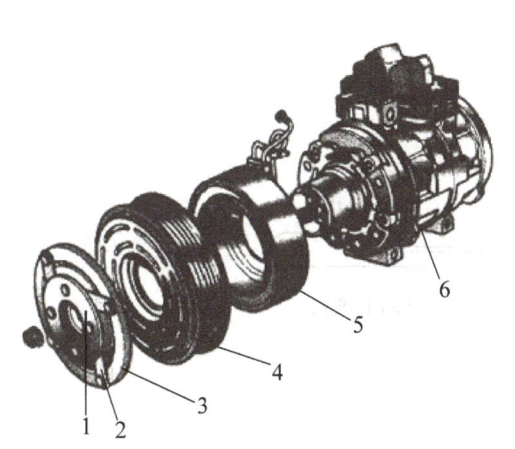

图 7-18 电磁离合器的结构

1—从动盘 2—片簧 3—压盘 4—传动带轮 5—电磁线圈 6—压缩机

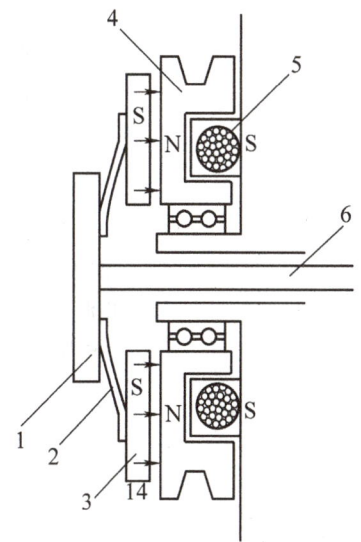

图 7-19 电磁离合器的工作原理示意图

1—从动盘 2—片簧 3—压盘 4—传动带轮 5—电磁线圈 6—压缩机轴

2. 蒸发器温度控制电路

温度控制器又称恒温开关，是一种开关元件，能够感受蒸发器表面的温度，通过自身机构的动作控制压缩机离合器线圈中电流的通断，控制压缩机的工作，起到调节车内温度及防止蒸发器结霜的一种电器控制装置。汽车空调温度控制器可分为机械压力式和电子式两种。

（1）机械压力式温度控制器　机械压力式温度控制器的主要结构如图 7-20 所示，波纹管、感温毛细管和感温包其内部充满感温介质，感温包插入蒸发器翅片中，感受蒸发器表面的温度，它的主要功能是通过感温元件内介质的温度变化，导致波纹管内压力发生变化，致使其伸长或缩短，从而将控制信号传递出去。

机械压力式温度控制器的工作原理如图 7-20 所示。当蒸发器的温度发生变化时，感温包中感温介质的温度也随之发生变化，对应的压力也发生变化，温度升高，压力就增大，推动波纹管中的膜片运动，从而带动机械杠杆机构使触头闭合，电磁离合器线圈通电，压缩机旋转，制冷系统循环制冷，如果车内温度降到设定的温度以下，感温包中感温介质的温度降低，随之压力就减小，在调节弹簧弹簧力的作用下使膜片向相反的方向运动直至复位，使触头脱开，电磁离合器线圈断电，压缩机停止工作。

（2）电子式温度控制器　电子式温度控制器的传感器元件是热敏电阻，安装在蒸发器外侧的正面，用以检测蒸发器的出口温度。热敏电阻有两种：一种电阻具有负感温电阻特性，即温度升高，电阻值下降；另一种具有正感温电阻特性，即温度上升，

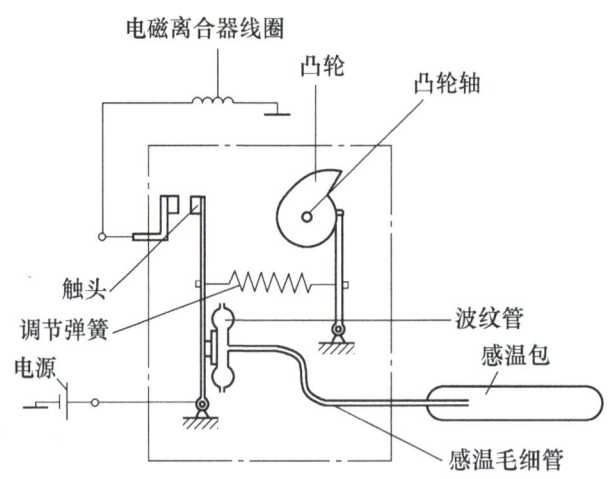

图 7-20 机械压力式温度控制器的工作原理图

电阻值上升。

因为热敏电阻具有结构简单、调节精度高、工作可靠和故障少等优点，所以已被越来越多的车用空调系统所应用，其工作原理图如图 7-21 所示。热敏电阻安装在蒸发器的表面，当蒸发器表面的温度低于某一设定值时，热敏电阻的阻值发生变化，向空调 ECU 输送低温信

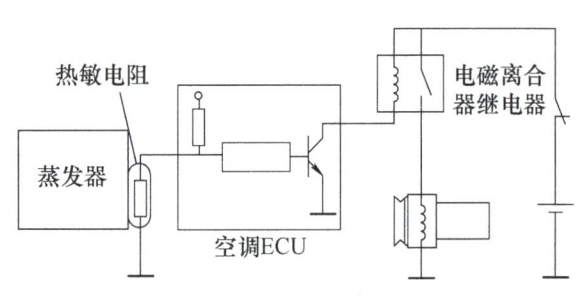

图 7-21 电子式温度控制器的工作原理图

号，空调 ECU 控制继电器切断压缩机电磁离合器电路，使压缩机停转，控制蒸发器温度不低于 0℃。

3. 冷凝器风扇的控制

现在轿车的冷却系统散热器和空调系统的冷凝器采用同一风扇进行冷却。

（1）工作情况　当冷却液温度较低时，风扇不工作；当冷却液温度升高到某一规定值时，风扇以低速运转；当温度进一步升高到另一个设定值时，风扇则以高速运转；当空调制冷系统开始工作时，不管冷却液温度高低，风扇均运转；当系统压力高过一定值时，风扇则以高速运转。

（2）控制方式　通过串联电阻的方式、风扇串联或并联的方式控制风扇的高低速旋转。

（3）控制电路的工作过程　控制电路如图 7-22 所示，工作过程如下：

1）电路中 3 号继电器（常开）只有在空调制冷系统工作时起作用，使冷凝器风扇以低速或高速运转，2 号继电器为双触点继电器，用来控制冷凝器风扇的转速，1 号继电器用于控制散热器风扇。压力开关在空调制冷系统压力高时断开，压力低时接通。冷却液温度开关在冷却液温度低时接通，温度高时断开。

2）当不打开空调时，3号继电器线圈不工作，冷凝器风扇也不工作。如果冷却液温度过高，冷却液温度开关断开，1号继电器线圈断电，触点闭合，散热器风扇运转，加强散热。

3）当打开空调时，3号继电器线圈通电，触点闭合。如果冷却液温度较低，空调系统的压力也较低，2号继电器线圈也通电，常开触点闭合，形成了冷凝器风扇和散热器风扇串联的电路，两个风扇均以低速运转。如果冷却液温度升高或制冷系统

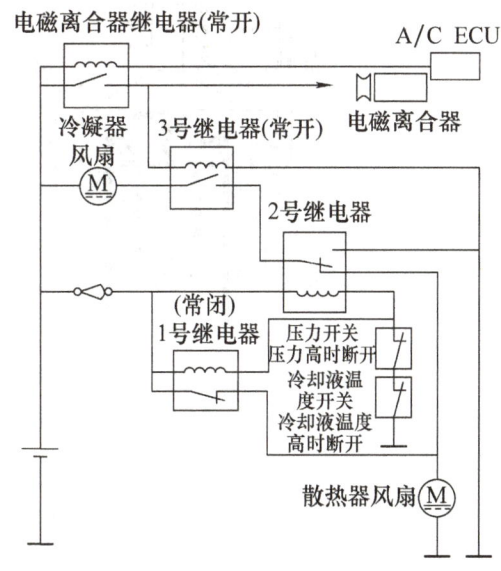

图 7-22　冷凝器和散热器风扇控制电路

内压力增大，压力开关或冷却液温度开关切断2号和1号继电器的线圈电路，2号继电器的常闭触点闭合，1号继电器的触点接通，将冷凝器风扇和散热器风扇连接成并联电路，两个风扇均以高速运转。

4. 压力开关

压力开关也称为压力控制器，分为高压开关和低压开关两种，安装在制冷系统的高压侧管路储液干燥过滤器的附近管路上。当制冷剂压力出现异常时，使冷凝器风扇高速旋转，或者迅速切断电磁离合器电路，而使压缩机停止工作，待压力恢复后，压缩机又开始正常工作，使制冷系统不受损坏。

（1）高压开关　高压开关是为了防止制冷剂填充过多，冷凝器散热又不好，造成压力过高，产生管路爆裂。高压开关的切断压力和触头恢复闭合压力因车型而异，切断压力一般在 2.1~3.0MPa 范围内，触头闭合恢复压力为 1.6~1.9MPa。

高压开关用于控制冷却风扇继电器的工作，使冷却风扇高速转动，加速冷却液和制冷剂的冷却，其构造如图 7-23a 所示。

（2）低压开关　低压开关也称为制冷剂泄漏检测开关，其作用是当气体泄漏、压力降低时，切断电磁离合器电源，以免烧坏压缩机。低压开关的切断压力一般在 0.08~0.11MPa 范围内，而触点闭合恢复压力为 0.23~0.29MPa，其构造如图 7-23b 所示。

低压开关一般与压缩机电磁离合器电路串联。

5. 鼓风机转速的控制电路

鼓风机的转速通过在鼓风机电路中串入不同的电阻来实现。如图 7-24 所示，在电路中串入三个电阻，通过开关控制，实现了鼓风机四个转速的调节控制。

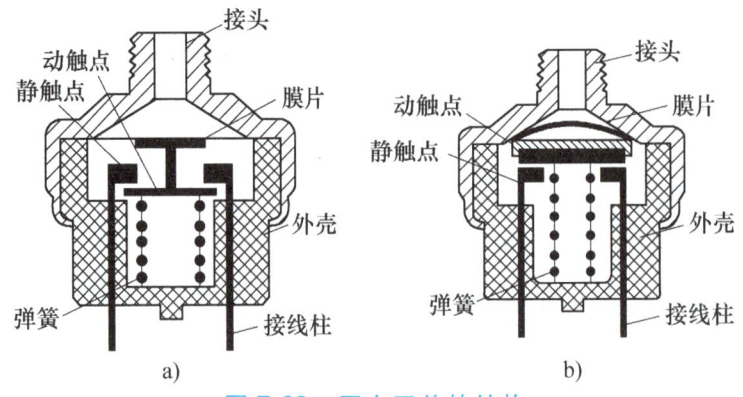

图 7-23 压力开关的结构

a）高压开关　b）低压开关

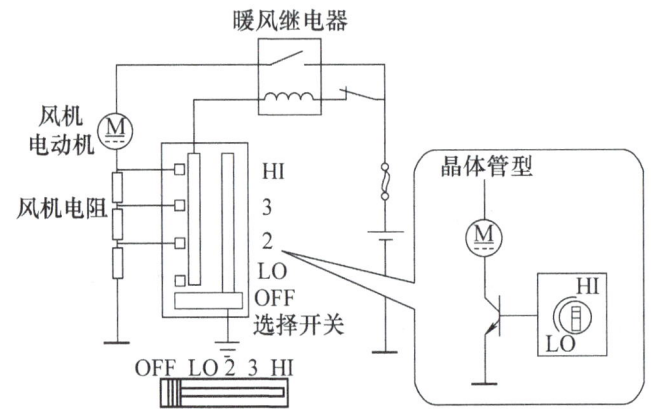

图 7-24 鼓风机转速的控制电路

6. 发动机怠速控制

当发动机处于怠速运转开启空调制冷系统时，其工作过程如图 7-25 所示，空调制冷控制开关 A/C 信号经空调 ECU 发送至发动机 ECU，发动机 ECU 接收到空调 ECU 发来的信号后，将怠速控制阀在原来基础上自动增加一定的开启幅度，使发动机进气量增加，转速稍有提高，发动机的输出功率提升，避免了因发动机转速下降而熄火的现象。

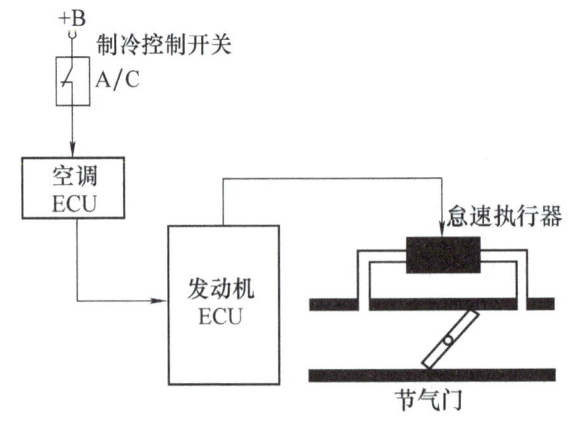

图 7-25 发动机怠速控制电路

任务计划

通过课前预习，分组讨论，制订任务计划，填入表 7-3 中。

表 7-3 任务计划表

工具及设备准备			
任务实施流程	检修项目	操作步骤	检修主要内容
	空调压缩机的拆装	传动带的拆卸	
		压缩机的拆卸	
		电磁离合器的拆检	
		按照相反顺序安装压缩机	
	冷凝器的拆检	冷凝器识别	
		冷凝器检测	
	蒸发器的拆检	蒸发器识别	
		蒸发器检测	
	膨胀阀的拆检	膨胀阀识别	
		膨胀阀检测	
	空调压力开关的拆检	压力开关识别	

任务实施

一、开启新捷达空调试验台架，进行如下观察

指出新捷达空调试验台架制冷系统各部件的名称，填写表 7-4。

表 7-4 制冷系统各部件的名称

标号	名称	安装位置	标号	名称	安装位置
1			5		
2			6		
3			7		
4			8		

二、拆装空调压缩机传动带

1. 拆卸（图 7-26）

1) 用内六角扳手旋松空调压缩机下方的两个联接螺栓（箭头 B）。

2) 沿顺时针方向旋转传动带张紧调节螺栓（箭头 A）直至传动带放松。

3) 用套筒扳手将传动带沿带轮上部从汽车前进的方向脱出。

4）如更换传动带，应该拆卸发动机前悬架装置；如仅拆卸空调压缩机，可不拆卸发动机前悬架装置。

2. 安装（图 7-27）

1）将传动带套在带轮上，注意安装方向。

2）用套筒扳手沿顺时针方向旋转调节螺栓（箭头所示），直至传动带张紧。

3）用拇指按压传动带中部，变形量为 5~10mm 即可。

4）用扭力扳手将空调压缩机下方的两个联接螺栓拧紧，力矩为 40N·m。

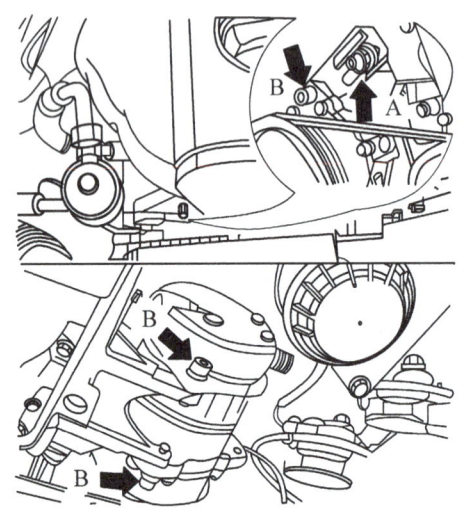

图 7-26 空调压缩机传动带的拆卸

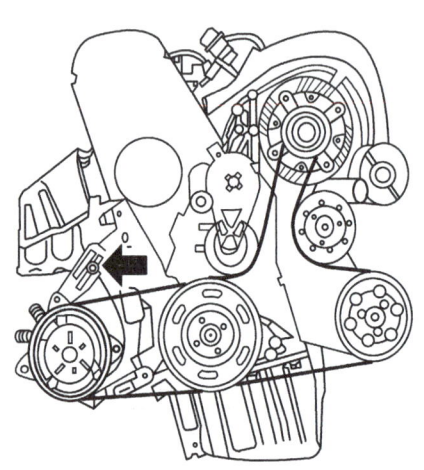

图 7-27 空调压缩机传动带的安装

三、空调压缩机的拆卸与安装

1. 空调压缩机的拆卸

1）拆卸空调压缩机上高、低压连接管路，并且封闭管口，防止异物侵入。

2）拔下电磁离合器线束插头。

3）拆下压缩机传动带。

4）将整车举升到适当高度，如图 7-28 所示，旋出压缩机紧固螺栓，从压缩机支架上取下空调压缩机。

2. 空调压缩机的安装

按照与拆卸空调压缩机相反的顺序进行安装。

1）用扭力扳手以规定的力矩拧紧紧固螺栓。

2）更换高、低压管的密封圈。

3）根据情况补充制冷剂。

4）必须使离合器多楔带带轮、发动机带轮的带槽处在同一平面内。

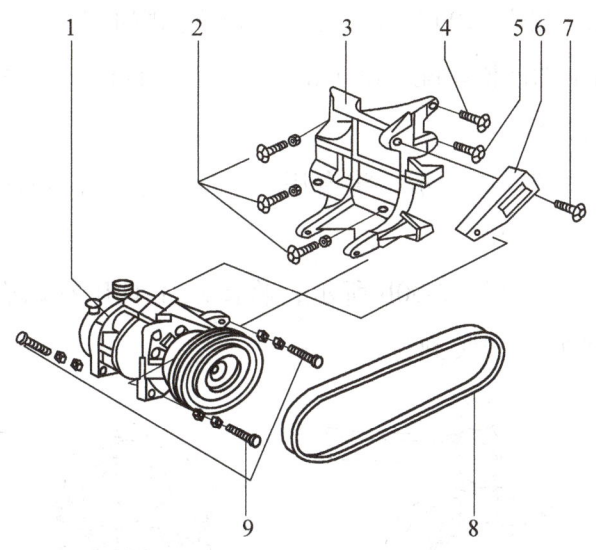

图 7-28 拆卸压缩机

1—空调压缩机　2—六角组合螺栓（40N·m）　3—压缩机支架　4—带肩六角螺栓（40N·m）
5—内六角头螺栓（40N·m）　6—传动带张紧支架　7—传动带张紧调节螺栓　8—压缩机传动带
9—压缩机紧固螺栓（内六角组合螺栓）（40N·m）

四、电磁离合器的拆装、检测

1. 电磁离合器的拆卸

1）拆卸空调压缩机的压盘，如图 7-29a 所示，用扭力扳手拆卸螺母，取出压盘。

2）拆卸内部轴承卡环，如图 7-29b 所示，用卡簧钳将轴承卡环取出。

3）用专用两爪拉拔器拆卸带轮，如图 7-29c 所示。

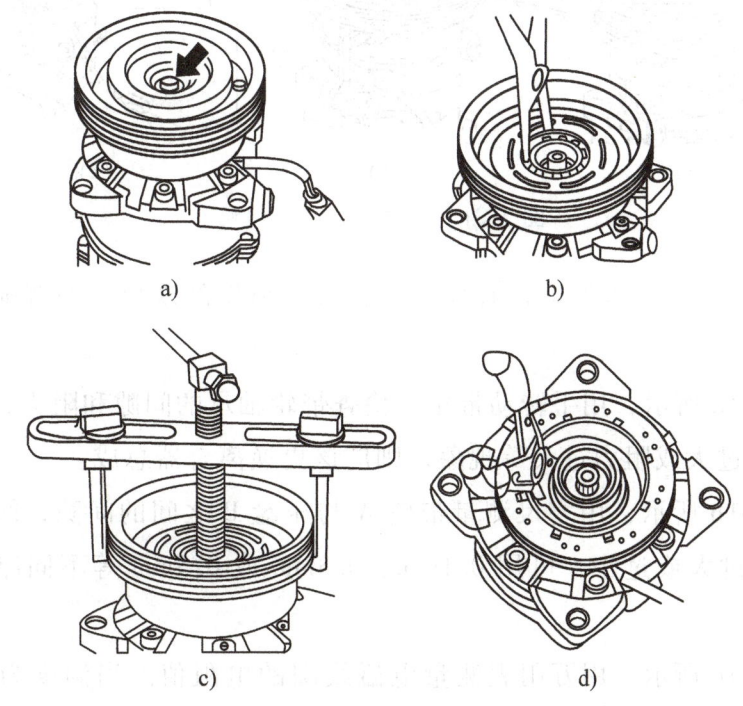

图 7-29 电磁离合器的拆卸

191

4)拆卸前盖挡圈,如图7-29d所示,用卡簧钳将挡圈取出。当安装电磁线圈时,线圈的凸缘应与压缩机前盖上的凹槽相配,以防止线圈移动,同时,应该正确放置导线。

2. 电磁离合器的安装

1)安装转子。如图7-30a所示,将专用工具组合使用,并且置于中心部位,用锤子轻击四周,使转子安装到位。

2)安装离合器吸盘。如图7-30b所示,将图示工具压在离合器吸盘中心孔部位,用锤子轻击,使离合器吸盘安装到位。

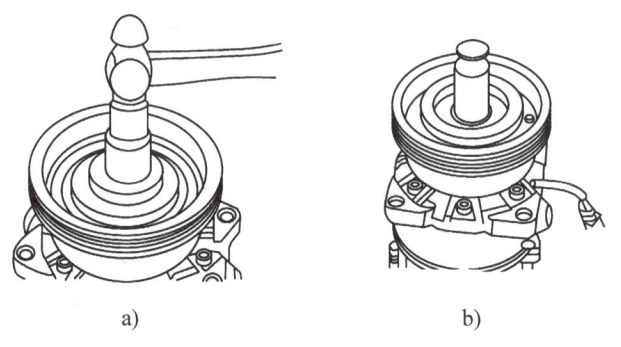

图7-30 电磁离合器的安装

3. 电磁离合器的检修

如图7-31所示,对电磁离合器进行检修,并将检测结果填入表7-5中。

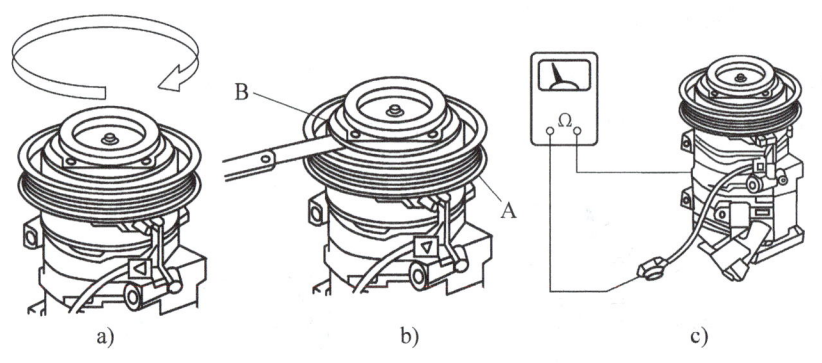

图7-31 电磁离合器的检修

1)检查电磁离合器压盘是否有变色、剥落和损伤的现象。如有损坏,应该更换电磁离合器总成。

2)如图7-31a所示,用手转动带轮,检查带轮轴承的间隙和阻力,若转动时出现噪声过大、间隙过大或阻力过大等现象,则应该更换离合器总成。

3)如图7-31b所示,用塞尺测量带轮A与压盘B之间的间隙,间隙应为0.35~0.6mm。若间隙过大或过小,可用0.1mm、0.3mm或0.5mm等不同厚度的垫片加以调整。

4)如图7-31c所示,用万用表测量电磁线圈的电阻值。当温度为20℃时,其电阻值为4~5Ω,若电阻值不符合要求,则应该更换电磁线圈。

表 7-5 电磁离合器的检测表

检 测 项 目	检 测 结 果	处 理 方 法
电磁离合器压盘表面损毁情况		
带轮轴承磨损情况		
带轮与压盘之间间隙大小		
电磁线圈电阻		

五、冷凝器的拆装、检测

1. 冷凝器的检测

1）用检漏仪检测冷凝器总成泄漏的情况。

2）若检查时发现压缩机排气压力过高，不能正常制冷，导管外部有结霜和结冰的现象，说明冷凝器导管内部脏堵或外部折瘪。

3）若检查时发现冷凝器散热不良，说明冷凝器导管及翅片外表有污垢和残渣。

2. 冷凝器的拆卸

1）用回收加注机抽空系统制冷剂。

2）拆下蓄电池负极接线柱。

3）拆下电动风扇插头，拆下电动风扇总成。

4）放掉散热器中的冷却液，拆下散热器进、出水管，水管端口用面纱塞住，以防冷却液溢出。

5）拆下散热器。

6）拆下冷凝器至储液干燥过滤器之间的连接管路，封闭管口，以防止异物进入。

7）拆下冷凝器至空调压缩机之间的连接管路，封闭管口，以防止异物进入。

8）拆下前保险杠托架，旋出 4 个螺栓，拆下导向件。

9）旋出紧固螺栓，取下冷凝器。

3. 冷凝器的检修方法

1）若是冷凝器外表脏污造成散热片被堵塞，应该用水清洗，或用压缩空气吹净。维护时，应该注意不要损伤散热片，如发现散热片弯曲，使用螺钉旋具或手钳加以矫正，不必拆卸冷凝器。

2）若是冷凝器散热风扇的问题，可直接检测风扇。

3）若是冷凝器漏气或内部脏堵，应该拆开冷凝器出、入口的接头，并且封闭管路。

4）若是冷凝器泄漏，可在泄漏处焊补。

5）若是冷凝器导管内部脏堵或导管外部折瘪，可将该处剖开修理，然后进行焊补或更换总成。

6）当修理完毕装配时，注意区分出口、入口，切勿接错，并且要加入一定量的冷冻油。

4. 冷凝器的安装

冷凝器的安装顺序与拆卸时的顺序相反。

六、蒸发器的拆装、检查

1. 蒸发器的检查

1）检查蒸发器外表面是否有积垢和异物。
2）检查蒸发器是否损坏。
3）用检漏仪检测是否泄漏。
4）观察排气管路是否洁净和畅通。

2. 蒸发器的拆卸步骤

1）拆卸副驾驶人侧的储物箱。
2）拆卸仪表板。
3）拆卸进风罩。
4）旋出紧固螺母（图7-32中A所示），拆下蒸发器至压缩机之间的连接管路，封住已经拆下的管子端口。
5）旋出紧固螺母（图7-32中B所示），拆下储液干燥过滤器至蒸发器之间的连接管路，封住已经拆下的管子端口。

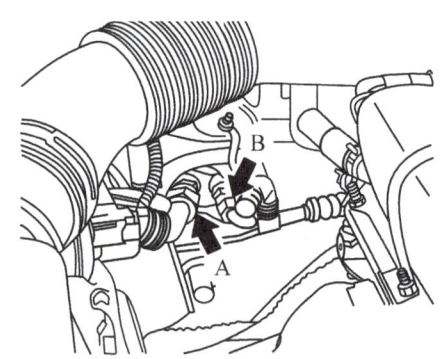

图7-32 蒸发器管路的拆卸

6）拆下联接螺栓（图7-33）。
7）拔下感温管插头，小心取出蒸发器（图7-34）。

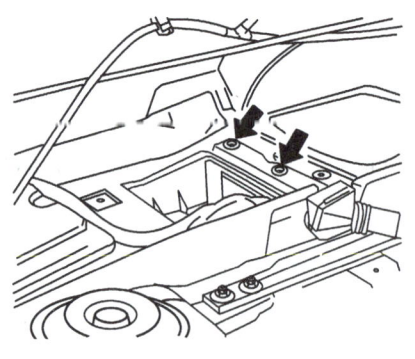

图7-33 蒸发器联接螺栓

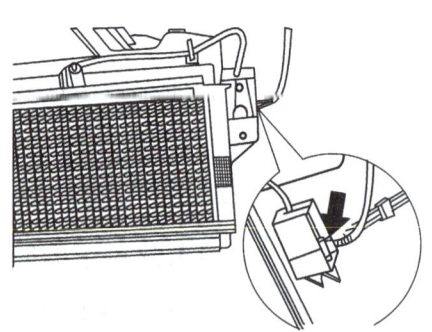

图7-34 蒸发器感温管插头位置

3. 蒸发器的检修方法

1）清除外表面积垢和异物。

2）清洁排气管路，并且清除积聚在底板的水分。

3）如有泄漏，应该对泄漏处进行焊补。

4. 蒸发器的安装

蒸发器的安装顺序与拆卸时的顺序相反。

七、膨胀阀的拆装、检测

1. 膨胀阀的拆卸

膨胀阀的安装位置如图 7-35 所示，当拆装膨胀阀时应该按以下步骤进行：

1）拆下蒸发器。

2）旋出螺栓（图 7-36 中箭头 A 所示），拆下固定块。

3）拆下蒸发器上的高、低压管（图 7-36 中箭头 B 所示）。

4）从蒸发器上拆下膨胀阀（图 7-36 中箭头 C 所示）。

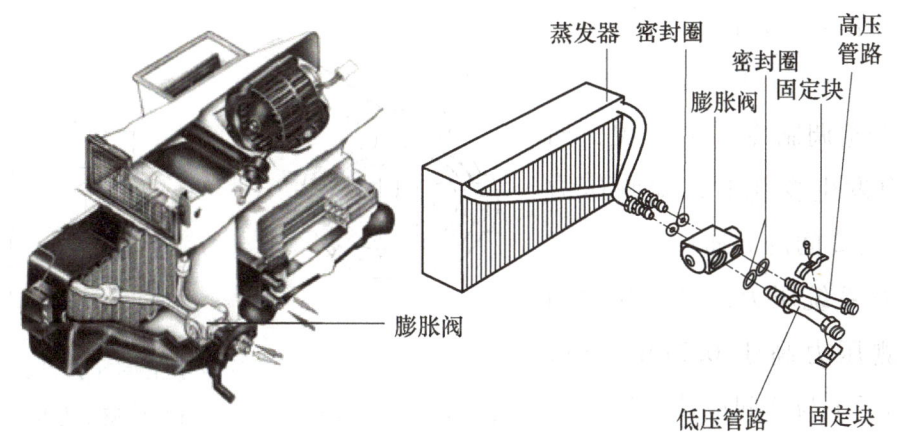

图 7-35　膨胀阀的安装位置

2. 膨胀阀的安装

膨胀阀的安装顺序与拆卸时的顺序相反。

3. 蒸发器感温管插入技术规范（安装技术要求如图 7-37 所示）

1）通过支架插入感温管。

2）插入位置：$a=150mm$，$b=130mm$。

3）插入深度：85mm。

4. 膨胀阀的检修

膨胀阀的常见故障是发生冰堵或脏堵、阀口关闭不严、滤网堵塞及感温管泄漏。若发生冰堵、脏堵或滤网堵塞的现象，应该及时对膨胀阀清理后，再对制冷系统做重新抽真空、加注制冷剂处理；若膨胀阀发生阀口关闭不严、感温管泄漏，应该更换膨胀阀后做重新抽真空、加注制冷剂处理。

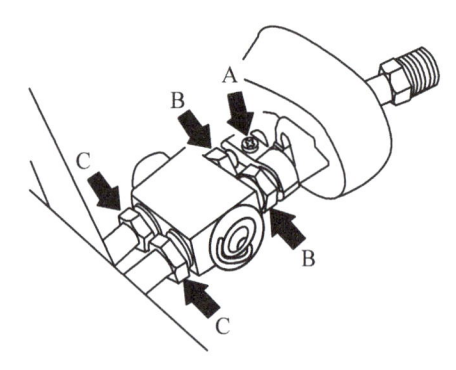

图 7-36 膨胀阀的拆卸

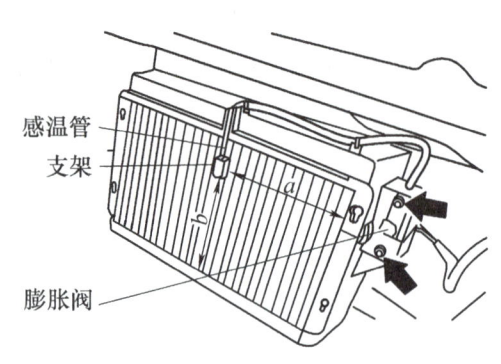

图 7-37 蒸发器感温管的安装位置

八、空调压力开关的检测

将歧管压力表组件和软管接到高、低压检测阀上，起动发动机，使发动机的转速在 2000r/min 运转，用万用表检测压力开关的工作情况。桑塔纳 2000 轿车空调压力开关插接器如图 7-38 所示。

1. 低压开关的性能检测

1) 打开空调制冷 A/C 开关，当制冷剂压力发生变化时，检测压力开关端子 1 与 2 间的导通性。

2) 观察系统压力，当系统中制冷剂低压侧压力高于 0.21MPa 时，低压开关端子 1 与 2 间应该接通；否则说明性能不良，应该予以更换。

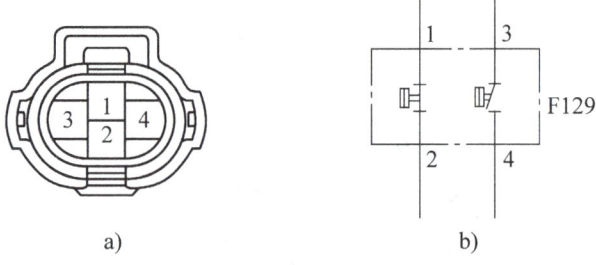

图 7-38 桑塔纳 2000 轿车空调压力开关插接器

a) 空调压力开关插接器外形　b) 空调压力开关内部电路

3) 低压开关的触头，在没有压力的作用下是常开的。用万用表测量其两个接线端，如果性能正常，应该是断路，否则说明性能不良。

2. 高压开关的性能检测

1) 打开空调制冷 A/C 开关，制冷剂压力发生变化时，检测压力开关端子 4 与 3 间的导通性。

2) 用纸板挡住冷凝器散热，其温度会逐渐升高，观察系统压力，当高压侧压力升至 1.77MPa 时应该导通，风扇高速运转；当高压侧压力降至 1.37MPa 时应不导通，风扇又恢复低速运转。如果导通情况不符合要求，说明压力开关的性能不良，应该予以更换。

任务测评

按照表 7-6 的要求对本次任务的完成情况进行任务测评。

表 7-6　任务测评表

评价项目		评 价 标 准	配分	得分
专业知识技能	40分	能正确识别制冷系统的组成及其各主要元件功用	5	
		能拆装空调压缩机传动带、空调压缩机	5	
		能对电磁离合器拆装和检测	10	
		能对冷凝器、蒸发器、膨胀阀拆装和检修	10	
		能对空调压力开关检测	10	
任务完成情况	40分	任务完成的情况（圆满完成、基本完成、未完成）	15	
		任务完成的质量（优秀、良好、不及格）	15	
		在小组完成任务过程中所起的作用（主要、协助、未参与）	10	
职业素养	20分	能够积极主动参与学习	10	
		能够与小组成员团结协作	5	
		能够服从工位安排，执行实训室"6S"的管理规定	5	
综合评议				

任务练习

1. 汽车空调制冷系统工作循环包括_____、_____、_____、_____四个过程。
2. 汽车空调系统常用的制冷剂有_____、_____两种类型。
3. 空调制冷系统的控制装置分为_____、_____、_____、_____、_____、_____六个方面。
4. 担任压缩机动力分离与结合的组件为_____。
5. 用塞尺测量带轮与压盘之间的间隙，正常间隙约为_____。
6. _____的作用是经过风扇和空气的冷却，制冷剂变为高温高压液态。
7. 蒸发器中的制冷剂为_____态。

任务三　制冷系统工作状态的检查

任务目标

1. 理论目标
掌握对汽车空调制冷系统运转状况的检测内容、具体检测方法及其步骤。

2. 技能目标
具有对汽车空调制冷系统直观检测的能力，具有对制冷剂量进行正确检测的能力，具有对冷冻油量正确检测的能力，具有对制冷系统泄漏状况进行正确检测的能力。

3. 素养目标

养成积极主动的学习态度；严格遵守岗位操作规程，确保工具、设备和自身的安全；具有良好的团队协作精神和较高的组织沟通能力；树立"6S"的管理理念。

任务准备

一、汽车空调系统直观检查方法

对空调制冷系统采取耳听、目视和手摸的方法进行直观检查。

1. 耳听检查法

首先听取使用人员对故障现象的描述，然后设备有无不正常噪声。主要听压缩机附近是否有非正常的响声。如果有，检查压缩机的安装情况和压缩机内部零件是否损坏；将鼓风机开至中、高档，听鼓风机处是否有杂音，检查鼓风机运转是否正常，若有异常，找出原因，予以排除。

2. 目视检查法

主要查看下列元件表面情况，并做出相应的处理。

检查压缩机安装是否牢固，压缩机驱动带是否有歪斜和破损等情况，同时要求压缩机传动带松紧度合适（可用两个手指压传动带中间部位，能压下7~10mm为宜）。

检查冷凝器表面是否脏污、变形，与散热器之间是否有杂物，应定期清理杂物。

检查蒸发器和空气过滤网是否干净并通风良好，应定期清理。

检查制冷系统管路、接头及组件表面有无油迹，若有油迹，则是制冷剂出现渗漏，应及时检修，检查制冷管路是否有擦伤或变形等。

3. 手摸检查法

开启空调制冷系统，待压缩机运转15~20min之后，进行如下操作：

用手感觉车厢冷气栅格吹出的冷风凉度及风量大小。冷风凉度大、风量与鼓风机速度相适应。

用手触摸压缩机的进、排气管的温度，两者应"一凉一热"，有明显的温差，否则说明制冷系统有故障。

用手感觉冷凝器的进管和出管两者温度。当后者温度低于前者为正常，若两者温度相差不大，甚至相同，说明冷凝器有故障。用手触摸储液干燥过滤器前后管道的温度，当两者温度一致为正常，否则说明储液干燥过滤器存在堵塞现象。用手触摸感觉膨胀阀前面的管道与出口温差，应有很大的温差，否则说明膨胀阀出现故障。

二、对制冷剂量进行检查的方法

利用透视玻璃窗检查法、系统压力检测法对制冷剂数量进行检查，分析判断空调系统的工作情况。

1. 利用透视玻璃窗法对制冷剂数量进行检查

低速运转发动机，将调温旋钮转于最冷位置、鼓风机控制开关置于最高位置、进气控制开关置于内循环位置、打开空调 A/C 开关，使发动机在 1500r/min 转速运转，将风扇转于高速，运转 5min 左右，通过储液干燥过滤器玻璃观察窗口观看制冷剂流动情况，如图 7-39 所示。

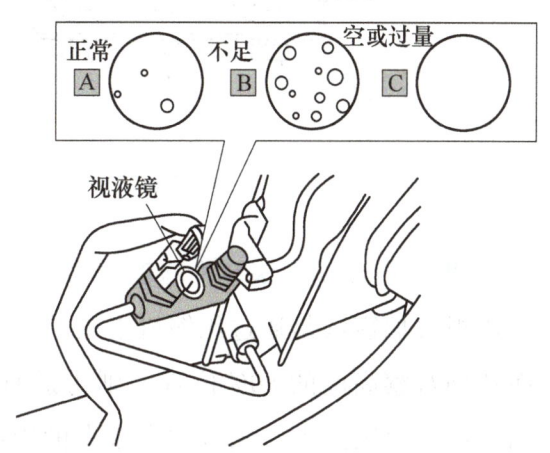

图 7-39 通过透视玻璃窗检查制冷剂

1）透视玻璃窗孔内呈透明，转速稳定时无气泡，转速变化的瞬间，偶尔出现气泡，关闭空调后随即起泡，然后渐渐消失；压缩机进出口两侧有温差，高压侧热，低压侧凉，说明制冷剂量适中。

2）若看不到气泡，高低压侧温差明显，即使环境温度在 20℃ 以上，关闭空调后仍无气泡出现，说明制冷剂加注过量，应放出多余的制冷剂。

3）若看到间断而微量的气泡，高低压两侧温差较小，说明制冷剂储量不足，要检查是否有泄漏之处，并补足制冷剂。

4）若看到连续不断的气泡，高低压两侧几乎无温差，说明制冷剂严重不足。当制冷剂接近于零时，气泡消失，而出现类似雾状的油沫流动，就及时检漏、修理、抽真空和添加制冷剂。

2. 利用系统压力检测法对制冷剂数量进行检查

1）如图 7-40 所示，将歧管压力表组的高、低压手动阀关闭，然后将压力表组的高、低压软管分别连接到系统的高、低压检修阀上，排除压力管内的空气。

2）启动空调系统，待压力表指示稳定后即可读取压力值。压力值应符合下列规定。若高低压侧压力均低，则说明制冷剂不足，应添加；若均高于规定值，则说明制冷剂过量，应适当释放制冷剂。

3）R134a 空调系统压力正常范围：低压侧为 0.15~0.25MPa，高压侧为 1.37~1.57MPa。

三、对冷冻油数量的检查方法

通常冷冻油油量的检查方法有透视玻璃窗法和观察油尺法。

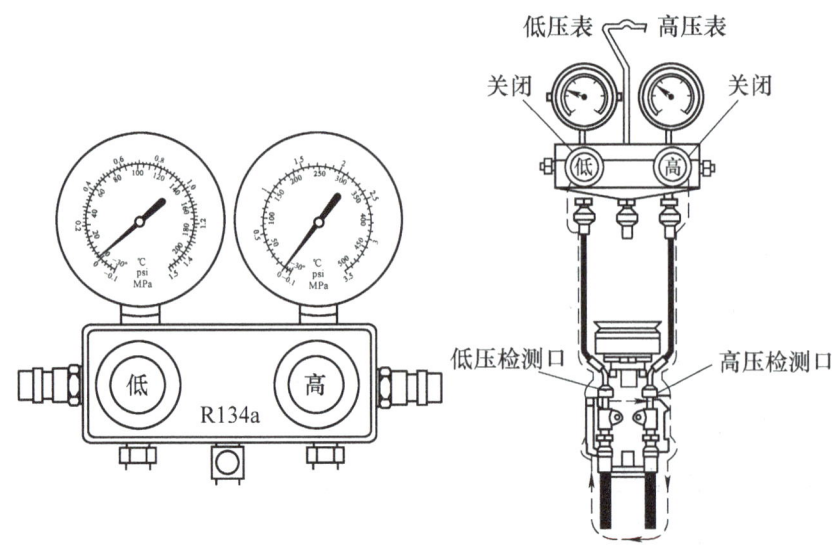

图 7-40　空调压力表组及系统检测方法

1. 用透视玻璃窗法对冷冻油数量进行检查

透视玻璃窗法是通过压缩机上安装的透视玻璃观察冷冻油油量，若压缩机冷冻油油面达到观察高度的 80% 位置，则为适宜；若油面在此界限之下，则应添加冷冻油；若油面在此界限之上，则应放出多余的冷冻油。

2. 用观察油尺法对冷冻油数量进行检查

对未装视镜玻璃的压缩机可用油尺检查其油量。检查时，应先旋下压缩机上的油塞，再将油塞下面装有的油尺拔出进行检查。有的压缩机没有油尺，需要另外用专用油尺插入检查。观察油尺上油面的位置是否在规定的上下线之间，否则应酌情添加冷冻油（或放掉多余的冷冻油）。

四、对制冷系统进行泄漏检查的方法

对制冷系统采用目视检漏法、皂泡检漏法、电子检漏仪检漏法、抽真空检漏法检查有无制冷剂泄漏的现象。

1. 对制冷管路进行目测，检查有无泄漏

用肉眼查看制冷系统（特别是制冷系统的管接头）各部位是否有冷冻油渗漏痕迹的一种检查泄漏方法。因为制冷剂通常与冷冻油互溶，所以在泄漏处必然也带出冷冻油，因此，制冷系统管道有油迹的部位就是泄漏处。此方法能准确查找出泄漏较严重的位置。

2. 用肥皂泡对制冷系统进行检漏

对于施加了压力的制冷系统，用毛刷肥皂水涂抹在检查部位，查看被检查部位是否有气泡产生的一种检查泄漏方法。若被检查的部位有气泡产生，则说明这个部位是

泄漏处（点）。此方法能查找出泄漏的准确部位，但操作麻烦，使用此方法应细致认真。

3. 用电子检漏仪对制冷系统进行检漏

使用时，手持电子检漏仪，移动寻漏软管，将探头依次放在各接头下侧、密封件和控制装置部位；当电子检漏仪发出报警时，即表明此处存在泄漏。电子检漏仪在小空间范围内使用效果较好，如蒸发器等部位。检查泄漏时，空调鼓风机应低速档运转。使用中探头与制冷剂的接触时间不应过长，严禁电子检漏仪探头直接对准制冷剂气流或严重泄漏的地方，以免损坏电子检漏仪的敏感元件。空调电子检漏仪实物如图 7-41 所示。此方法能查找出微小泄漏的准确部位，方法简单。

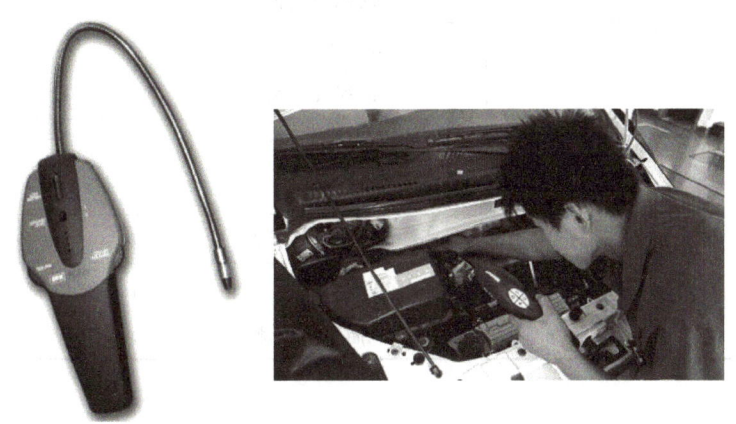

图 7-41　空调电子检漏仪实物

4. 对制冷系统进行抽真空检漏

通过做气密性试验法进行检漏，是对制冷系统抽真空以后，保持一段时间（至少 60min），观察系统中的真空压力表指针是否移动（即指针是否发生变化）的一种检漏方法。此方法只能确定系统是否泄漏，如要查找具体泄漏位置还需以上检漏方法。真空泵实物、抽真空连接管路如图 7-42 所示。

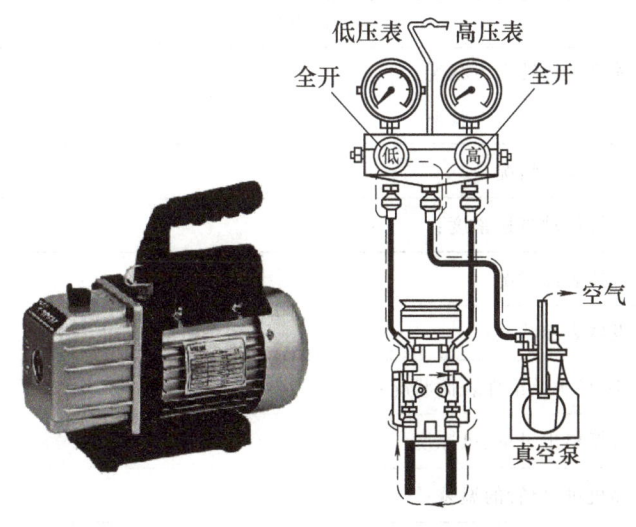

图 7-42　真空泵实物，抽真空连接管路

任务计划

通过课前预习，分组讨论，制订任务计划，填入表 7-7 中。

表 7-7 任务计划表

工具及设备准备			
任务实施流程	检修项目	操作步骤	检修主要内容
	直观检测制冷系统	耳听	
		目视	
		手摸	
	检查制冷剂量	透视玻璃窗法	
		系统压力检测法	
	检测冷冻油油量	透视玻璃窗法	
		观察油尺法	
	检测制冷系统	目视	
		用肥皂泡检测	
		电子检漏仪检测	
		抽真空检测	

任务实施

一、开启新捷达和长城汽车空调实验台的制冷系统，对其进行直观检查

对空调制冷系统采取耳听、目视、手摸的方法进行直观检查，将检查到的结果、判断处理结果填入表 7-8 中。

表 7-8 直观检查情况表

检查方法	检查结果	处理措施
耳听检查法	压缩机及运转噪声状况：	
	鼓风机及运转噪声状况：	
目视检查法	压缩机安装情况：	
	压缩机传动带松紧度：	
	冷凝器表面状况：	
	蒸发器表面状况：	
	管路、接头及组件表面状况：	
手摸检查法	冷气栅格出风量、风凉度：	
	压缩机进、出管的温差：	
	冷凝器进、出管的温差：	

二、对制冷剂数量进行检查

用透视玻璃窗法和系统压力检测法对制冷剂数量进行检查,将检查结果填入表 7-9 中。

表 7-9 制冷剂数量检测

检查方法	检查结果	处理措施
透视玻璃窗法		
系统压力检测法		

三、对冷冻油数量进行检查

检查压缩机中冷冻油数量,将结果填入表 7-10 中。

表 7-10 冷冻数量检测

检查方法	检查结果	处理措施

四、对制冷系统进行泄漏检查

对制冷系统采用目视检漏法、皂泡检漏法、电子检漏仪检漏法、抽真空检漏法检查有无制冷剂泄漏的现象,并将检查结果填入表 7-11 中。

表 7-11 制冷剂数量检测

检查方法	检查结果	处理措施
用目视检漏法		
皂泡检漏法		
电子检漏仪检漏法		
抽真空检漏法		

任务测评

按照表 7-12 的要求对本次任务的完成情况进行任务测评。

表 7-12 任务测评表

评价项目		评价标准	配分	得分
专业知识技能	40 分	能够正确对汽车空调制冷系统直观检查	10	
		能够对制冷剂量进行正确的检查	10	
		能够对冷冻油油量进行正确的检查	10	
		能够对制冷系统泄漏情况进行正确的检查	10	

笔记栏

(续)

评价项目		评 价 标 准	配分	得分
任务完成情况	40分	任务完成的情况(圆满完成、基本完成、未完成)	15	
		任务完成的质量(优秀、良好、不及格)	15	
		在小组完成任务过程中所起的作用(主要、协助、未参与)	10	
职业素养	20分	能够积极主动参与学习	10	
		能够与小组成员团结协作	5	
		能够服从工位安排,执行实训室"6S"的管理规定	5	
综合评议				

任务练习

1. 对空调制冷系统进行检查,可采取_____、_____、_____的方法。

2. 对制冷系统制冷剂量的检查有_____法、_____法。

3. 对冷冻油数量的检查方法有_____法、_____法。

4. 对制冷系统管路泄漏的检查方法有_____、_____、_____和_____四种方法。

5. 在使用电子检漏仪时,不允许把探头直接对准_____、_____的地方,以免损坏探头。

任务四 制冷剂的加注

任务目标

1. 理论目标

掌握汽车空调制冷系统加注制冷剂、冷冻油的方法和步骤。

2. 技能目标

具有对汽车空调制冷系统正确加注制冷剂和冷冻油的能力。

3. 素养目标

养成积极主动的学习态度;严格遵守岗位操作规程,确保工具、设备和自身安全;具有良好的团队协作精神和组织沟通能力;树立"6S"的管理理念。

一、压缩机冷冻油

空调压缩机使用的润滑油被称为冷冻油或冷冻机油，它是一种在高、低温工况下均能正常工作的特殊润滑油，其作用为：润滑、冷却、密封、降低压缩机噪声。冷冻油在空调制冷系统中能完全溶解于制冷剂中，并随制冷剂一起在制冷系统中循环。

二、制冷剂的加注

制冷剂的加注分为两种情况：一种情况是当制冷系统内的制冷剂不足时，在确认系统无泄漏后，进行加注，称为补充加注；另一种情况是当制冷系统更换了零件或系统内制冷剂全部漏光后，进行加注，称为完全加注。补充加注应采用从制冷系统的低压端加注的方法，属于完全加注的其中一个过程。

 任务计划

通过课前预习，分组讨论，制订任务计划，填入表7-13中。

表7-13　任务计划表

工具及设备准备			
任务实施流程	检修项目	操作步骤	检修主要内容
	加注冷冻油	直接加入法	
		真空吸入法	
	抽真空	连接表组与制冷系统	
		抽真空	
		保压	
	加注制冷剂	高压端加注	
		开启空调制冷系统	
		低压端加注	

 任务实施

一、加注冷冻油

加注冷冻油一般在系统抽真空之前进行，分为直接加入法和真空吸入法。

1. 直接加入法

直接加入法是将冷冻油从压缩机的旋塞口直接倒入即可。

2. 真空吸入法

1）如图 7-43 所示，将歧管压力表组连接到制冷系统中，用真空泵将系统抽真空到 -0.01MPa。

2）关闭真空泵，准备一带刻度的量杯并装入稍多于所添加量的冷冻油，关闭高压手动阀门及管路高压辅助阀门，将高压软管一端从歧管压力表组上卸下，并插入量杯中，如图 7-43 所示。

3）打开高压辅助阀门，油从量杯内被吸入系统，当油面到达规定刻度时，立即关闭高压端辅助阀门。将软管与歧管压力表组连接，打开高压手动阀门，启动真空泵，先对高压软管抽真空，然后打开辅助阀门对系统抽真空。

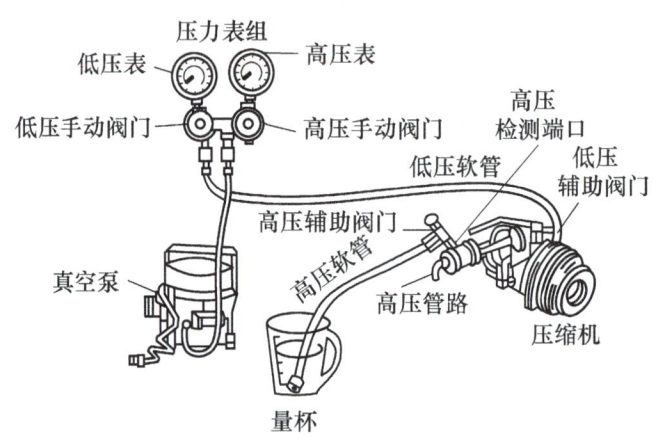

图 7-43 真空吸入法加注冷冻油示意图

二、制冷剂的加注

对汽车制冷系统完全加注制冷剂分为抽真空、密封性检查和加注制冷剂三个过程。

1. 抽真空

抽真空的目的是排除制冷系统内残留的空气和水分，同时也可检查系统的密封性。抽真空的具体操作过程如下：

1）将压力表组的两根高、低压软管分别与系统的高、低压辅助阀门相连接，将其中间维修软管与真空泵相连接，如图 7-43 所示。打开歧管压力表上的高、低压手动阀门，启动真空泵，观察低压表的指针，应该有真空显示。

2）真空泵工作 15min 后，低压表指针应在 -0.02～-0.01MPa 范围内。如果达不到此数值，应关闭高、低压手动阀门，观察低压表的指针，如果指针上升，说明真空有损失，系统有泄漏点，应停止抽真空操作，修复后才能继续抽真空。当系统压力接近真空时，关闭高、低压手动阀门，保压 5～10min。如低压表指针不动，则打开高、低压手动阀门开启真空泵，继续抽真空。需注意：抽真空的时间不得少于 30min。

3)抽真空结束后,先关闭高、低压手动阀门,再关闭真空泵,其目的是防止空气进入制冷系统。

2. 检查系统的密封性

关闭真空泵后,高低压力表的读数应保持不变。若压力值增加,说明有空气进入系统,应检查系统的密封性。

3. 加注制冷剂

系统经过抽真空并确认无泄漏点后,方可向系统加注制冷剂。加注方法应先从高压端加注,再从低压端加注。

(1)从高压端充注制冷剂

1)如图7-44a所示,将歧管压力表组与制冷系统检修阀、制冷剂罐连接好,并排除维修软管内的空气。具体方法是:关闭高、低压手动阀门,拆开系统高压端检修阀和软管的连接,然后打开表组上的高压手动阀门,最后打开制冷剂瓶罐上的控制阀门进行排气;当高压软管排出制冷剂气体后,迅速将软管与检修阀连接,并关闭高压手动阀门。用同样的方法清除低压端连接软管内的空气,然后关闭好高、低压手动阀门及制冷剂瓶罐上的阀门。

2)将制冷剂罐倾斜倒置于磅秤上,并记录起始质量。打开制冷剂瓶罐上阀门,然后缓慢打开高压手动阀门,将制冷剂注入系统内,当磅秤指示到达规定质量时,关闭制冷剂罐阀门及高压手动阀门,然后将仪表卸下,充注结束。

注意:高压端充注制冷剂时,严禁开启空调系统,打开低压手动阀门。

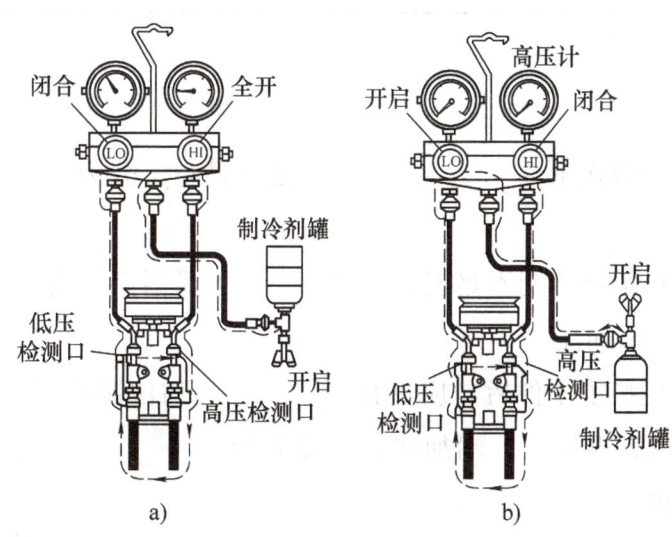

图7-44 制冷剂的加注

a)从高压端加注制冷剂管路连接图 b)从低压端加注制冷剂管路连接图

(2)从低压端充注制冷剂

1)如图7-44b所示,将歧管压力表组与制冷系统检修阀、制冷剂罐连接好,排除维修软管内的空气，将制冷剂罐直立于磅秤上并记录起始质量，打开制冷剂罐阀门，然后打开低压手动阀门，向系统加注气态制冷剂。

2）起动发动机并将其转速调整为 1250~1500r/min，接通空调开关，把风速开关和温度控制开关均开至最大。当制冷剂充至规定质量时，高低压表数值符合规定后，先关闭维修表组的低压手动阀门，然后关闭制冷剂罐的控制阀门。关闭空调开关，停止发动机运转，迅速将高、低压软管从检修阀上拆下。

注意：低压端充注时，瓶罐为直立，高压手动阀门处于关闭位置。

任务测评

按照表 7-14 的要求对本次任务的完成情况进行任务测评。

表 7-14 任务测评表

评价项目		评价标准	配分	得分
专业知识技能	40分	能够正确描述制冷系统加注制冷剂、冷冻油的方法和步骤	10	
		能够正确对冷冻油进行加注	10	
		能够正确对制冷剂进行完全加注和补充加注	20	
任务完成情况	40分	任务完成的情况（圆满完成、基本完成、未完成）	15	
		任务完成的质量（优秀、良好、不及格）	15	
		在小组完成任务过程中所起的作用（主要、协助、未参与）	10	
职业素养	20分	能够积极主动参与学习	10	
		能够与小组成员团结协作	5	
		能够服从工位安排，执行实训室"6S"的管理规定	5	
综合评议				

任务练习

1. 加注冷冻油一般在系统＿＿＿＿之前进行，分为＿＿＿＿法和＿＿＿＿法。

2. 当制冷系统内的制冷剂不足时，在确认系统无泄漏后，进行＿＿＿＿加注制冷剂，一般应从＿＿＿＿端加注。

3. 当制冷系统更换了零件后，应进行＿＿＿＿加注制冷剂，当加注制冷剂时，应先从＿＿＿＿端加注，再从＿＿＿＿端加注，一般分为＿＿＿＿、＿＿＿＿、＿＿＿＿三个过程。

4. 当从制冷系统的＿＿＿＿端加注制冷剂时，应该严禁开启空调系统，打开低压手动阀门，制冷剂罐应该倒立。

5. 当从制冷系统的＿＿＿＿端加注制冷剂时，应该开启空调系统，直立制冷剂罐，严禁打开高压手动阀门。

任务五　制冷系统常见故障的诊断与排除

任务目标

1. 理论目标

掌握制冷系统不制冷、制冷量不足等故障的诊断步骤及其诊断方法。

2. 技能目标

具有对制冷系统不制冷、制冷量不足等故障排除的能力。

3. 素养目标

养成积极主动的学习态度；严格遵守岗位操作规程，确保工具、设备和自身的安全；具有良好的团队协作精神和较高的组织沟通能力；树立"6S"的管理理念。

任务准备

一、汽车空调系统常见的故障

汽车空调系统常见的故障现象有：空调不制冷、空调制冷不足、空调系统间歇性不制冷等。

二、空调系统不制冷的故障诊断与排除

1. 故障现象

将发动机转速稳定在 1500~2000r/min 范围内运行时，打开空调开关及鼓风机开关，冷气口无冷风吹出。检查之后发现，压缩机、鼓风机及冷凝器风扇正常工作，储液干燥过滤器至蒸发器之间的管路结霜；系统压力检测结果为：高压侧高、低压侧低。

2. 故障原因

1) 熔断器熔断，电路短路。
2) 鼓风机开关、鼓风机或其他电气元件损坏。
3) 压缩机驱动带过松、断裂、密封性差或其电磁离合器损坏。
4) 制冷剂过少或无制冷剂。
5) 储液干燥过滤器、膨胀阀滤网、管路或软管堵塞。
6) 膨胀阀感温包损坏。

三、系统制冷量不足的故障诊断与排除

1. 故障现象

汽车空调制冷效果不佳（出风不够凉爽），视液镜下可连续看到气泡；系统长时

间运行，车厢内温度能够下降，但吹风口吹出的风不冷，没有清凉舒适的感觉。经检测发现高低压侧压力均偏低。

2. 故障原因

当外界温度为 34℃ 左右，出风口温度为 0～5℃，此时车厢内温度应达到 20～25℃。若达不到此温度，说明空调系统有问题。其故障主要原因如下：

1）制冷剂注入量太多，影响其在高压侧的散热能力，导致制冷剂散热量下降、制冷效果不良。

2）制冷剂注入量过少，或因泄漏导致的制冷剂缺失，从膨胀阀喷入蒸发器的制冷剂必然减少，而导致蒸发器中制冷剂和空气的热量交换变弱，冷气不足。

3）制冷剂和冷冻油脏污、水分过多、所含空气过多都会使储液干燥过滤器、膨胀阀等制冷元件中制冷剂流动性降低，制冷能力下降。

4）压缩机密封不良漏气、驱动带松弛打滑、电磁离合器打滑等导致压缩机排气温度和压力降低，出现制冷不足。

5）冷凝器表面积污太多、冷凝器变形等，导致冷凝器散热能力降低；膨胀阀开度调整过大、蒸发器表面结霜、膨胀阀感温包包扎不紧或外面的隔热胶带松脱，造成开启度过大，导致系统制冷不足。另外，膨胀阀开度过小，使流入蒸发器的制冷剂量减少，也会引起制冷不足。

6）送风管堵塞或损坏；温控器性能不良，使蒸发器表面结霜，冷风通过量减少，引起制冷不足。

7）鼓风机开关、变速电阻、鼓风机电机、继电器和电路等工作不良，导致冷风量减少。

任务计划

通过课前预习，分组讨论，制订任务计划，填入表 7-15 中。

表 7-15 任务计划表

工具及设备准备			
任务实施流程	检修项目	操作步骤	检修主要内容
	空调系统不制冷的故障诊断与排除	检测系统密封情况	
		检查压缩机工作情况	
		检查冷凝器工作情况	
		检查鼓风机工作情况	
	空调系统制冷不足的故障诊断与排除	检测系统密封情况	
		检测制冷剂量	
		检查压缩机工作情况	
		检查鼓风机工作情况	

任务实施

一、系统不制冷的故障诊断与排除

系统不制冷故障的诊断流程如图 7-45 所示。

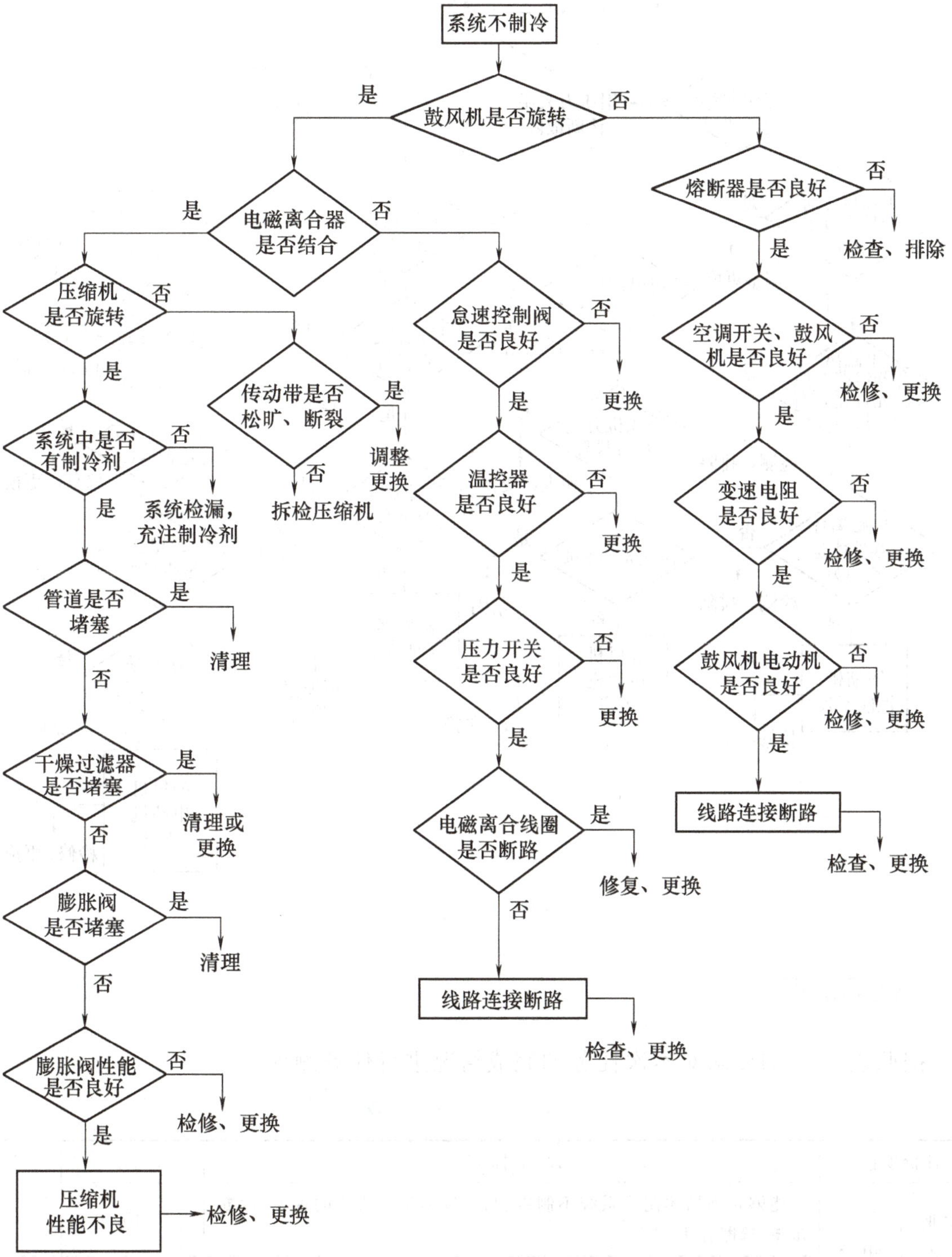

图 7-45 系统不制冷故障的诊断流程

二、系统制冷量不足的故障诊断与排除

系统制冷量不足故障的诊断流程如图 7-46 所示。

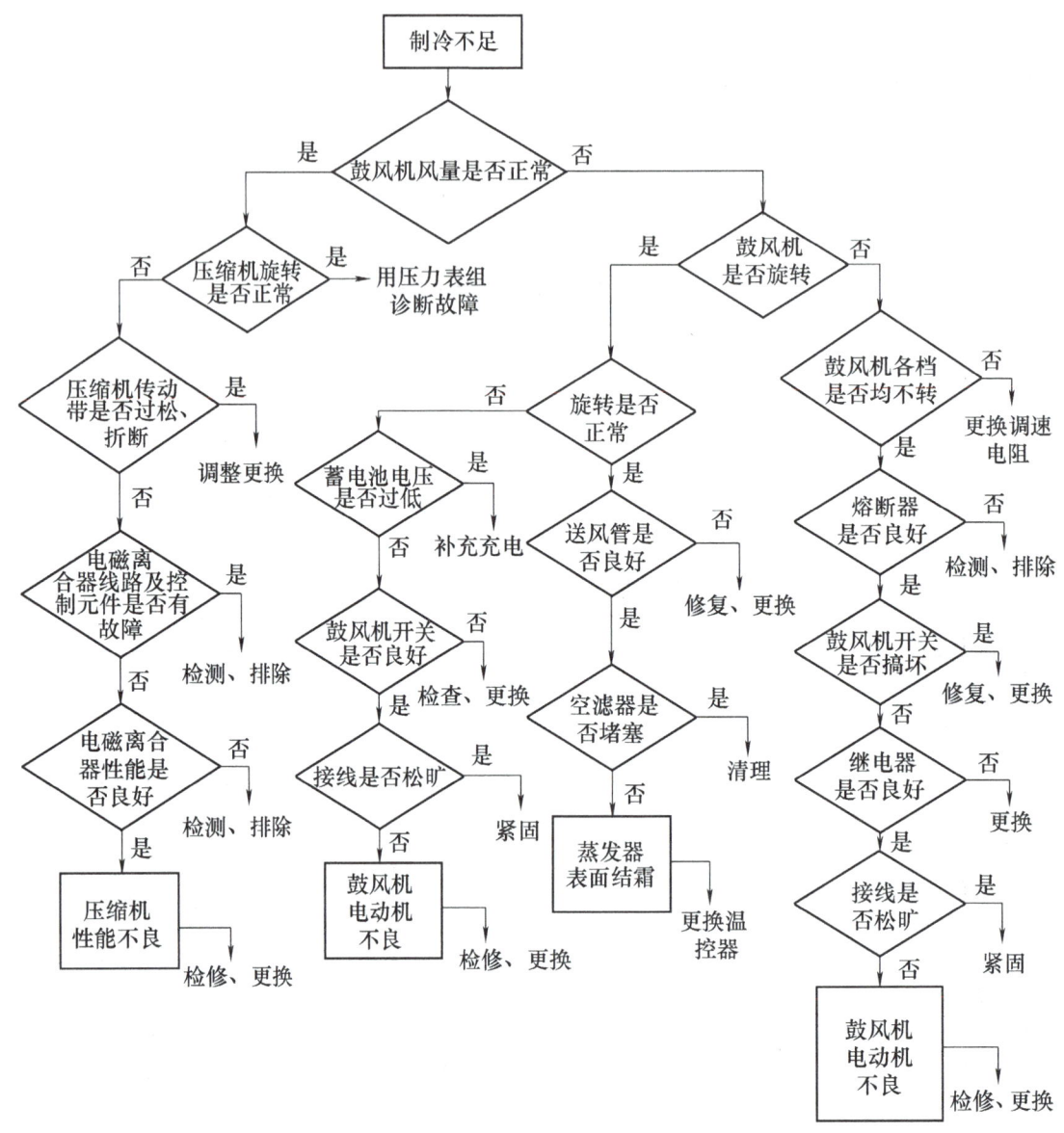

图 7-46 系统制冷量不足故障的诊断流程

任务测评

按照表 7-16 的要求对本次任务的完成情况进行任务测评。

表 7-16 任务测评表

评价项目		评价标准	配分	得分
专业知识技能	40分	能够正确描述制冷系统不制冷、制冷量不足等故障的现象、诊断步骤、诊断方法	10	
		能够对制冷系统不制冷等故障进行排除	15	
		能够对制冷系统制冷量不足的故障进行排除	15	

(续)

评价项目		评 价 标 准	配分	得分
任务完成情况	40分	任务完成的情况(圆满完成、基本完成、未完成)	15	
		任务完成的质量(优秀、良好、不及格)	15	
		在小组完成任务过程中所起的作用(主要、协助、未参与)	10	
职业素养	20分	能够积极主动参与学习	10	
		能够与小组成员团结协作	5	
		能够服从工位安排,执行实训室"6S"的管理规定	5	
综合评议				

任务练习

1) 将制冷系统不制冷的故障现象及原因进行归纳,填入表 7-17 中。

表 7-17 制冷系统不制冷的故障现象及原因分析表

故 障 现 象	故 障 原 因

2) 将制冷系统制冷量不足的故障现象及原因进行归纳总结,填入表 7-18 中。

表 7-18 制冷系统制冷量不足的故障现象及原因分析表

故 障 现 象	故 障 原 因

任务六 汽车自动空调系统的认知

 任务目标

1. 理论目标

了解自动空调系统的控制功能、组成及其工作原理，掌握自动空调系统的传感器、执行器、ECU 的功能及其安装位置。

2. 技能目标

具有对自动空调系统正确操作使用的能力。

3. 素养目标

养成积极主动的学习态度；严格遵守岗位操作规程，确保工具、设备和自身的安全；具有良好的团队协作精神和较高的组织沟通能力；树立"6S"的管理理念。

 任务准备

一、汽车自动空调的概述

相比手动空调，汽车自动空调系统采用了空调 ECU、多种传感器、伺服电动机等电子元器件；在操作上驾驶人只需操作温度调节旋钮到合适温度，再按下"自动（AUTO）"键就可以实现空调的自动控制。

随着汽车电子技术的发展，现代汽车空调的电子控制装置已经由半自动控制向计算机自动控制发展。计算机自动控制的汽车空调系统只要选定了自动控制方式和车内空气温度，空调 ECU 就能准确控制车内空气的温度，给乘客提供一个舒适的乘车环境，而且还能进行故障检测。计算机控制的空调系统可以实现以下功能：

1. 自动调节功能

汽车自动空调具有车内温度和湿度自动调节、回风和送风模式自动控制以及运转方式和换气量控制等功能。ECU 将根据驾驶人或乘客通过空调显示控制面板上的按钮进行的设定，使空调系统自动运行，并根据各种传感器输入的信号，对送风温度和送风速度及时地进行调整，使车内的空气环境保持最佳状态。ECU 还可以根据气候变化通过选择送风口，改变车内的温度分布。

2. 经济运行控制功能

当车外温度与设定的车内温度较为接近时，ECU 可以缩短制冷压缩机的工作时间，甚至在不起动压缩机的情况下，就能使车内温度保持设定状态，达到节能的目的。

3. 全面的显示功能

通过安装在汽车仪表盘上的空调显示控制面板，可以随时显示当时的设置温度、车内温度、车外温度、送风速度、回风和送风口状态以及空调系统运行方式等信息，使驾驶人能够及时全面地了解空调系统的工作状态。

4. 故障检测和安全功能

ECU 通过自诊断系统可以对系统的状态进行检测，并对故障情况进行判断。当系统中出现故障时，空调系统自动转入相应的故障安全状态，防止故障进一步扩大。

二、汽车自动空调系统的组成

汽车自动空调系统主要由输入部分（主要为各种传感器）、空调控制计算机 ECU 和执行机构三大部分组成。

1. 输入部分

车外温度传感器用来检测车外的空气温度，一般安装在前保险杠内或散热器之前。

车内温度传感器用来检测车厢内的空气温度，一般安装在驾驶室内仪表板下面，有的在后车窗玻璃下面还安装一个。

日照传感器用来测量太阳辐射量及其变化，以调整空调的出风温度及风量。它一般安装在仪表板上侧，靠近前车窗玻璃下方，目的是更好地检测日照变化。

蒸发器温度传感器用来检测蒸发器表面温度的变化，并将检测到的温度信号与空调设定的调节信号加以比较。它通常安装在蒸发器表面的散热片处，有些车型安装有两个蒸发器温度传感器，其中一个是用来防止蒸发器结霜，另一个是用来修正混合风门位置。

发动机冷却液温度传感器用来测量进入加热器冷却液的温度。一般安装在加热器进水管处，有些车用发动机冷却液温度传感器代替，也有些车用冷却液温度开关代替。

湿度传感器的原理是传感器内对湿度非常敏感的电阻薄膜的膨胀（潮湿）或收缩（干燥），使其电阻值发生变化，并将电阻值变化信号发送到空调 ECU 中。它也可用于检测车窗玻璃结露情况，如果结露它会将信号传送给 ECU 使空调自动以除霜方式工作，从而保持车内乘员有良好的视野。

2. 空调控制计算机

空调控制计算机包括空调 ECU、液晶显示屏和空调控制面板等。

3. 执行机构

执行机构包括混合风门调节用伺服电动机、内/外循环风门调节用伺服电动机、模式风门调节用伺服电动机、鼓风机电机、鼓风机高速继电器和压缩机电磁离合器等。

三、汽车自动空调的基本原理

汽车自动空调的基本原理是：将温度设定开关发出的温度信号以及车内温度传感

器、日照传感器、车外温度传感器、冷却液温度传感器、蒸发器出口温度传感器发出的车内温度、日光照射量、车外温度、发动机温度、蒸发器出口温度等各种信号输入给空调ECU，空调ECU通过各种输入信息的运算、判断和处理，决定调节风门开度、风量转换、吸风口与出风口的转换、水阀开关、压缩机状态转换等动作，实现了对车内温度的自动控制。

自动空调系统最大的优点是能够根据各种传感器发出的信号自动控制风门的开度，实现车内外空气的循环交换，保证车内空气的清洁。

如图7-47和图7-48所示为雷克萨斯LS400轿车自动空调系统的送风系统及有关传感器在车上的安装位置和控制操作面板。

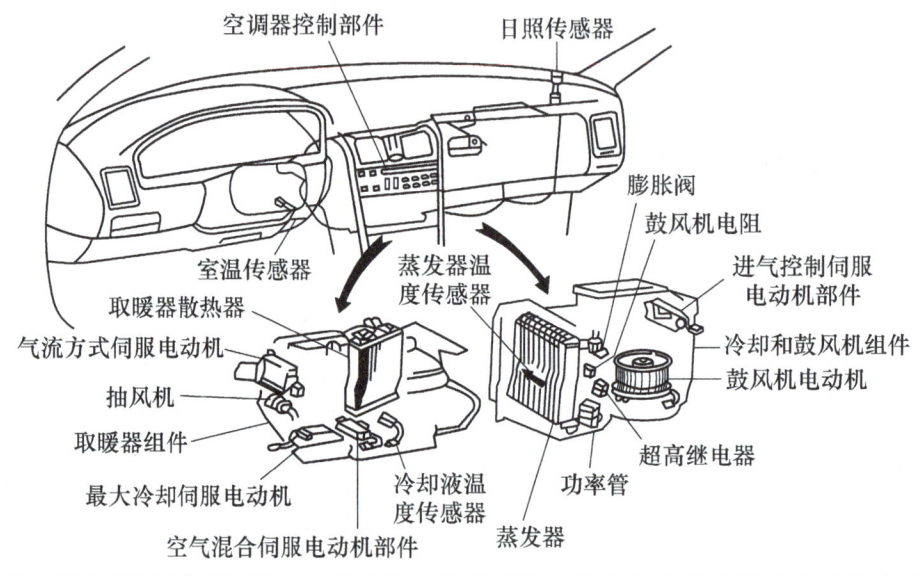

图7-47 雷克萨斯LS400轿车自动空调系统的送风系统及有关传感器在车上的安装位置

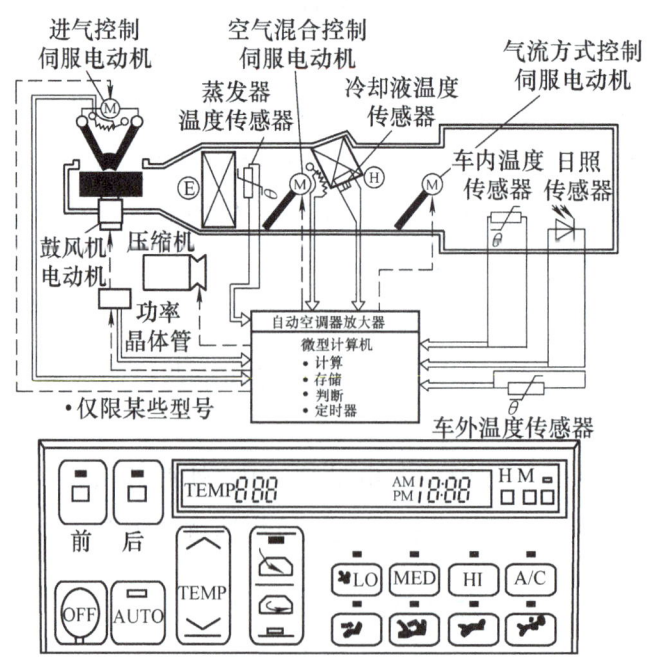

图7-48 雷克萨斯LS400轿车自动空调系统的送风系统及控制操作面板

任务计划

通过课前预习,分组讨论,制订任务计划,填入表 7-19 中。

表 7-19 任务计划表

工具及设备准备			
任务实施流程	检修项目	操作步骤	检修主要内容
	识别自动空调传感器	车内温度传感器	
		车外温度传感器	
		日照传感器	
		冷却液温度传感器	
		蒸发器温度传感器	
		烟雾浓度传感器	
		压力开关	
		自动断合开关	
	识别空调控制面板	TEMP	
		A/C 开关	
		(OFF) 开关	
		MODE 开关	
		AUTO 开关	
		鼓风机开关	
	识别自动空调系统的执行器	进气风门位置传感器	
		空气混合风门位置传感器	

任务实施

一、自动空调系统传感器安装位置的识别

自动空调系统包括控制面板、传感器、空调 ECU 和执行器四部分。

自动空调系统的传感器一般有驾驶人设定和功能选择信号、环境状态信号、空调风门位置信号、空调保护装置信号四种类型,见表 7-20~表 7-22。

二、自动空调系统控制面板的识别和操作

轿车自动空调系统的控制操作面板是驾驶人向空调 ECU 输入信号的设备。操作面板各个按钮的功用见表 7-20。请将图 7-49 中空调控制面板上各个按钮的功能填入相应的位置。

表 7-20　驾驶人设定和功能选择信号

信号种类	信号名称	信号的功用特点	安装位置
驾驶人设定和功能选择信号	温度设定开关(TEMP)	每按一次,温度增加(或减少)0.5℃,最高达32℃(最低至18℃)	空调面板上
	A/C 开关	空调工作指示开关,开启或关闭压缩机	空调面板上
	停止(OFF)开关	关闭鼓风机、压缩机及温度显示。按下"OFF",空气进气门设定在外部空气位置	空调面板上
	MODE 开关	包括进风方式、送风方式的选择	空调面板上
	AUTO 开关	将出风温度、风机转速、进风方式、送风方式和压缩机的控制设置成"自动模式"	空调面板上
	鼓风机开关	鼓风机转速 HI(高)、MED(中)、LO(低)的选择	空调面板上

表 7-21　环境状态信号

信号种类	信号名称	信号的功用特点	安装位置
环境状态信号	车内温度传感器	用来测量车内平均气温,并且发送适当信号给空调 ECU 的装置,具有负温度系数的热敏电阻	一般安装在仪表板下端的吸气装置内(图 7-47)
	车外温度传感器	用来测量车外环境温度的装置,也是一只具有负温度系数的热敏电阻	通常安装在车前保险杠后面、散热器之前
	日照传感器	一只光敏二极管,用来检测太阳能辐射强度的变化,以修正混合风门的位置与鼓风机的转速	安装在驾驶室仪表板上方易接受阳光照射的位置(图 7-47)
	冷却液温度传感器	具有负温度系数的热敏电阻,检测冷却液温度,当冷却液温度低时,限制风机转速只能在低档	安装在暖风散热器水道上(图 7-47)
	蒸发器温度传感器	具有负温度系数的热敏电阻,用于检测蒸发器表面温度的变化,当蒸发器表面温度≤0℃时,使压缩机停止工作,防止蒸发器表面结霜	安装在蒸发器出口翅片间(图 7-47)
	烟雾浓度传感器	一般为光电型,用于检测烟雾和灰尘的浓度,通过空调 ECU 使空气交换器工作或停止,保持空气清新	安装在乘员室内(发光元件和光敏元件)
	压力开关	当空调制冷剂压力降得过低或升得太高时,压力开关便将相应信号传送至空调 ECU,从而控制压缩机通断	安装在空调制冷管路上
	自动断合开关	当车辆爬坡或全速行驶时(加速踏板踩到底),切断空调离合器,使压缩机停止工作 12s 后,再次接通,减轻发动机的负荷	安装在加速踏板下面

表 7-22　空调风门位置信号及空调保护装置信号

信号种类	信号名称	信号的功用特点	安装位置
空调风门位置信号	进气风门位置传感器	检测电动机动触头的位置,从而检测进气风门的位置	安装在进风控制伺服电动机内
	空气混合风门位置传感器	检测空气混合风门的位置	安装在空气混合控制伺服电动机内
空调保护装置信号	制冷剂流量传感器	用于检测制冷剂的流量	连接在储液干燥过滤器与膨胀阀之间的管路上
	压缩机锁止传感器	检测压缩机转速。压缩机每转 1 转,传感器线圈产生四个脉冲信号输送到空调 ECU。如压缩机转速与发动机转速之比小于预定值,则空调 ECU 便使压缩机停转	安装在压缩机内。指示器以约 1s 的间隔时间闪烁一次

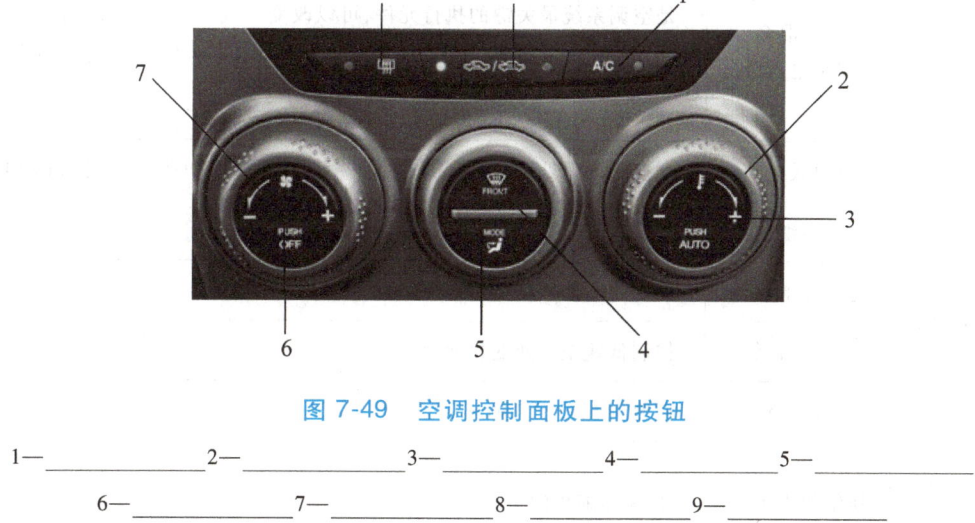

图 7-49　空调控制面板上的按钮

1—_____　2—_____　3—_____　4—_____　5—_____
6—_____　7—_____　8—_____　9—_____

三、指认空调 ECU 的安装位置并且说出其功能

空调 ECU 也称为空调电脑,它与控制面板制成一体,对各种传感器信号和功能选择键的输入指令进行计算、分析和比较后,发出指令,控制各个执行元件(进气伺服电动机、空气混合伺服电动机和气流方式伺服电动机)的动作,从而控制压缩机的电磁离合器和暖风加热器热水阀的工作,将模式放到适当位置等。

空调 ECU 具有温度控制、鼓风机转速控制、进气模式控制、气流方式控制(出气控制)、压缩机控制和故障自诊断等功能。

当空调 ECU 检测到某些传感器或执行元件的控制电路发生故障时，将其故障以故障码的形式储存起来，当检修时只要按下操作面板上的指定键，即可读取故障码。

四、指认自动空调系统执行器的安装位置并且说出其功能

自动空调系统的执行器主要由鼓风机、电磁离合器、空气混合风门和真空执行机构等组成。自动空调系统一般采用控制配气风门、控制鼓风机转速、控制压缩机开停及信号显示四种执行器信号，见表 7-23。

表 7-23 自动空调系统执行器

执行器信号	执行器名称	执行器信号的功用特点
控制配气风门	进气模式控制电动机	位于鼓风机侧面，其电动机转子经连杆与进风挡风板相连；功用是带动进风门动作，控制空调系统内、外空气循环工作；自动地受到设置温度、环境温度、车内温度和光照强度及 A/C 开关状态等因素控制；伺服电动机内部安装有进气风门位置传感器
	空气混合控制电动机	是空调系统最关键的执行元件，可以改变空气混合风门的开启角度，从而改变冷、暖空气的混合比例；调节出风温度，取决于设置温度、环境温度、车内温度和光照强度
	气流模式电动机	可控制风门处于吹脸(VENT 或 FACE)、吹脚(FOOT)还是除雾(DEF)位置
控制鼓风机转速	加热器继电器	控制取暖时鼓风机的电路
	超高速继电器	控制超高速回路通道
	功率晶体管	控制低速至高速变化通道
	鼓风机	使冷(或热)空气循环
控制压缩机开停	压缩机继电器	控制压缩机的工作
信号显示	显示屏	显示设定温度，有的车可通过按下切换键显示室外温度
	各种指示灯和警告灯	各种执行器工作状态的显示

五、对自动空调控制电路进行分析

结合图 7-50 进行电路分析，找出该空调控制电路系统中有哪些传感器和执行器。

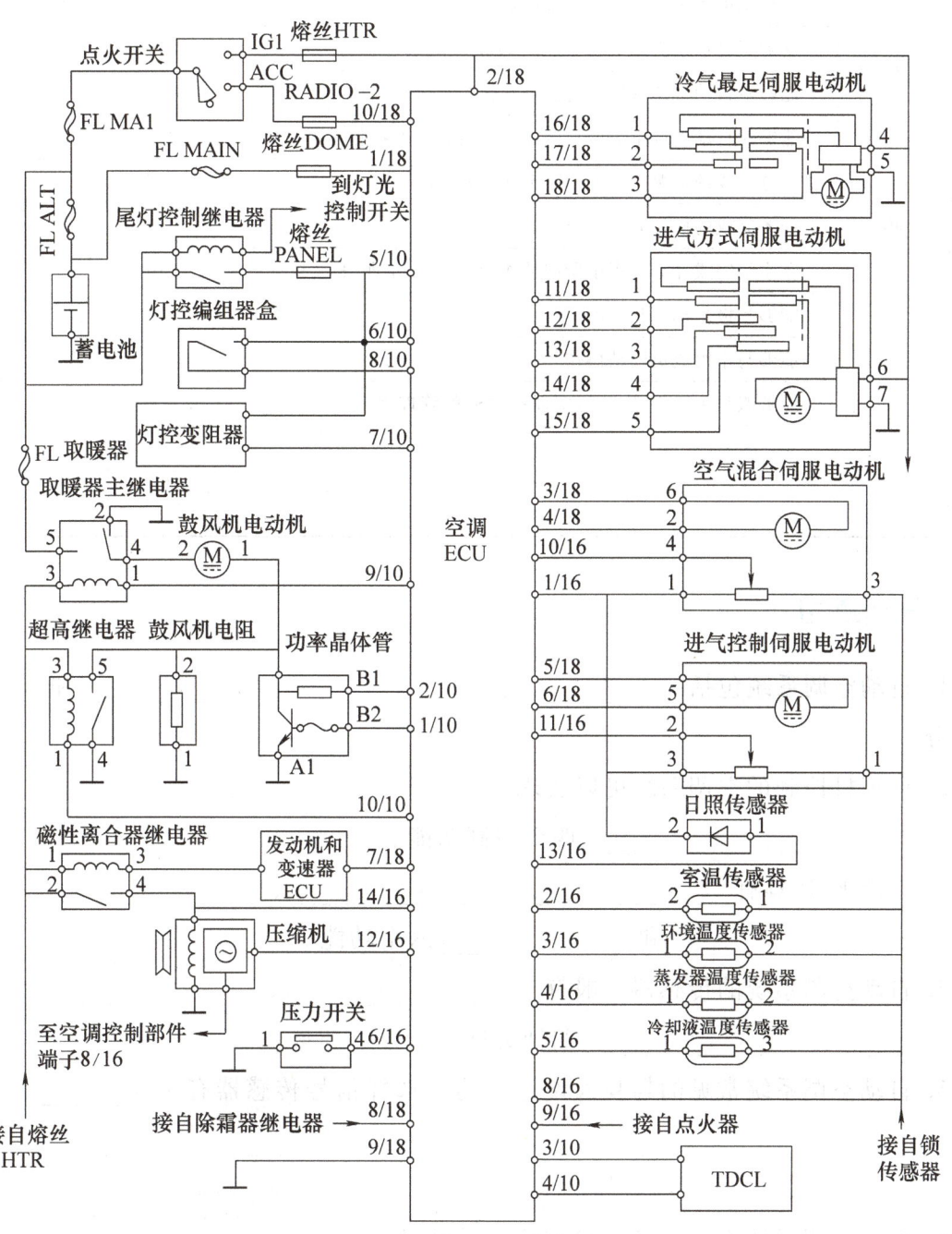

图 7-50 雷克萨斯 LS400 轿车自动空调系统电路原理图

任务测评

按照表 7-24 的要求对本次任务的完成情况进行任务测评。

表 7-24　任务测评表

评价项目		评 价 标 准	配分	得分
专业知识技能	40分	能够正确描述自动空调系统的功能及其构成	10	
		能够正确描述空调ECU的六个功能	10	
		能够对自动空调系统的传感器和执行器进行指认	10	
		能够对自动空调系统的控制面板进行指认及操作	10	
任务完成情况	40分	任务完成的情况（圆满完成、基本完成、未完成）	15	
		任务完成的质量（优秀、良好、不及格）	15	
		在小组完成任务过程中所起的作用（主要、协助、未参与）	10	
职业素养	20分	能够积极主动参与学习	10	
		能够与小组成员团结协作	5	
		能够服从工位安排，执行实训室"6S"的管理规定	5	
综合评议				

任务练习

1. 自动空调系统包括_____、_____、_____和_____四部分。

2. 计算机控制的空调系统可以实现_____、_____、_____、_____四个控制功能。

3. 空调ECU具有_____、_____、_____、_____、_____和_____六个功能。

4. 自动空调系统的传感器一般有_____、_____、_____、_____四种类型。

5. 自动空调系统常见的驾驶人设定和功能选择信号传感器有_____、_____、_____、_____、_____、_____六个功能。

6. 自动空调系统常见的环境状态信号传感器有_____、_____、_____、_____、_____、_____、_____、_____八种。

项目八 汽车电路图的识读与分析

项目目标

通过对本项目的学习,学生能够:

1. 掌握汽车电路控制装置和保护装置的组成、功用、种类及特点;
2. 掌握汽车全车电路的导线、线束、插接器的构造和特点;
3. 了解汽车电路图的种类和特点;
4. 具有对常见电路控制装置和保护装置进行观察、识别和检测的能力;
5. 具有对常见汽车电路图形符号含义识别的能力;
6. 具有对大众车系汽车电路图识读和分析的能力。

任务一 汽车电路的认识

任务目标

1. 理论目标

掌握组成汽车电路的导线、控制装置、保护装置的功用、种类及特点；掌握汽车导线线束、插接器的构造和特点。

2. 技能目标

能够正确对常见电路控制装置、保护装置进行观察、检测和识别；能够正确拆装导线插接器。

3. 素养目标

养成积极主动的学习态度；严格遵守岗位操作规程，保证工具、设备和自身的安全；具有良好的团队协作精神和较高的组织沟通能力；树立"6S"的管理理念。

任务准备

汽车电路主要由各种导线、电源、控制装置、保护装置和用电设备等组成。其中电源、用电设备在前面的课程中已分别详细讲解，现简单介绍其他部分。

一、导线

导线是电气线路的基础元件，均采用多股铜绞线，分为低压导线和高压导线。

高压导线是指在点火电路中连接点火线圈、配电器和火花塞之间的导线，其他元件之间的导线称为低压导线。高压导线用来传送高电压，工作电压高，一般在15kV以上，传送的电流比较小，在构造上，其绝缘层很厚、线芯截面面积较小。高压导线分为铜芯线和阻尼线两种。目前广泛使用的是高压阻尼线。不同车型高压阻尼线的阻值不同，当进行检测时，应注意高压导线不具有互换性。

1. 低压导线截面面积

导线的截面面积根据所用电气设备的电流值确定。为了保证导线有足够的机械强度，规定截面面积不能小于 $0.5mm^2$。各种低压导线标称截面面积所允许载流值见表8-1。导线标称截面面积是根据规定换算方法得到的截面面积值，它既不是线芯的几何面积，也不是各股铜线几何面积之和。

表8-1 不同标称截面面积导线允许的载流值

铜芯导线截面面积/mm^2	1.0	1.5	2.5	3.0	4.0	6.0	10	13
导线允许载流值/A	11	14	20	22	25	35	50	60

采用12V电压的车辆主要电路导线的标称截面面积推荐值见表8-2。

表8-2 主要电路导线的标称截面面积推荐值

标称截面面积/mm²	适用的电路
0.5	尾灯、顶灯、仪表灯、指示灯、牌照灯、燃油表等
0.8	转向灯、制动灯、停车灯、点火线圈一次绕组等
1.0	前照灯、电喇叭等（3A以下）
1.5	前照灯、电喇叭等（3A以上）
1.5~4.0	其他5A以上电路
4.0~6.0	柴油车电热塞电路
6.0~25.0	电源电路
16~95.0	起动电路

2. 低压导线的颜色

为了便于识别和维修，汽车线束中的低压导线都采用了不同的颜色。低压导线的各种颜色均用字母表示，其代号规定见表8-3；低压导线的主色选用规定见表8-4。随着汽车上使用的电器增多，导线数量增多，为了便于安装和检测，采用双色线，主色为基础色，辅色为环布导线的条色带或螺旋色带，并且进行标注时主色在前，辅色在后。

表8-3 不同颜色低压导线的字母代号

颜色	黑	白	红	绿	黄	棕	蓝	灰	紫	橙
代号	B	W	R	G	Y	Br	BL	Gr	V	O

表8-4 汽车不同电气设备选用低压导线的规定

系 统 名 称	主色代号	系 统 名 称	主色代号
电气装置搭铁线	B	仪表及报警指示和喇叭系统	Br
点火起动系统	W	前照灯、雾灯等外部照明系统	BL
电源系统	R	各种辅助电动机及电器操纵系统	Gr
灯光信号系统	G	收音机、点烟器等辅助装置系统	V
防雾灯及车身内部照明系统	Y		

二、导线线束

线束是将同路的有关电器的导线汇合并且包裹在一起，可使电路不凌乱，便于安装，而且起到了保护导线的作用。

一辆车辆的线束由发动机线束、仪表盘线束、车身线束和空调线束等组成。图8-1所示为汽车线束图和导线线束实物。

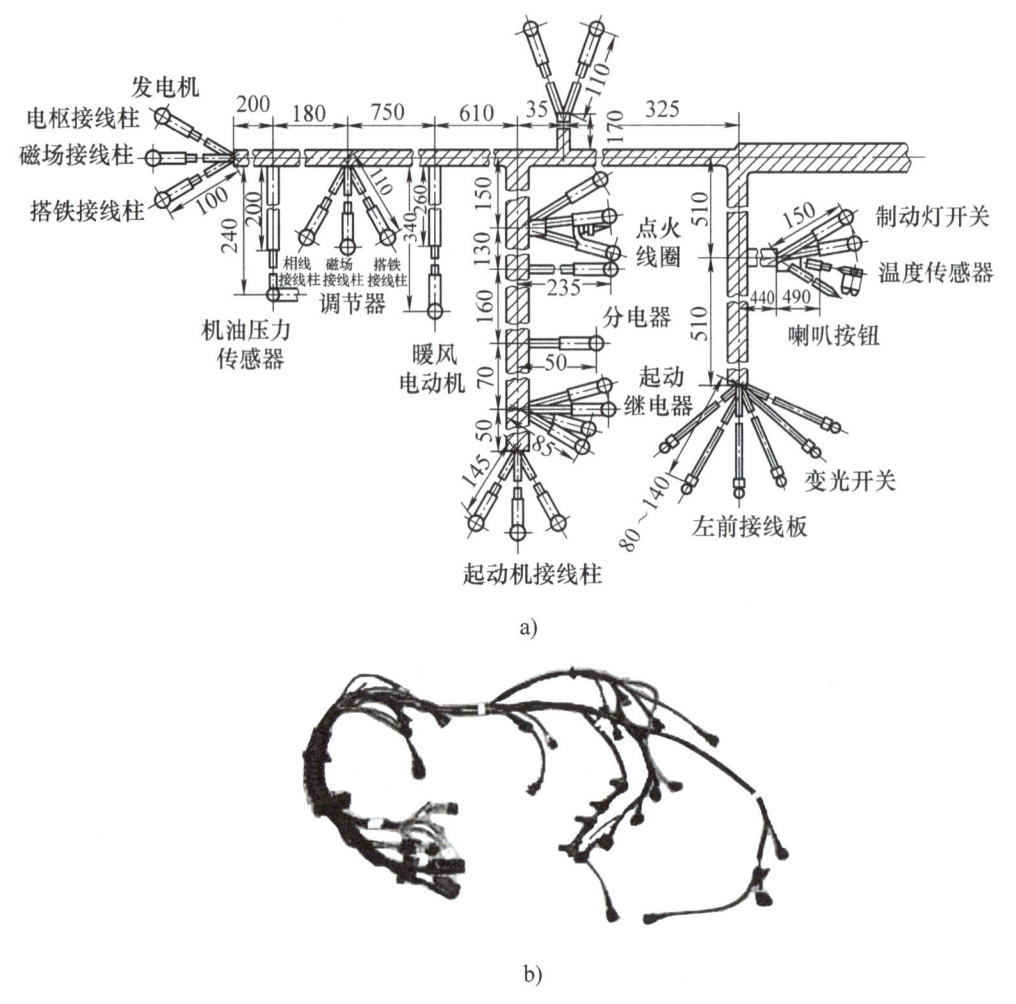

图 8-1 汽车线束图和导线线束实物

a）线束图　b）导线线束实物

三、导线插接器

导线插接器和导线焊片是电路与各电气设备之间、电路与电路之间的连接部件。现代车辆由于采用线间插接器，使线束设计的自由度增加，其线束的数量可以增多，给安装、检修和更换带来了方便。车辆常用插接器及导线焊片的种类如图 8-2 所示。

插接器由插头和插座两部分组成，车辆上不同位置所用插接器的端子数目、几何尺寸和形状各不相同。为了保证连接可靠，在插接器上设有锁止装置，具有良好的密封性，以防止油污、水及灰尘等进入而使端子锈蚀。当拆卸插接器时，应该先压下闭锁装置，解除锁止装置，然后拔出，绝对不可以用力猛拉硬拽；当插接器结合时，应该把插接器的导向槽重叠在一起，使插头插座对准，然后平行用力插入即可。

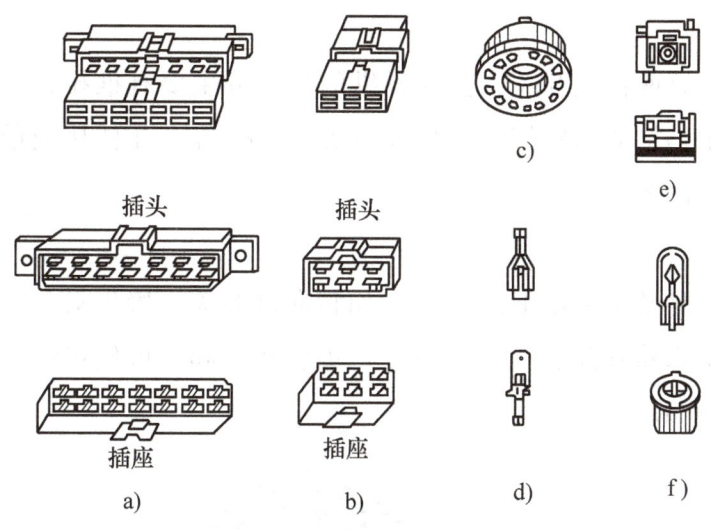

图 8-2 车辆常用插接器及导线焊片的种类

a) 14线插接器 b) 6线插接器 c) 12线圆形插座 d) 片状导线插头插片焊片 e) 前照灯插座 f) 仪表灯插座

四、汽车电路控制

1. 电源开关

车辆上安装有电源总开关,用于切断蓄电池与外电路的连接,以防止车辆停驶过程中蓄电池经外电路漏电。电源开关主要有闸刀式和电磁式两种,如图 8-3 所示。闸刀式电源开关直接由手动切断或接通电源,电磁式电源开关则由电磁吸力控制触头的吸合或断开。

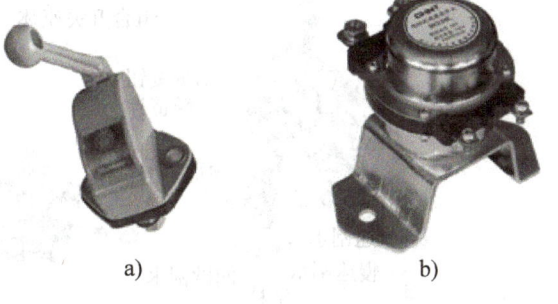

图 8-3 闸刀式和电磁式电源开关

a) 闸刀式 b) 电磁式

2. 点火开关

点火开关又称为点火锁或电门锁,主要用来控制点火电路,另外还控制发电机磁场电路、起动发动机以及为整车电气系统供电。现在的汽车点火开关有两种:传统的点火开关和带智能进入及起动系统的点火开关。实物如图 8-4 所示。

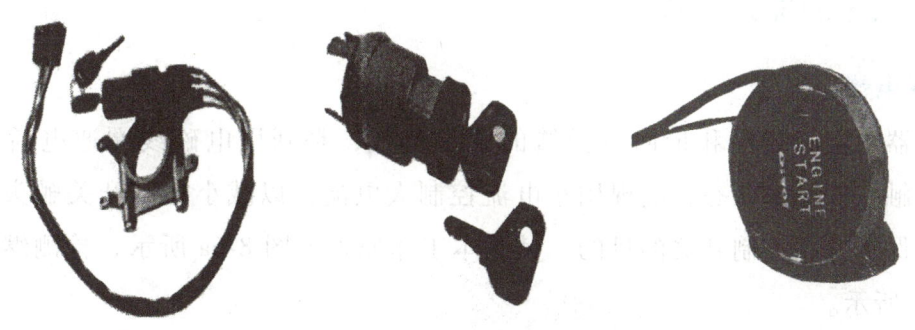

图 8-4 点火开关实物

3. 灯光开关

灯光开关通常是两档式开关，按其操纵的形式分主要有推拉式、旋转式和组合式三种。灯光开关Ⅰ档接通示廓灯、尾灯和仪表照明灯等，Ⅱ档接通前照灯、尾灯和仪表照明灯等实物如图 8-5a 所示。

4. 组合开关

组合开关由两种及两种以上的开关（如转向灯开关、警告灯开关、灯光开关、前照灯变光开关、刮水器开关、洗涤开关等）集装在一起，可使操纵更加方便。组合开关实物如图 8-5b 所示。

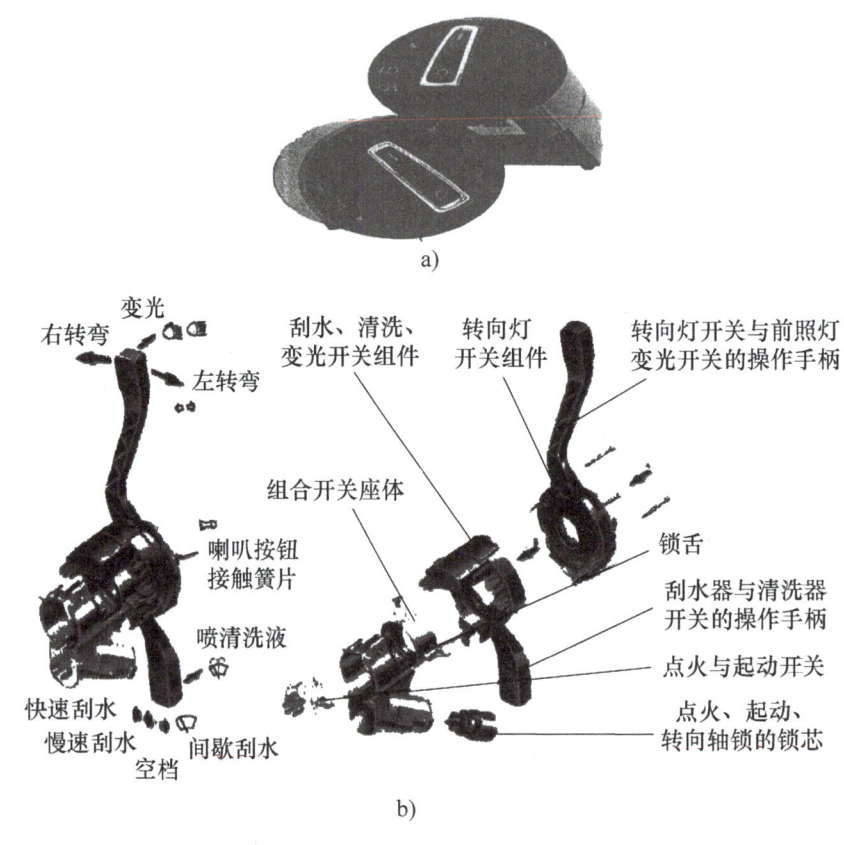

图 8-5 捷达轿车灯光开关和组合开关

a) 灯光开关　b) 组合开关

五、汽车的保护装置

1. 继电器

继电器由电磁线圈和带回位弹簧的触点组成，是利用电磁线圈通电后产生的磁力，改变触点的原来状态，实现用小电流控制大电流，以减小控制开关触头的电流负荷，达到保护电路控制开关的目的。其基本工作原理如图 8-6a 所示，检测继电器好坏如图 8-6b 所示。

现在汽车电路中常安装有空调继电器、喇叭继电器、前照灯继电器、雾灯继电

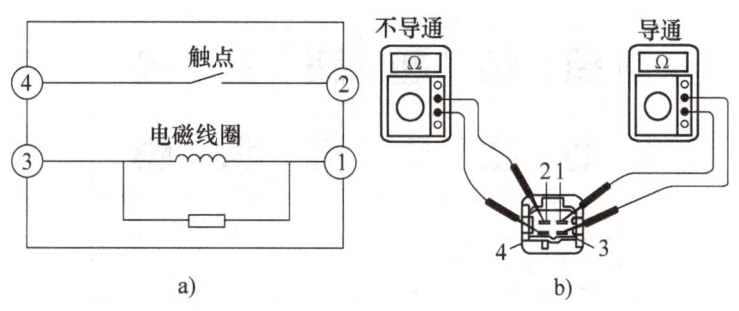

图 8-6 继电器内部工作原理图

器、中间继电器、风窗刮水器/洗涤器继电器、危险报警与转向闪光继电器等，其外形如图 8-7 所示。继电器通常分为常开继电器、常闭继电器和常开常闭混合型继电器，继电器的每个插脚都有标号，与中央接线盒正面板的继电器插座的插孔标号相对应。继电器的常见种类与内部结构如图 8-8 所示。

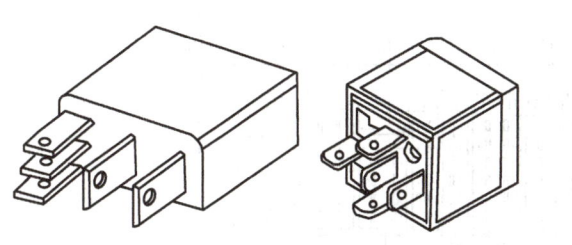

图 8-7 继电器常见外形

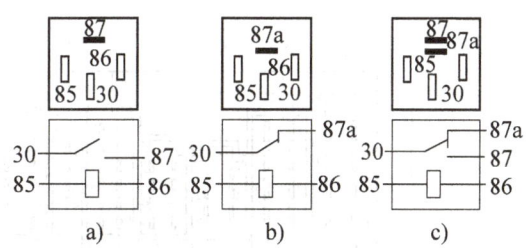

图 8-8 继电器的种类

a）常开继电器　b）常闭继电器　c）常开常闭混合型继电器

2. 熔断器

熔断器的保护元件是熔丝，串联在其所要保护的电路中。当通过熔丝的电流超过其规定值时，熔丝发热熔断，从而防止电路中的用电设备被烧坏。熔断器的熔丝固定在可插式塑料片上或封装在玻璃管中。通常将熔断器集中安装在一个盒中，并且称为熔断器盒或中央配电器盒，熔断器、熔断器盒如图 8-9 和图 8-10 所示。各个熔断器都编号排列，有的还在熔断器的塑料外壳颜色指示最大允许电流，例如棕黄为 5A，红色为 10A，淡蓝色为 15A，黄色为 20A，白色为 25A，浅绿色为 30A，以便于在检修时的识别。捷达车型熔断器盒的正反面如图 8-11 和图 8-12 所示。

图 8-9 熔断器

图 8-10 熔断器盒（中央配电盒）

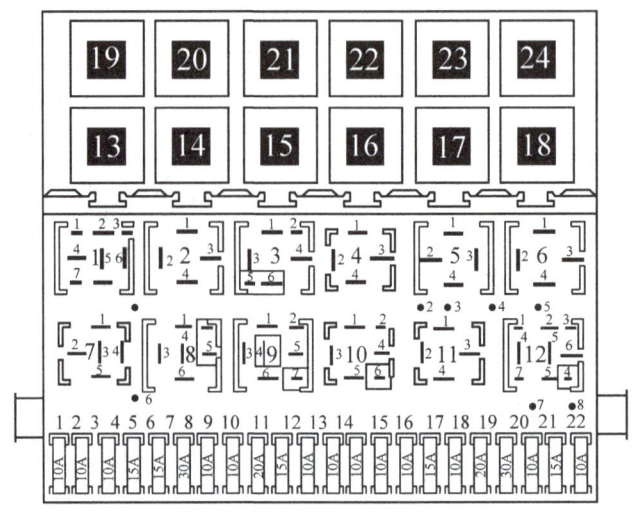

图 8-11 捷达车型熔断器盒正面

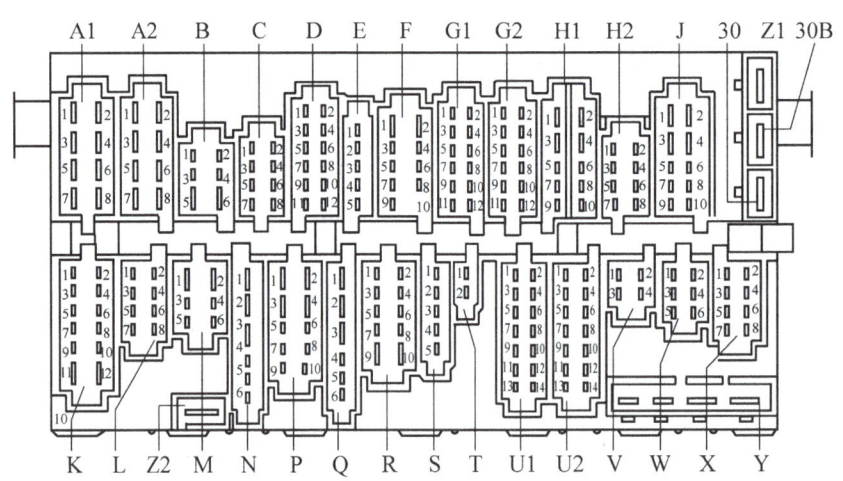

图 8-12 捷达车型熔断器盒反面

熔断器为一次性器件，在使用时须注意：

1）在熔断器熔断后，必须先查找故障原因，并且彻底排除。

2）当更换熔断器时，一定要与原规格相同，尤其不能使用比规定容量大的熔断器，否则将失去保护作用。

3）当熔断器支架与熔断器接触不良时会产生电压降和发热现象。因此，尤其要注意检测有无氧化现象和脏污。若有脏污和氧化物，须用细砂纸打磨光，使其接触良好。

3. 易熔线

易熔线是一种截面面积一定的，可长时间通过额定电流的铜芯或合金导线，常用于保护电源电路或较重要的电路。易熔线比熔丝粗一些，被保护电路的工作电流往往较大，通常连接在电源电路和通过电流较大的电路上。易熔线的安装位置如图 8-13 所示。

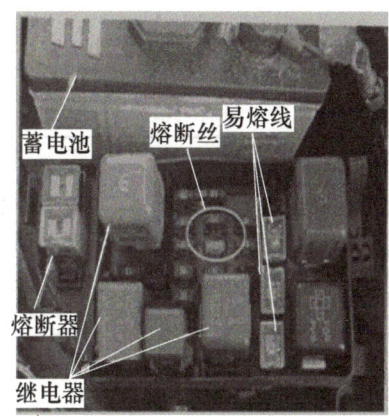

图 8-13 易熔线的安装位置

4. 断路器

断路器用于正常工作时容易过载的电路中，其原理是当电路电流过大时，利用双金属片受热变形使触点分离。断路器按作用形式分为自动恢复式和按压恢复式两种类型，如图 8-14 和图 8-15 所示。

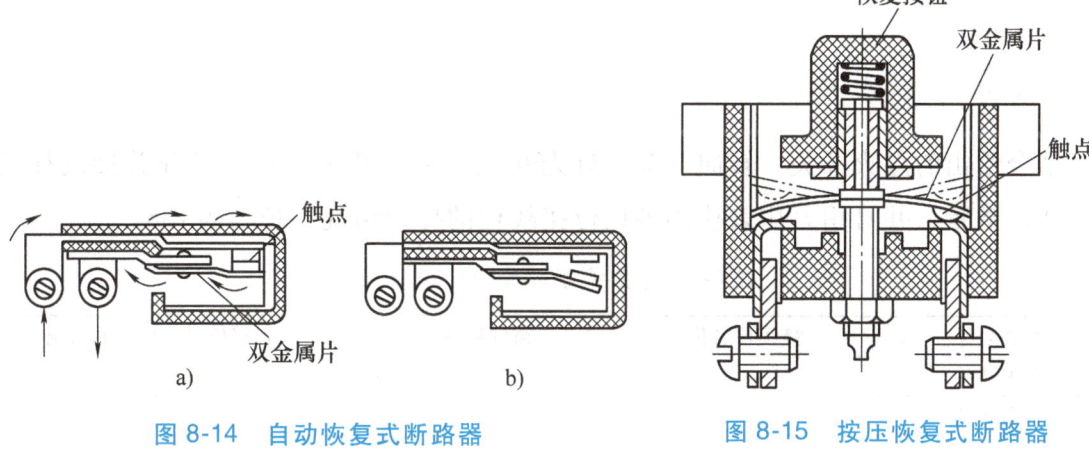

图 8-14　自动恢复式断路器　　　　图 8-15　按压恢复式断路器
a）触点闭合时　b）触点断开后

（1）自动恢复式断路器　自动恢复式断路器串联在电路中，当电路过载或发生短路时，断路器的双金属片受热膨胀并弯曲变形，使双金属片与触点分开，断开电路。触点断开后，双金属片无电流通过，温度降低到一定值后使触点重新闭合。如此反复动作，使电路时而接通，时而切断，起到保护作用。

（2）按压恢复式断路器　按压恢复式断路器串联在电路中，当电路过载或发生短路时，断路器中的双金属片受热发生过载变形，自动切断电路。由于双金属片有一定弹力，切断电路断开后，不能自动复位使电路接通，应在排除电路故障后，按下恢复按钮手动复位。

笔记栏

 任务计划

通过课前预习，分组讨论，制订任务计划，填入表 8-5 中。

表 8-5 任务计划表

工具及设备准备			
任务实施流程	检修项目	操作步骤	检修主要内容
	识别电路控制装置	点火开关	
		灯光开关	
		组合开关	
	识别熔断器	插片式熔断器	
	导线插接器的识别拆装	折下	
		安装	
	识别主要继电器	起动继电器	
		前照灯继电器、雾灯继电器	
		空调继电器	

 任务实施

一、观察检测电路控制装置

结合给出的点火开关、转向开关、灯光开关、雾灯开关，观察各开关接线柱的名称、档位数量，并且用万用表检测各档位接线柱的导通情况，填写表 8-6。

表 8-6 电路控制装置的观察检测表

开关名称	接线柱名称	档位数量	各档位接线柱导通情况
点火开关			
转向开关			
灯光开关			
雾灯开关			

二、插片式熔断器的观察、检测

对新捷达整车电路实训台上的插片式熔断器 S1~S8 进行正确的拆装、观察、检测，判定其额定电流的大小，有无断路现象，填写表 8-7。

表 8-7 插片式熔断器的观察、检测表

熔断器序号	S1	S2	S3	S4	S5	S6	S7	S8
颜色								
额定电流值/A								
有无断路现象								

三、导线插接器的拆装训练

结合新捷达整车电路实训台，对发动机电路中空气流量传感器、节气门位置传感器、凸轮轴位置传感器和发动机转速传感器的导线插接器进行拆装训练。

（1）插接器的拆卸方法　当拆卸插接器时，应该先压下闭锁装置，解除锁止装置，然后拔出，绝不可以用力猛拉硬拽，如图8-16所示。

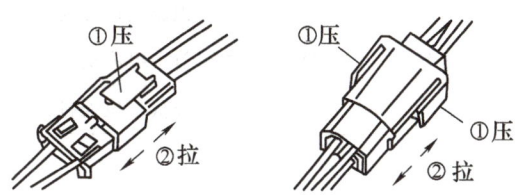

图8-16　导线插接器的拆卸

（2）插接器的插合　当对插接器进行插合时，应该把插接器的导向槽重叠在一起，使插头插座对准，然后平行用力插入即可。

（3）插接器插合后的检查　当插接器插合后，应该对相应电路进行通电试验，检查、确认插接器是否插接良好，无断路、虚接现象。

四、继电器的识别

观察新捷达整车电路实训台上的中央接线盒有哪些继电器，分别处于接线盒几号位置，填写表8-8。

表8-8　继电器识别表

继电器名称	位　　置	继电器名称	位　　置

任务测评

按照表8-9的要求对本次任务的完成情况进行任务测评。

表8-9　任务测评表

评价项目		评价标准	配分	得分
专业知识技能	40分	能够描述汽车低压导线截面面积、颜色选用的规则	10	
		能够描述汽车电路线束的组成和插接器的拆卸方法	10	
		能够描述汽车电路控制装置的种类及其构造特点	10	
		能够描述汽车电路保护装置的种类、构造及其特点	10	

笔记栏

（续）

评价项目		评价标准	配分	得分
任务完成情况	40分	任务完成的情况（圆满完成、基本完成、未完成）	15	
		任务完成的质量（优秀、良好、不及格）	15	
		在小组完成任务过程中所起的作用（主要、协助、未参与）	10	
职业素养	20分	能够积极主动参与学习	10	
		能够与小组成员团结协作	5	
		能够服从工位安排，执行实训室"6S"的管理规定	5	
综合评议				

任务练习

1. 汽车电路主要由_____、_____、_____、_____和用电设备等组成。

2. 汽车上常见的控制装置有_____、_____、_____和_____等。

3. 汽车上常见的保护装置有_____、_____、_____和_____等。

4. 插片式熔断器用_____指示最大允许电流，_____代表最大允许通过电流为10A。

5. 当拆卸插接器时，应该先_____，解除锁止装置，然后拔出。

6. 断路器在电路中，可防止电路_____。

7. 熔断器和易熔线在使用中的主要区别是：熔断器通常串联在_____电路中，而易熔线通常连接在_____电路中。

8. 熔断器、易熔线、断路器都具有_____作用，但断路器可以_____使用。

任务二　汽车电路图形符号的识别

任务目标

1. 理论目标

掌握常见汽车电路图形符号的种类和图形表示方式。

2. 技能目标

具有正确识别电路图形符号的能力。

3. 素养目标

养成积极主动的学习态度；培养团队协作的精神，提高组织沟通能力；树立

项目八 汽车电路图的识读与分析

"6S"的管理理念。

任务准备

汽车电路图是利用图形符号和文字符号,表示汽车电路的构成、连接关系和工作原理,不考虑其实际安装位置的一种简图。为了使电路图具有通用性,构成电路图的图形符号和文字符号有统一的国家标准和国际标准。为了读懂汽车电路图,首先要识别电路图中的各种图形符号及其含义。依据 GB/T 4728—2018,GB/T 4728—2008,在汽车电路图中,常用图形符号可分为限定符号,导体和连接件符号,开关、控制和保护器件符号,基本无源元件符号:常见半导体符号,仪表符号、电器设备符号、仪表板上常用控制符号等八大类型。

一、限定符号

限定符号见表 8-10 所示,常见的有 18 种符号。

表 8-10 常见限定符号

名 称	图形符号	名 称	图形符号
直流	 ⎓	传送(单向)	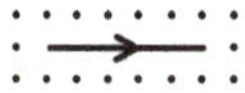 →
交流	 ∼	传送(双向,同时)	 ⇄
中间线	M	传送(双向,非同时)	 ↔
正极	+	未定类型材料	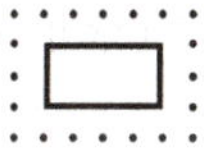 □
负极	−	固体材料	 ▨
中性	N	液体材料	 ~
热效应	 ᕁ	气体材料	 •
电磁效应	 ⟩	半导体材料	 ▷⊦
半导体效应	 ⊥	绝缘材料	 ▨

二、导体和连接件符号

导体和连接件符号见表 8-11,常见的有 14 种符号。

235

笔记栏

表 8-11　常见导体和连接件符号

连接点	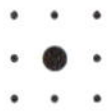	端子	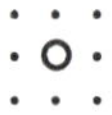
导线 T 型连接	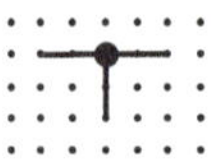	导线的双 T 型连接	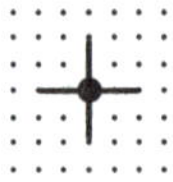
导线	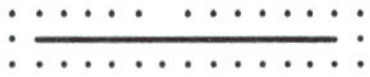	导线组（示出导线数）	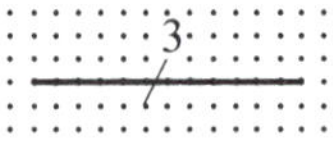3
屏蔽导线	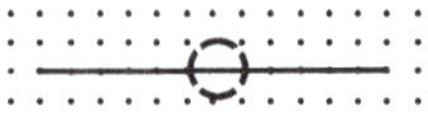	直流电路	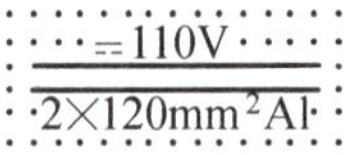=110V 2×120mm²Al
连接器（阴极触件）	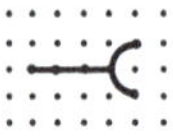	连接器（阳极触件）	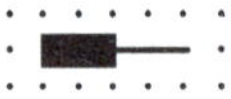
插头和插座式连接器	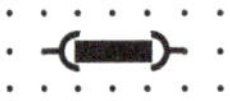	多级插头和插座连接器	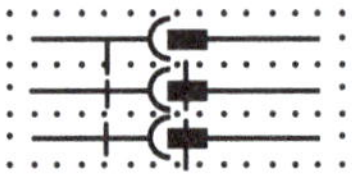
接通的连接片	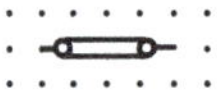	断开的连接片	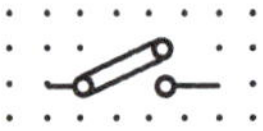

三、开关、控制和保护器件符号

开关、控制和保护器件符号见表 8-12 所示，常见的有 19 种符号。

表 8-12　常见开关、控制和保护器件符号

动合（常开）触点	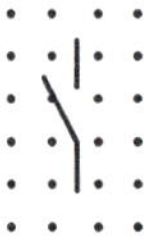	双动断触点	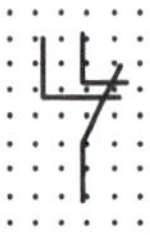
动断（常闭）触点	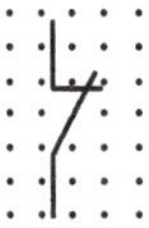	继电器线圈	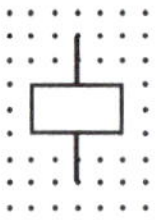
先断后合的触点	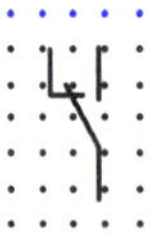	多位开关（最多四位）	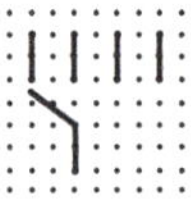
中间断开的双向触点	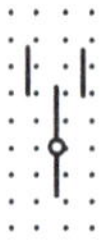	带位置图示的多位开关	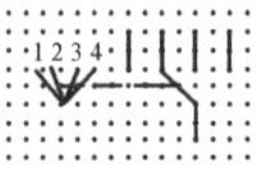1234
双动合触点	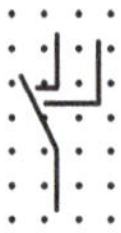	热敏自动开关的动断触点	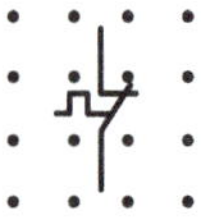

（续）

熔断器	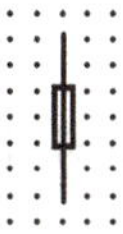	无自动复位的手动旋钮开关	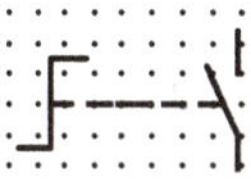
手动开关的一般符号		自动复位手动旋钮开关	
自动复位的手动按钮开关	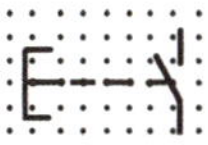		
能定位的按钮开关		热敏开关动合触点	
自动复位的手动拉拨开关		热敏开关动断触点	

四、基本无源元件符号

基本无源元件符号见表8-13，常见的有14种符号。

表8-13 基本无源元件符号

电阻器	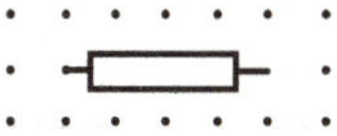	电容器	
可调电阻器		极性电容器	
压敏电阻器	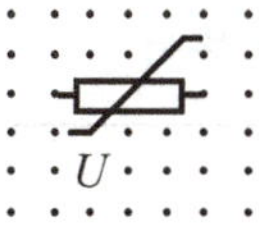 U	可调电容器	
加热元件	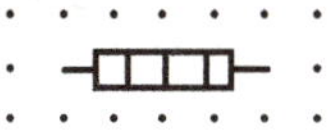	电感器、线圈、绕组、扼流圈	
带滑动触点的电阻器	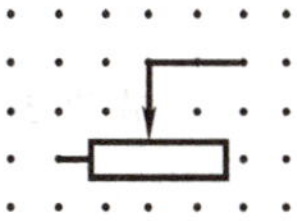	带铁心的电感器	
带滑动触点的电位器	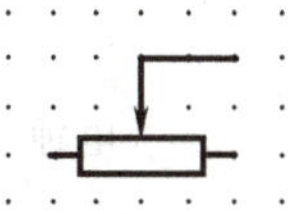	带固定抽头的电感器	
两电极压电晶体	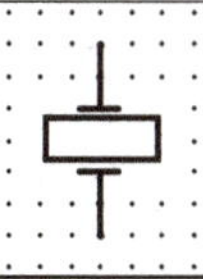	三电极压电晶体	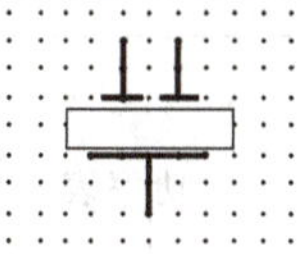

五、常见半导体符号

常见半导体管符号见表 8-14 所示，常见的有 10 种符号。

表 8-14 常见半导体管符号

半导体二极管		热敏二极管	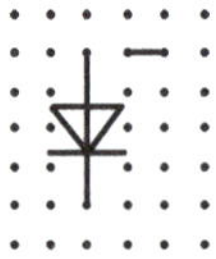
发光二极管		光电二极管	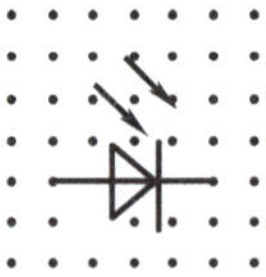
PNP 晶体管		集电极接管壳的 NPN 晶体管	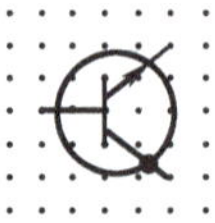
光敏电阻、电阻光敏器		光电晶体管	
光电耦合器	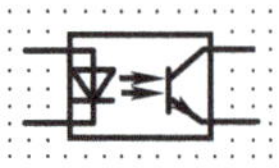	带有光阻槽的光电耦合器	

六、仪表符号

仪表符号见表 8-15 所示，常见的有 7 种符号。

表 8-15 常见仪表符号

指示仪表	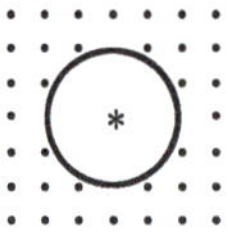 *	转速表	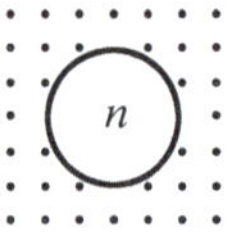 n
电压表	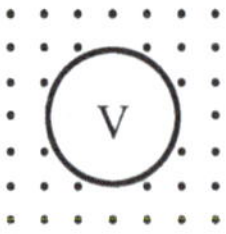 V	温度表	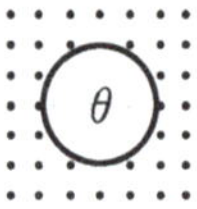 θ
无功电流表	 $I\sin\varphi$	电钟	
功率表	 W		

七、电器设备符号

电器设备符号表8-16所示，常见的有25种符号。

表8-16 常见电器设备符号

照明灯、信号灯、仪表灯、指示灯		串励直流电动机	
双丝灯		双绕组变压器	
点火线圈		桥式全波整流器	
火花塞		蓄电池组	
星形连接的三相绕相		扬声器	
中性点引出的星形连接的三相绕组		光盘式播放机	
集电环或换向器上的电刷		闪光信号灯	

笔记栏

（续）

蜂鸣器	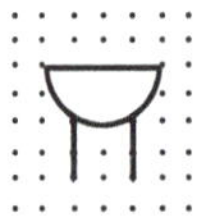
报警器	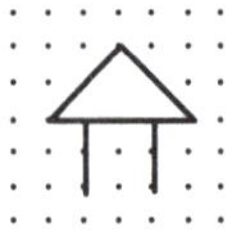
电喇叭	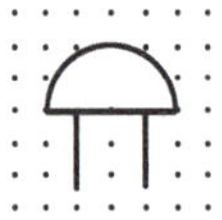
三角形连接的三相绕组	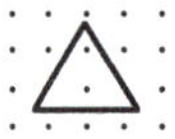
串励绕组	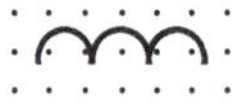
并励或他励绕组	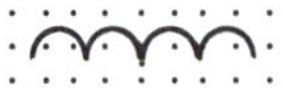
并励直流电动机	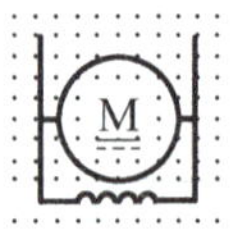
步进电动机	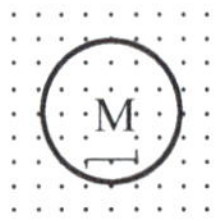
整流器	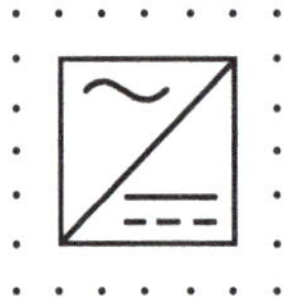
逆变器	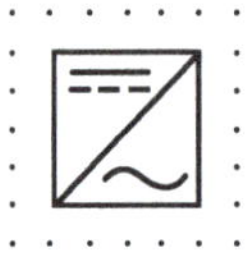
中性点引出的三相同步发电机	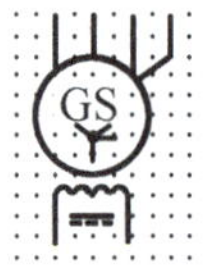

八、仪表板上常用控制符号

汽车仪表常用控制符号及含义如图 8-17~图 8-20 所示。

 发动机故障灯
 发动机功率控制系统
 发动机系统故障指示灯
 自动变速器报警信号灯
 未啮合"Park"指示灯
 自适应前照灯系统故障

 安全气囊警告灯
 安全气囊警告灯
 ABS(防抱死制动系统)
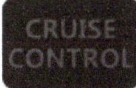 自适应前照灯系统关闭
 系统信息指示灯
 防盗启动锁止系统指示灯

 点火警告灯
 点火警告灯
 机油压力警告灯
 定速巡航控制指示灯
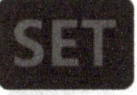 智能卡式遥控钥匙系统
 定速巡航主指示灯

 车身稳定控制系统关
 车身稳定控制系统指示灯
 机油油位过低警告灯
 智能钥匙系统警告灯
 巡航设置指示灯
 牵引力关闭指示灯

 安全带指示灯
 燃油液位低警告灯
 制动系统警告灯
 燃油经济性指示灯
 AFS(自适应前照灯)
 电子驻车制动系统警告

图 8-17 汽车仪表常用控制符号及含义（1）

 保持模式指示灯
 灯泡损坏指示灯
 巡航控制指示灯
 坡道起步辅助警告灯
 霜冻警告灯
 霜冻警示灯

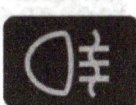 前雾灯指示灯
 前照明指示灯
 远光灯指示灯
 胎压低警告灯
 信息指示灯
 转向指示灯

 后雾灯指示灯
 换档指示灯
 行李厢盖未关闭指示灯
 可调空气悬架指示灯
 可调空气悬架指示灯
 清洗液液位低故障灯

车门未关闭指示灯
后窗加热指示灯
EBD(电子制动力分配)
清洗液液位低故障灯
光线/雨量传感器故障灯
钥匙不在车内提示灯

驻车辅助指示灯
智能进入和起动系统
超速档关闭指示灯
灯泡损坏指示灯
自动变速器油温警告灯
钥匙在车外警告灯

图 8-18 汽车仪表常用控制符号及含义（2）

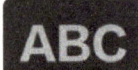

笔记栏

ABC
ABC(主动车身控制系统)
空气滤清器更换警告灯
挂车结合器故障灯
减振器调节指示灯
拖车牵引装置指示灯
拖车转向灯指示灯
车身太低警告灯
车辆正被升起指示灯
燃油滤清器警告灯
钥匙未在车内指示灯
钥匙未被识别指示灯
车道保持辅助系统指示灯
车钥匙指示灯
车门未关闭警告灯
无法检测到钥匙指示灯
驾驶人疲劳提示指示灯
Km/h
限速警告指示灯
遥控钥匙电量低指示灯
冷却液液位过低警告灯
夜视功能指示灯
下坡行驶辅助指示灯
A
发动机关闭指示灯
发动机未被关闭指示灯
胎压指示灯
燃油不足警告灯
动力蓄电池故障指示灯
制动踏板未踩下指示灯
车辆维护提示灯
ABC
ABC(主动车身控制系统)

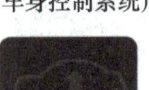

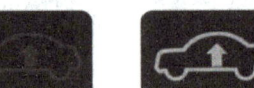

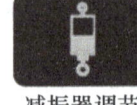

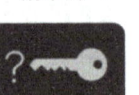

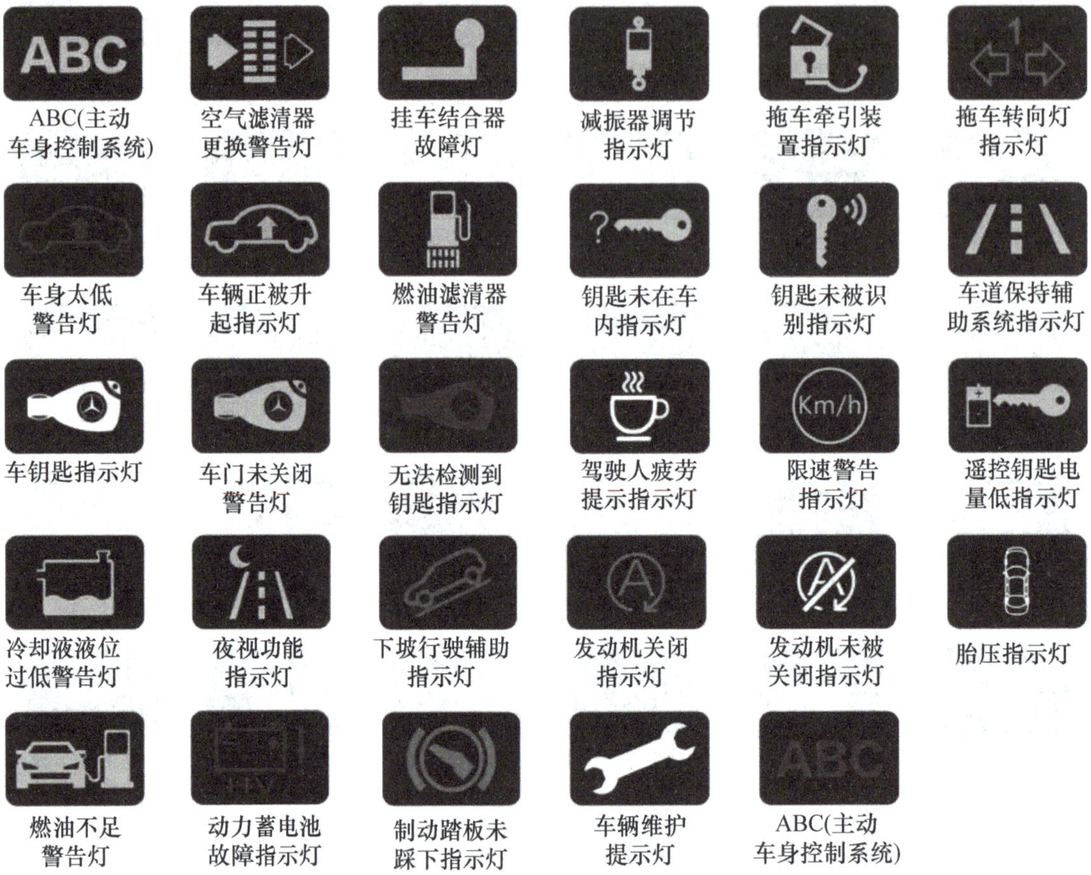

图 8-19 汽车仪表常用控制符号及含义（3）

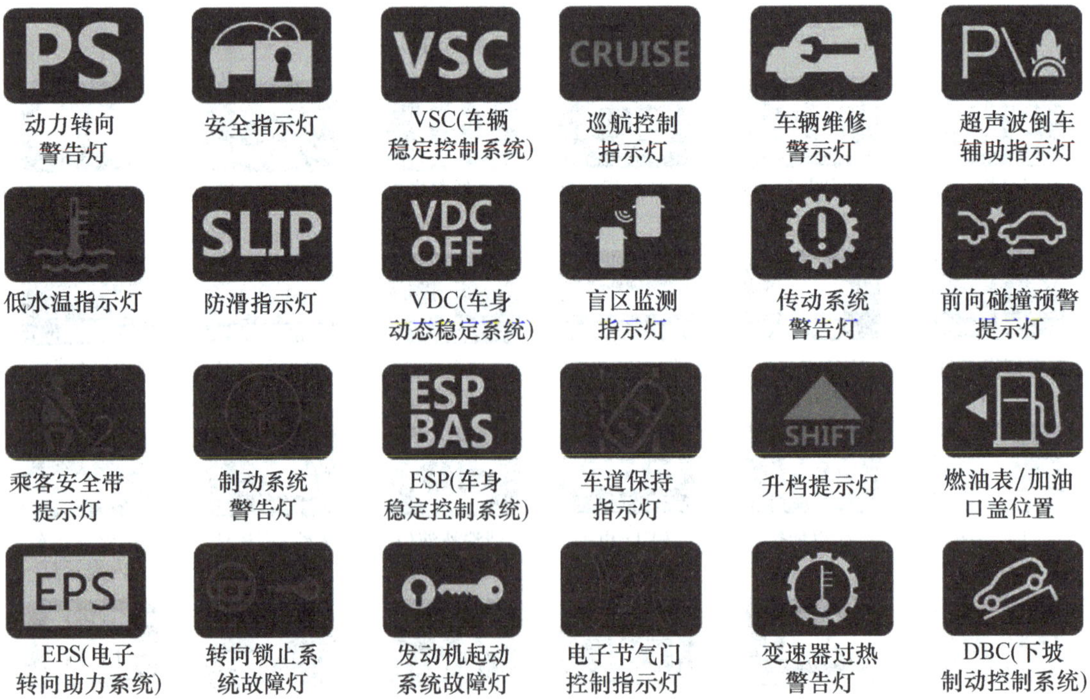

PS
动力转向警告灯
安全指示灯
VSC
VSC(车辆稳定控制系统)
CRUISE
巡航控制指示灯
车辆维修警示灯
P
超声波倒车辅助指示灯
低水温指示灯
SLIP
防滑指示灯
VDC OFF
VDC(车身动态稳定系统)
盲区监测指示灯
传动系统警告灯
前向碰撞预警提示灯
2
乘客安全带提示灯
制动系统警告灯
ESP BAS
ESP(车身稳定控制系统)
车道保持指示灯
SHIFT
升档提示灯
燃油表/加油口盖位置
EPS
EPS(电子转向助力系统)
转向锁止系统故障灯
发动机起动系统故障灯
电子节气门控制指示灯
变速器过热警告灯
DBC(下坡制动控制系统)

图 8-20 汽车仪表常用控制符号及含义（4）

任务计划

通过课前预习，分组讨论，制订任务计划，填写表 8-17 中。

表 8-17 任务计划表

任务信息描述			
工具及设备准备	大众车系（捷达/桑塔纳 2000GSI）电路图、桑塔纳 2000（捷达）教学实训用车。		
操作流程	步骤	检修项目	操作要领

任务实施

一、识别电路图形符号

根据捷达轿车电路图，识别下列电路图形符号，填入表 8-18 中。

表 8-18 电路图形符号含义

图形符号	含 义	图形符号	含 义

		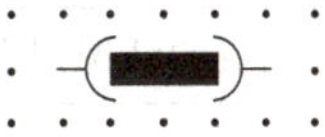	
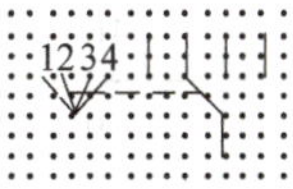		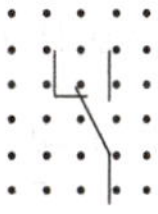	
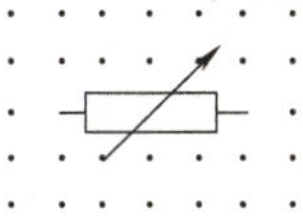			
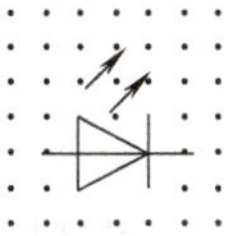		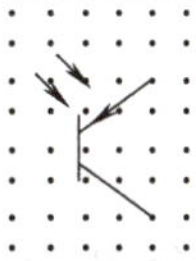	
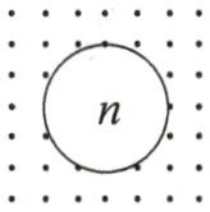		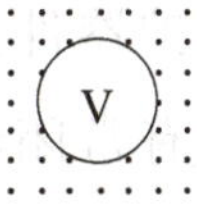	
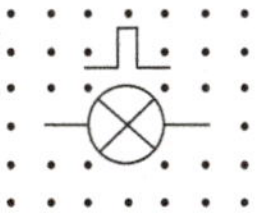		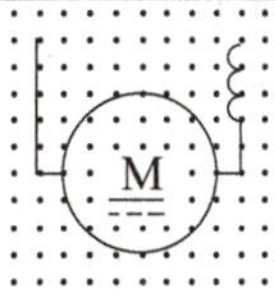	

二、识别仪表板控制符号的含义

打开捷达/桑塔纳2000GSI轿车的点火开关,观察仪表板上有哪些控制图形符号,将其代表的含义填入表8-19。

表8-19 仪表板图形符号的含义

车辆型号				
仪表板图形符号含义	1		6	
	2		7	
	3		8	
	4		9	
	5		10	

任务测评

按照表8-20的要求对本次任务的完成情况进行任务测评。

表8-20 任务测评表

评价项目		评 价 标 准	配分	得分
专业知识技能	40分	能够正确识别限定符号、导线及端子和导线连接符号的含义	10	
		能够正确识别仪表与开关、电气元件、仪表、传感器符号	10	
		能够正确识别常见电气设备的图形符号	10	
		能够正确识别仪表板上控制符号的含义	10	
任务完成情况	40分	任务完成的情况(圆满完成、基本完成、未完成)	15	
		任务完成的质量(优秀、良好、不及格)	15	
		在小组完成任务过程中所起的作用(主要、协助、未参与)	10	
职业素养	20分	能够积极主动参与学习	10	
		能够与小组成员团结协作	5	
		能够服从工位安排,执行实训室"6S"的管理规定	5	
综合评议				

任务练习

1. 汽车电路的特点是两个电源,_____、_____并联,_____搭铁。
2. 汽车电路中的过载保护器件主要有_____、_____及_____等。
3. 汽车电路中的继电器有常闭继电器、_____和_____三种。
4. 汽车电路图是利用各种_____和_____来表示汽车电路的构成、连接关系和工作原理的一种电气简图。
5. 图形符号通常有_____、_____、_____和_____。

任务三　汽车电路图的识读

任务目标

1. 理论目标
掌握汽车电路图的识读技巧和汽车电路主要干路的特点。

2. 技能目标
具有对大众车系电路图电路符号含义的识别、电路构成和特点、主要电气设备电路工作过程分析的能力。

3. 素养目标
养成积极主动的学习态度；严格遵守岗位操作规程，保证工具、设备和自身的安全；具有良好的团队协作精神和较高的组织沟通能力；树立"6S"的管理理念。

任务准备

一、汽车电路图的识读技巧

1. 化整为零，按系统、按元件进行电路识读分析

2. 掌握系统功用、技术参数等

在分析某个电路系统前，要清楚该电路中所包括的各部件的功能和作用、技术参数等。例如电路中的各种控制开关在什么条件下闭合或断开等。

3. 掌握回路原则

电路中工作电流是由电源正极流出的，经用电设备后流回电源负极。电路中只有当电流流过用电设备时，用电设备才能工作。一个完整的电器回路包括电源、开关（或熔断器）、电器（或电子电路）、导线和插接器等，并且从电源正极经导线、开关（或熔断器）至用电器后搭铁，回到同一电源的负极。

4. 按操纵开关的功能及不同工作状态来分析电路的工作原理

按操纵开关的功能及不同工作状态来分析电路的工作原理。如点火系统供电，点火开关应处于点火档或起动档。在标准画法的电路图中，开关总是处于零位，即断开状态，电子开关的状态则视具体情形而定。

5. 正确理解继电器的功用

当阅读电路图时，把含有线圈和触点的继电器，看成是由线圈工作的控制电路和触点工作的主电路两部分。主电路中的触点只有在线圈电路中有工作电流流过后才能动作。在电路图中画出的是继电器线圈处于断电的状态。

6. 正确判断接点标记、线型和色码标志等

当阅读接线图时，要正确判断接点标记、线型和色码标记。相关知识已在前面作了介绍。须指出的是：标记颜色的字母因母语不同而有区别，例如中国、美国及日本用英文字母，德国用德文字母，俄罗斯用俄文字母。

7. 看懂标题栏及技术说明，熟记常用图形符号

读图时，一是要注意各图形的编号，根据编号在本页下部查出图形表示什么元件；二是要注意读懂电路图下面的坐标，以确定该图形元件所处的位置，在读电路指向某一数字坐标时很有用；三是要注意各电路在中央接线板、继电器及其他电气元件上的接口编号，通过接口编号能读懂其电路走向。

二、汽车电路常见的主要干路

现在汽车电气设备一般采用单线制、并联连接和负极搭铁等方式连接，连接电路的导线采用不同的颜色和编号加以区分，并且以点火开关为中心将全车电路分成几条主干线，即蓄电池相线（30号线）、附件相线（Acc线）、钥匙开关相线（15号线）、起动控制线（ST线或50号线）、搭铁线（接地线或31号线）。

1. 蓄电池相线（B线或30号线）

从蓄电池正极引出直通熔断器盒，也有的汽车的蓄电池相线接到起动机相线接线柱上，再从那里引出较细的相线。

2. 点火、仪表、指示灯线（IG线或15号线）

点火开关在ON（工作）和ST（起动）档才能供电的电源线一般用来控制点火、励磁、仪表、指示灯、信号、电子控制系统等发动机工作时的重要电路。

3. 附件电源线（Acc线或15A线）

用于当发动机不工作时需要接入的电气设备，如收放机、点烟器等。

4. 起动控制线（ST线或50号线）

用于对起动机的控制电路进行控制并且提供电源。当大功率起动机起动时工作电流大，易烧蚀点火开关"30"与"50"之间的触点，为了保护点火开关起动档"30"与"50"之间的触点，需要加装起动机继电器（如东风、解放及三菱重型车）。在安装有自动变速器的轿车上，为了保证空档起动，常在50号线上串有空档开关。

5. 搭铁线（接地线或31号线）

现代汽车局部采用双线制，设有专门公共搭铁接点，编绘专门搭铁电路图。为了保证起动时减小电路接触压降、蓄电池极桩夹头，车架彻底除锈、去漆、拧紧。

任务计划

通过课前预习，分组讨论，制订任务计划，填入表8-21中。

表 8-21　任务计划表

工具及设备准备			
任务实施流程	检修项目	操作步骤	检修主要内容
	识别大众车系的电路图符号	主干电路符号的识别	
		元器件符号的识别	
		导线符号的识别	
		其他符号的识别	
	连接实训台架	起动系统	
		电源系统	
		转向信号灯电路	
		危险警告灯电路	
		前照灯电路	

任务实施

大众公司车系在我国保有量很高，现以大众车系为例，进行电路图的读识。

一、电路图中各符号的含义识别

典型大众车系的电路图如图 8-21 所示。图中各个符号解释见表 8-22。

二、大众车型汽车电路图的构成分析

图 8-21 所示为大众捷达轿车电路图，该电路图由外线部分、内部连接部分、电气元件部分、继电器和熔断器及其连接件部分、电路连接序号部分等组成，各个部分具有不同的特点，具体如下：

1. 外线部分

外线部分在电路图上以粗实线画出，集中在图的中间部分。每条线上都有导线的颜色、导线截面面积的标注。线端都有接线柱号或插口号表示其连接关系。颜色标记以字母表示。对应关系为：ws 为白色、sw 为黑色、rd 为红色、gn 为绿色、bl 为蓝色、gr 为灰色、li 为紫色、ge 为黄色。如果导线是双色线，则以两种颜色的字母共同标记，如 ro/sw、sw/ge 等。导线的截面面积是以数字标示在导线上方，单位为 mm^2，如 0.5、1.0、1.5、2.5、4.0 等。

2. 内部连接部分

内部连接部分在图上以细线画出。这部分连接是存在的，但电路是不存在的。标示电路只是为了说明这种连接关系。同时，使电路图更加容易被理解。

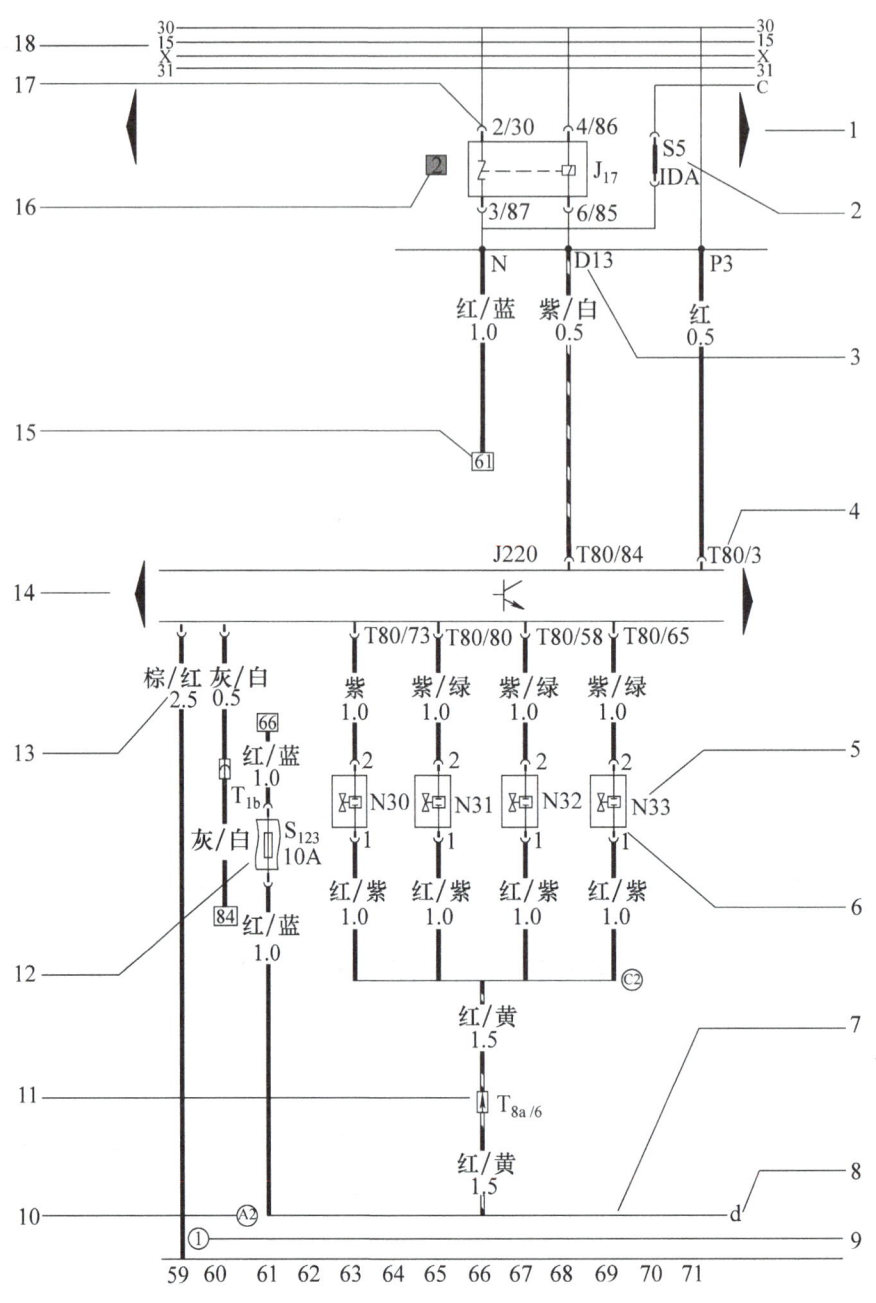

图 8-21 典型大众车系的电路图

表 8-22 大众车系的电路图各种符号解释

图 例	含 义
1-三角箭头	表示下接下一页电路图
2-熔断丝代号	图中 S5 表示该熔断丝位于熔断丝座第 5 号位,10A
3-继电器板上插头连接代号	表示多针或单针插头连接和导线的位置,如 D13 表示多针插头连接,D 位置触点 13
4-接线端子代号	表示电气元件上接线端子数/多针插头连接触点号码
5-元件代号	在电路图下方可以查到元件的名称
6-元件的符号	

(续)

图 例	含 义
7-内部接线(细实线)	该接线并不是作为导线设置的,而是表示元件或导线束内部的电路
8-指示内部接线的去向	字母表示内部接线在下一页电路图中与标有相同字母的内部接线相连
9-搭铁点的代号	在电路图下方可查到该代号搭铁点在汽车上的位置
10-线束内连接线的代号	在电路图下方可查到该不可拆式连接位于哪个导线线束内
11-插头连接	例如 $T_{8a/6}$ 表示 8 针 a 插头触点 6
12-附加熔断丝符号	例如 S_{123} 表示在中央电气附加继电器板上第 23 号位熔断丝,10A
13-导线的颜色和截面面积	例如棕/红 2.5 表示线束为棕红相间颜色,线束直径为 2.5mm
14-三角箭头	指示元件接续上一页电路图
15-指示导线的去向	框内的数字指示导线连接到哪个接点编号
16-继电器位置编号	表示继电器板上的继电器位置编号
17-继电器板上的继电器或控制器接线代号	该代号表示继电器多针插头的各个触点。如 2/30 表示:2 为继电器板上 2 号位插口的触点 2,30 为继电器/控制器上的触点 30
18-熔断器盒内部连接导线	1)标有"30"的导线直接与蓄电池正极相连,不受任何开关控制,当汽车处于停车、发动机处于熄火状态时均有电,其电压为电源电压(12V 或 14V),"30"导线所连接的用电设备均为发动机熄火时所需要用电的电器,如停车灯、警告灯、制动灯、顶灯、冷却风扇电动机等 2)标有"15"的导线为小容量用电设备的电源正极线,受点火开关控制。只有在点火开关接通后,用电设备才能通电使用 3)标有"X"的导线为大容量用电设备的电源正极线,受点火开关控制。只有在点火开关接通后、卸荷继电器触点闭合、车辆起步运行中才能使用的大容量电器所用的电源线 4)标有"31"字样的为中央电路板内搭铁点

3. 电气元件部分

电路图本身就是表达元件之间连接关系的,因此,电气元件在电路图中是主体。电气元件在图中用框图附以相应的标号表示。每一个元件都有一个代号,如 A 表示蓄电池、N 表示电磁阀等。电气元件的接线点都用标号标出,标号在元件上可以找到。

4. 继电器和熔断器及其连接件部分

继电器和熔断器及其连接件部分表示在图的上部,反映的内容有:继电器的位置号、继电器名称、熔断器盒上插接件符号、熔断器盒上连接件符号、熔断器座标号及熔断器容量等。

5. 电路连接序号部分

电路连接序号部分在图的最下方,这一标号只是制图和识图的标记号,数字的大小没有实际的物理意义。它有两个作用,一是可顺序表达整车的全部电路内容,便于每一部分既相对独立,又相互联系;另一个作用是便于反映在一部分电路图中难以表达的接续部分。

三、大众车系电路图整体特点分析

如图 8-21 所示，大众车系电路图整体上具有以下三个特点：

1. 接点标记具有固定的含义

在大众汽车电路图中经常遇到接点标记的数字及字母，它们具有固定的含义。如数字 30 代表的是来自蓄电池正极的供导线；数字 31 代表搭铁线；数字 15 代表来自点火开关的点火供导线；数字 50 代表点火开关在起动档时的起动供导线；X 代表受控的大容量用电设备供导线（由卸荷继电器的供导线）等。无论这些标记出现在电路的什么地方，相同的标记都代表相同的接点。

2. 所有电路都是纵向排列，互不交叉

大众公司汽车电路图采用断线代号法来处理电路复杂交错的问题。例如，假设某一条电路上半段在电路序号为 61 的位置上，下半段在电路接续号为 84 的位置上。这时，在电路上半段的终止处画一个标有 84 的小方格，在下半段电路的开始处也有一小方格，内标有 61，通过 61 和 84 就可以将上、下半段电路连在一起了。

3. 整个电路以熔断器盒为中心

大众公司汽车电路图在表示电路走向的同时，还表达了电路的结构情况。熔断器盒的正向插有各种继电器和熔断器。在电路图上的继电器标有 1/86、2/87、3/30、4/85 等数字，其中分子数 1、2、3、4 是指熔断器盒插孔代号，分母 30、85、86、87 是指继电器的插脚代号。2/30 就表示出了继电器插脚与插孔的配合关系。

四、大众车系汽车典型电气设备的电路分析

现以大众车系捷达轿车为例，结合附录捷达轿车电路图，对蓄电池、起动机、发电机、点火开关等电气元件的电路连接、工作过程进行电路分析。

1. 蓄电池

蓄电池在电路中用 A 表示，负极搭铁，搭铁点①表示在蓄电池与车身搭铁，从蓄电池负极至车身的这条搭铁线较粗，截面面积为 25mm^2。②表示变速器与车身搭铁点，搭铁线较粗，截面面积也为 25mm^2。⑲表示熔断器盒搭铁点，为棕色导线，截面面积为 4.0mm^2。蓄电池的正极与起动机接点"30"用粗线连接，是用来向起动机供大电流的。同时通过接点"30"用一条 6mm^2 的黑色线与"3"号位置连接。

2. 起动机

起动机用 B 表示，电路编号"5""6"的细实线表示自身内部搭铁。接点"50"用 4.0mm^2 的红/黑线与 F/1 相连，并通过 H1/1 与点火开关接点"50"相连，组成起动机电磁开关的控制电路。"50"端子通电，起动机工作。起动机接点"30"的接线如前蓄电池接线所述。

3. 发电机

发电机用 C 表示。发电机电压调节器用 C1 表示。电路编号为 1 的细实线表示自身搭铁。发电机的 D+端子，通过搭头 F/3 与插接器 U2/12 接点相连，通过电路编号"32"位置接仪表板，经二极管后接点火开关。点火开关断开时 D+端子无电，而 B+端子为蓄电池电压。点火开关接通、发动机未起动时，D+端子得电，仪表板内的二极管正向导通，向发电机励磁线圈提供励磁电流，发电机警告灯点亮。发动机起动后，发电机发电，D+端子电压由发电机提供，进入自励，D+端子电位升高后，二极管截止，发电机警告灯熄灭。如果在行车中发电机警告灯点亮，说明充电系统有故障，应及时进行检修。

4. 点火开关

点火开关用 D 表示，开关有 5 个接点。接点"30"用 $4.0mm^2$ 红色导线经 H1/2 位置接蓄电池正极；接点"15"用 $1.5mm^2$ 黑色线连接 H1/4 号位置，接点 P 向停车灯供电；接点 X 用 $2.5mm^2$ 黑/黄色线连接到 H1/3 号位置；接点"50"是起动机控制线。

五、捷达轿车系统电路的分析及其连接验证

结合捷达轿车电路图、教学用插接式电路实训台架，进行下列电路分析，电路连接验证。

1. 对捷达轿车起动系统进行电路分析及电路连接验证

结合附录捷达轿车电路图，对起动系统电路进行分析，电路连接验证，将其电路回路组成、电路连接验证结果填入表 8-23。

2. 对捷达轿车电源系统进行电路分析及电路连接验证

结合附录捷达轿车电路图，对电源系统电路进行分析，电路连接验证，将其电路回路组成、电路连接验证结果填入表 8-23。

3. 对捷达轿车转向信号灯进行电路分析及电路连接验证

结合附录捷达轿车电路图，对转向信号灯电路进行分析，电路连接验证，将其电路回路组成、电路连接验证结果填入表 8-23。

4. 对捷达轿车危险警告灯电路进行电路分析及电路连接验证

结合附录捷达轿车电路图，对危险警告灯电路进行分析，电路连接验证，将其电路回路组成、电路连接验证结果填入表 8-23。

5. 对捷达轿车前照灯电路进行分析及电路连接验证

结合附录捷达轿车电路图，对前照灯电路进行分析，电路连接验证，将其电路回路组成、电路连接验证结果填入表 8-23。

表 8-23 捷达轿车电路的分析及连接验证

电路名称	电路回路组成	电路连接验证情况
起动系统电路		
电源系统电路		
转向信号灯电路		
危险警告灯电路		
前照灯电路		

任务测评

按照表 8-24 的要求对本次任务的完成情况进行任务测评。

表 8-24 任务测评表

评价项目		评价标准	配分	得分
专业知识技能	40 分	能够掌握汽车电路图的读识技巧	5	
		能够掌握汽车电路主要干路的特点	5	
		能够正确识别大众车系图形符号	5	
		能对大众车系电路图的构成、整体特点和典型电气设备电路分析	15	
		能对大众车系电路图按系统进行电路分析	10	
任务完成情况	40 分	任务完成的情况（圆满完成、基本完成、未完成）	15	
		任务完成的质量（优秀、良好、不及格）	15	
		在小组完成任务过程中所起的作用（主要、协助、未参与）	10	
职业素养	20 分	能够积极主动参与学习	10	
		能够与小组成员团结协作	5	
		能够服从工位安排，执行实训室"6S"的管理规定	5	
综合评议				

任务练习

1. 在大众车系汽车电路图中，"30"号线代表_____，X 线代表_____，"15"号线代表_____，"50"号线代表_____，P 号线代表_____，"31"号线代表_____。

2. 在大众车系汽车电路图中，S5 表示该熔断丝_____，导线上的标注"Br/ro 2.5"表示_____，电路图中的 D/9（或 D9）表示为在中央继电器盒上的_____。

3. 填写下列符号的含义。

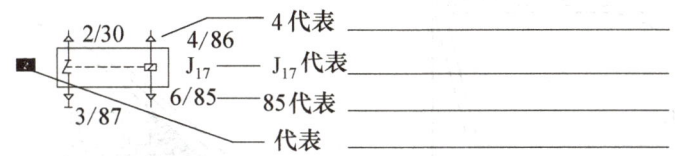

4 代表 _____
J₁₇ 代表 _____
85 代表 _____
代表 _____

任务四　汽车 CAN 数据总线的认识

 任务目标

1. 理论目标

掌握汽车 CAN 数据总线的定义、功用、分类、构成、工作原理和信号传输特点；熟悉汽车舒适系统 CAN 数据总线的特点。

2. 技能目标

掌握汽车 CAN-BUS 数据总线故障码读取方法、波形测试及识别的方法。

3. 素养目标

养成积极主动的学习态度；严格遵守岗位操作规程，确保工具、设备和自身安全；具有良好的团队协作精神和组织沟通能力；树立"6S"的管理理念。

 任务准备

一、汽车 CAN 总线的定义和功用

CAN 总线是控制单元局域网总线的英文缩写（Controller Area Network），是指控制单元通过网络进行数据交换的串行总线系统。CAN 总线即为人们所称的汽车网络。

汽车两个控制单元间的信息传递，有几个信号就要有几条信号传输线（信号传输线的搭铁端可以采用公共回路）。随着现代汽车的技术水平大幅提高，汽车上控制单元的增加，要求能对更多的汽车运行参数进行控制，信号传输线必然会随之增加。例如：车门控制单元完成全部控制功能需要 45 根线和 9 个插头，如图 8-22 所示。这样会使控制单元端子数增加、电路复杂、故障率增多、维修困难。如果利用 CAN 数据总线，提供一种特殊的局域网来为汽车的控制单元之间进行数据交换，可以减少信号传输线的根数，只需最多 17 根线，2 个插头即可使控制单元完成其全部控制，如图 8-23 所示。

CAN 数据总线是指一辆汽车无论有多少块控制单元，不管信息传输量有多大，每个控制单元都引出两个传输终端，这两条导线就称作数据总线。以前各控制单元之间好比有许多人骑着自行车来来往往，现在是这些人乘坐公共汽车。公共汽车可以运输

大量乘员，故数据总线也称为 CAN-BUS 线，如图 8-24 所示。

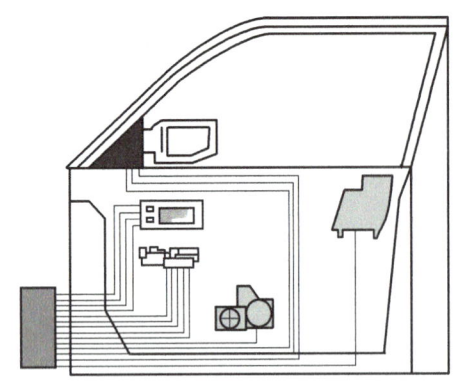

图 8-22　无 CAN 总线的车门控制单元

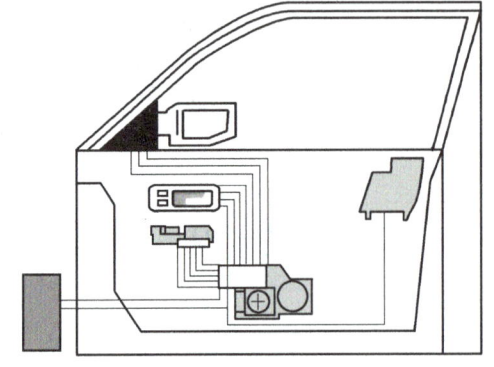

图 8-23　带有 CAN 总线的车门控制单元

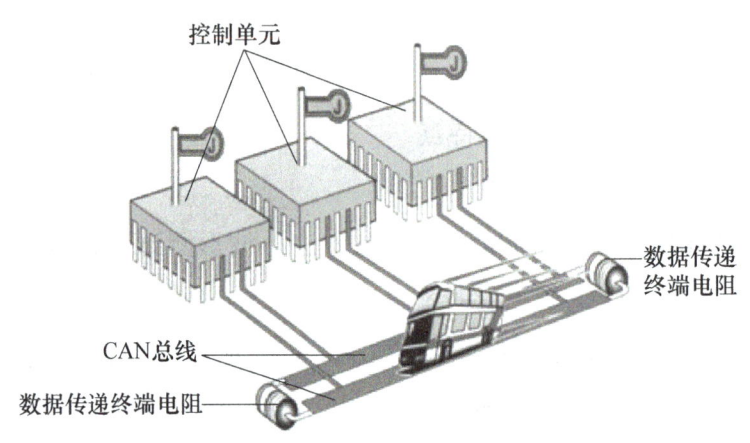

图 8-24　CAN 数据传输系统

例如：汽车舒适系统一般包括电动车窗、电动天窗、中控门锁、电动座椅和电动后视镜等。舒适系统控制通过两根导线与 CAN 总线彼此通信，传送开关信号、闭锁状态及其他信息。因此掌握 CAN 总线系统的特点和工作原理对维修汽车舒适系统将会大有益处。

二、数据传输系统的分类、构成及工作原理

1. CAN 数据传输系统的分类

对于数据传输系统，最新版本的 CAN 总线系统人为设定为 5 个不同的区域，如图 8-25 和图 8-26 所示，分别为驱动系统、舒适系统、信息系统、多功能仪表和诊断总线五个局域通信网络，每套网络的总线分别与网关（J533、J285）相连。每套网络的传输速率不同，分别为（单位：kbit/m）：

驱动系统（由 15 号线激活）：500。

舒适系统（由 30 号线激活）：100。

信息系统（由 30 号线激活）：100。

诊断系统（由 30 号线激活）：500。

仪表系统（由 15 号线激活）：100。

端子号：20

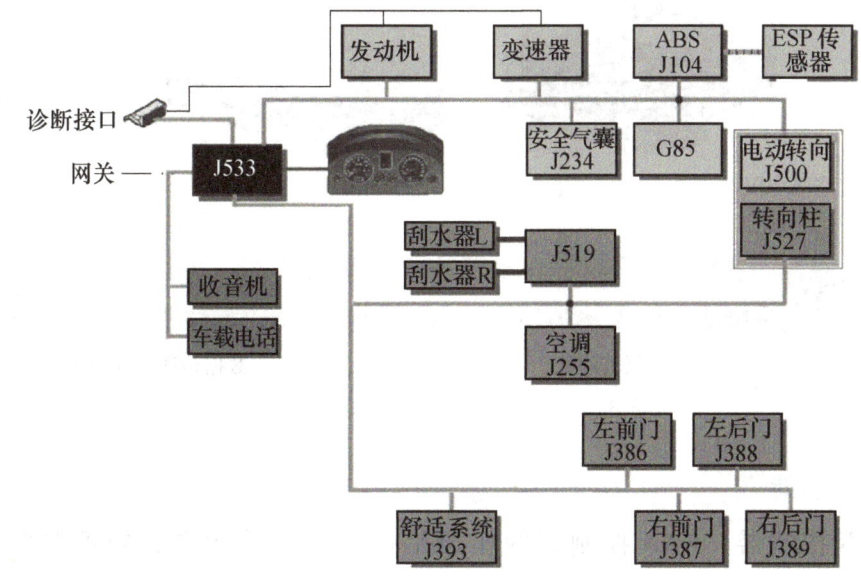

图 8-25 汽车 CAN 数据总线分类（一）

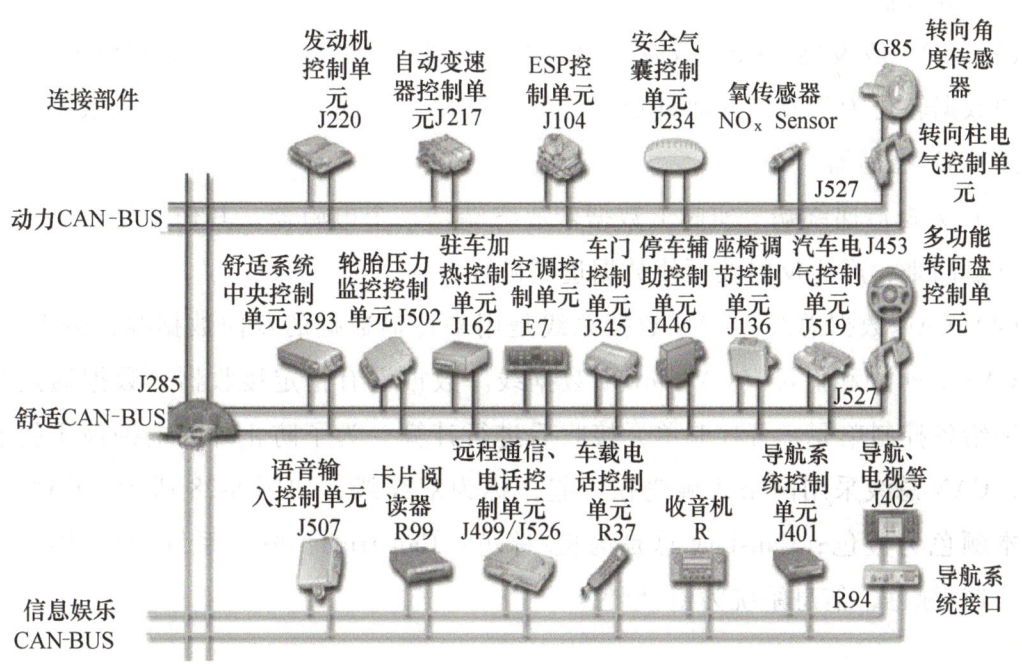

图 8-26 汽车 CAN 数据总线分类（二）

2. CAN 数据传输系统的构成

CAN 数据传输系统中每个控制单元内部增加了一个 CAN 控制器、一个 CAN 收发器，每个控制单元外部连接了两条 CAN 数据总线。在系统中作为终端的两个控制单元，其内部还装有一个数据传递终端电阻，其作用是防止数据在线端被反射，以回声的形式返回，影响数据的传输；其阻值通常为 120Ω，但也并非固定不变，而是和使用的导线有关。CAN 数据传输系统的构成如图 8-27 所示。

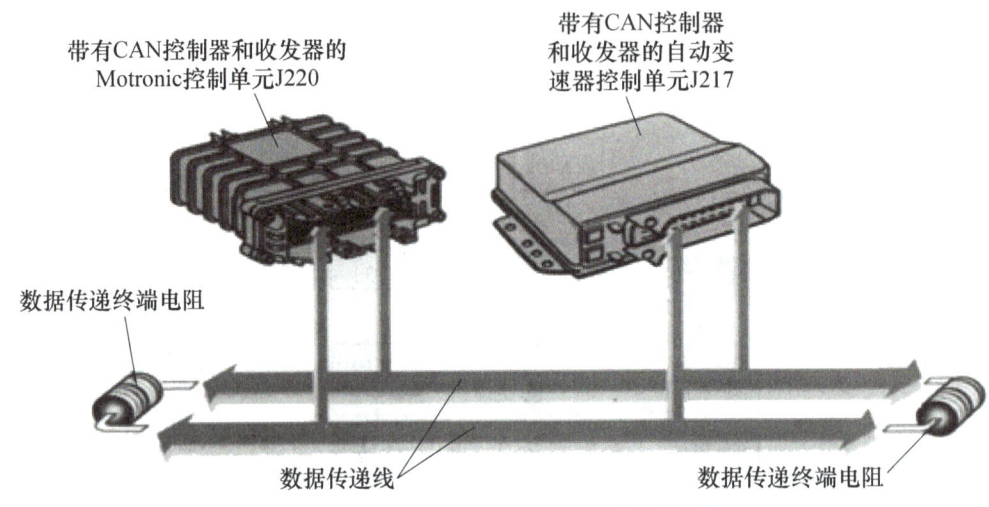

图 8-27　CAN 数据传输系统的构成

3. 各部件功能

（1）CAN 控制器　CAN 控制器的作用是接收控制单元中微处理器发出的数据，处理数据并传给 CAN 收发器。同时 CAN 控制器也接收收发器收到的数据，处理数据并传给微处理器。

（2）CAN 收发器　CAN 收发器是一个发送器和接收器的组合。它将 CAN 控制器提供的数据转化为信号，并通过数据总线发送出去。同时，它接收总线数据，并将数据传到 CAN 控制器。

（3）数据传递终端　实际上数据传递终端是一个电阻器，其作用是避免数据传输终了反射回来，产生反射波而使数据遭到破坏。

（4）CAN 数据总线　CAN 数据总线是用来传输数据的双向数据线，分为 CAN 高位（CAN-high）和低位（CAN-low）数据线。数据没有指定接收器，数据通过数据总线发送给各控制单元，各控制单元接收后进行计算。为了防止外界电磁波干扰和向外辐射，CAN 总线采用两条线缠绕在一起，称为双绞线，如图 8-28 所示。CAN 双绞线的基本颜色为橙色；Can-Low 总是为橙/棕色；Can-High：驱动系统为橙/黑色，舒适系统为橙/绿色，信息系统为橙/紫色。

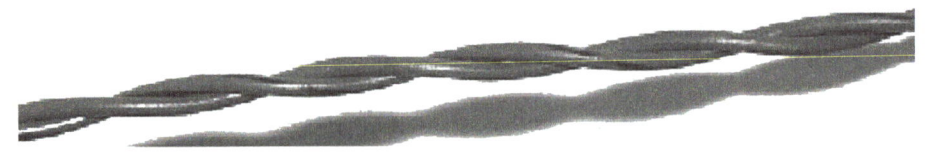

图 8-28　CAN 总线实物

两条线上的电位是相反的，如果一条线的电压是 5V，颜色为橙/绿色，另一条线就是 0V，颜色为橙/棕色。两条线的电压和总等于常值，可以看成两条线向一个方向等效流过一个稳定的直流电流，如图 8-29 所示。通过该种办法，CAN 总线得到保护而免受外界电磁场干扰，同时 CAN 总线向外辐射也保持中性，即无辐射。

（5）网关　由于不同区域 CAN-BUS 总线的速率和识别代号不同，因此一个信号要从一个总线进入另一个总线区域，必须把它的识别信号和速率进行改变，能够让另一个系统接收，

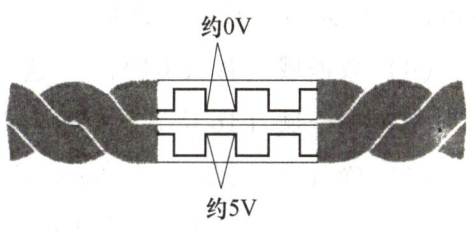

图 8-29　CAN 总线和信号电压

这个任务由网关（Gateway）来完成。另外，网关还具有改变信息优先级的功能。如车辆发生相撞事故，气囊控制单元会发出负加速度传感器的信号，这个信号的优先级在驱动系统是非常高的，但转到舒适系统后，网关调低了它的优先级，因为它在舒适系统功能只是打开门和灯。

4. 数据传递过程

发动机 ECU 向某 ECU 的 CAN 收发器发送数据；某 ECU 的 CAN 收发器接收到由发动机 ECU 传来的数据，转换信号并发给本 ECU 的控制器。CAN 数据传输系统的其他 ECU 收发器均接收到此数据，但是要检查判断此数据是否是所需要的数据，如果不是，将它忽略掉。

5. 数据内容

CAN 数据总线在极短的时间里完成一组数据传递。每组数据最多由 108 位组成，可以将其分为 7 部分，每一部分位数的多少由数据域的大小决定，如图 8-30 所示。"一位"是信息的最小单位，指此时的电路状态，在电子学中，"一位"只有"0"或"1"两个值，也就是说只有 0V 或 5V 两个状态。

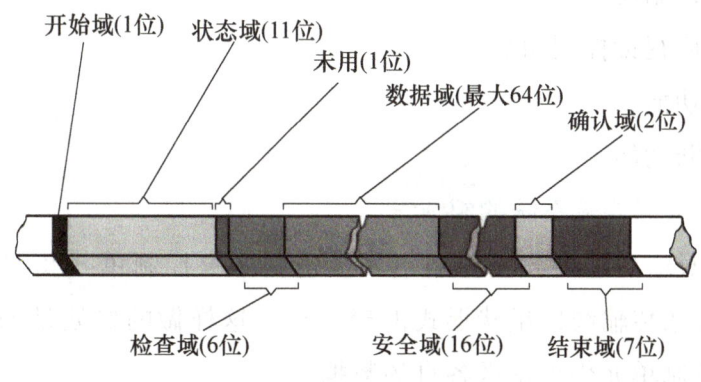

图 8-30　108 位数据组

（1）开始域（1 位）　标志数据传输开始，此时 CAN 高位传输线为 5V 电压，低位传输线为 0V 电压。

（2）状态域（11 位）　判断数据中的优先权。例如：如果两个控制单元要同时发送各自的数据，则具有较高优先权的控制单元优先发送。

（3）检查域（6 位）　显示数据域中所包含的信息项目数。每一个控制单元的接

收器都依据此项目数,检查是否已经接收到所有传递过来的信息。

(4) 数据域(最大 64 位) 这是传递给其他控制单元的所有信息。

(5) 安全域(16 位) 检测传递数据中是否有错误。

(6) 确认域(2 位) 在确认域中,是由发送器发出信号通知接收器,告知已经正确发送。如果接收器检查出错误,则立即通知发送器,发送器则再发送一次数据。

(7) 结束域(7 位) 标志数据传递结束,也是发送器检查错误和再次发送数据的最后一次机会。

三、典型 CAN 数据总线

下面以汽车舒适 CAN 数据总线介绍数据总线的特点组成。

1. 舒适系统 CAN 数据总线的优点

1) 若一个控制单元发生故障,其他控制单元仍可发送各自的数据。

2) 该系统使经过车门的导线数量减少,电路变得简单。

3) 如果出现搭铁短路、对正极短路或电路间短路,CAN 系统会转为应急模式运行和转为单线模式运行。

4) 由于故障自诊断完全由中央控制单元控制,所以只需要较少的自诊断线。

5) 由于舒适系统中的数据可以较低的速率传递,所以发送器只需较低的功率。

2. 舒适系统 CAN 数据总线传递数据的功能

1) 中控门锁控制功能。

2) 电动窗控制功能。

3) 照明开关控制功能。

4) 电动调节后视镜控制功能。

5) 防盗控制功能。

6) 故障自诊断功能。

3. 舒适 CAN 数据传输系统的组成

舒适 CAN 数据总线连接五块控制单元,包括中央控制单元及四个车门的控制单元。控制单元的各条传输线以星状形式汇聚一点,这样做的好处是如果一个控制单元发生故障,其他控制单元仍可发送各自的数据。

舒适 CAN 数据传输系统使经过车门的导线数量减少,电路变得简单。如果电路中某处出现搭铁短路,对正极短路或电路间短路,CAN 系统会立即转为紧急模式运行,或转为单线模式运行。四个车门控制单元都由中央控制单元控制,只需较少自诊断线。

数据总线以 100kbit/s 速率传递数据,每一组数据传递约需要 1ms,每个电控单元每 20ms 发送一次数据,如图 8-31 所示。优先权顺序为:中央控制单元→驾驶人侧车门控制单元→前排乘员侧车门控制单元→左后车门控制单元→右后车门控制单元，如图 8-32 所示。

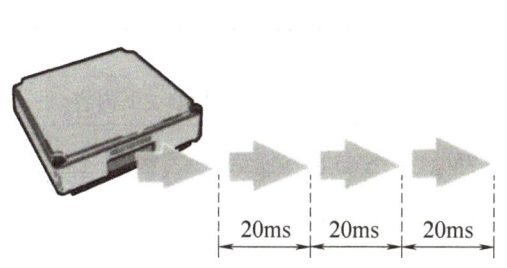

图 8-31　舒适系统的传送信号

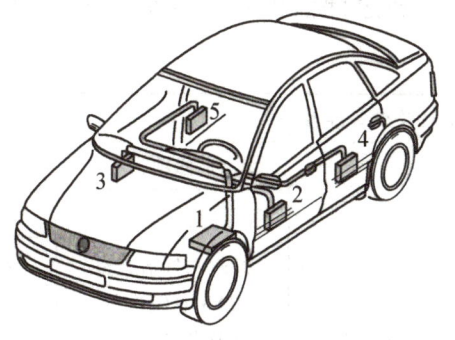

图 8-32　控制单元的优先权顺序

1—中央控制单元　2—驾驶人侧车门控制单元
3—前排乘员侧车门控制单元
4—左后车门控制单元　5—右后车门控制单元

4. 舒适系统 CAN 数据总线控制单元电路图

舒适系统 CAN 数据总线控制单元的电路图如图 8-33 所示。

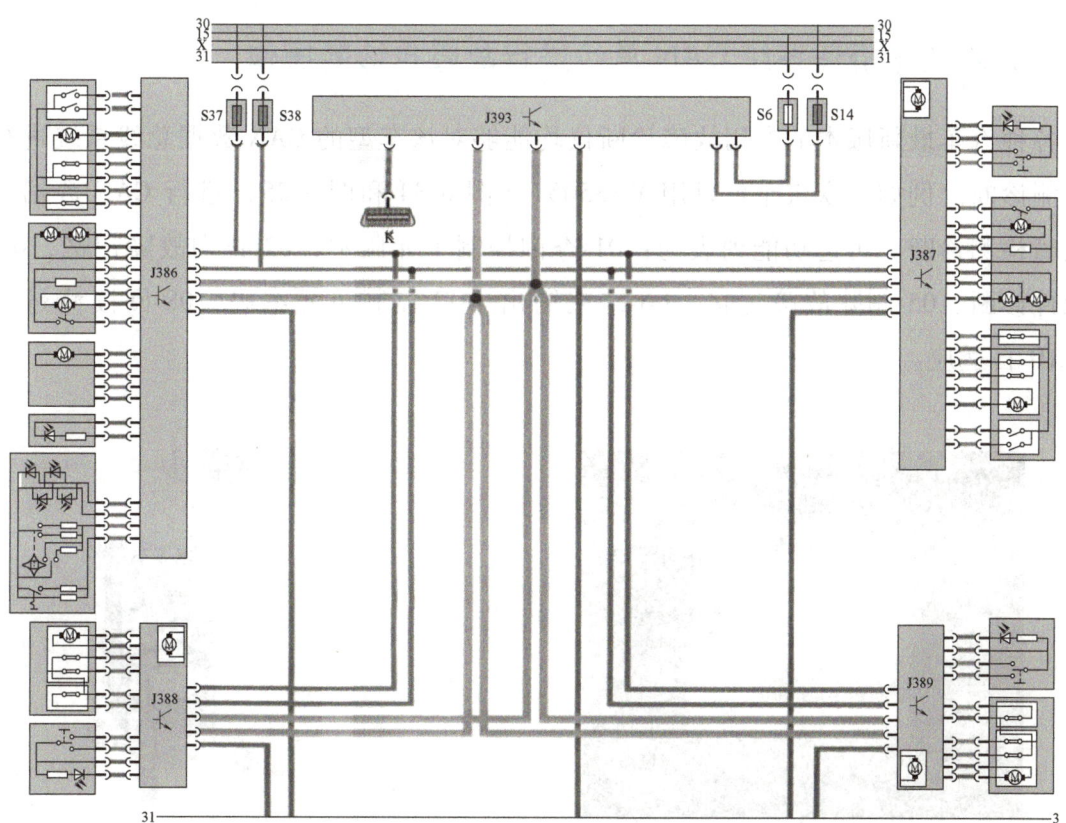

图 8-33　舒适系统 CAN 数据总线控制单元电路图

J386—驾驶人侧车门控制单元　J387—前排乘员侧车门控制单元　J388—左后车门控制单元
J389—右后车门控制单元　J393—舒适系统中央控制单元　S37—30 号线熔丝-电动窗
S38—30 号线熔丝-中控门锁　S6—15 号线熔丝-中央控制单元　S14—30 号线熔丝-中央控制单元

任务计划

通过课前预习，分组讨论，制订任务计划，填入表 8-25 中。

表 8-25 任务计划表

工具及设备准备			
任务实施流程	检修项目	操作步骤	检修主要内容
	对汽车舒适系统 CAN 总线进行故障自诊断操作	故障诊断仪与试验台连接	
		进入舒适系统	
		故障查询与清除	
		读取舒适系统中央控制单元 CAN 总线相关数据	
	CAN 总线系统波形测试识别	检查相关控制单元功能正常情况	
		测试控制单元终端电阻	
		波形测试、识别判断	

任务实施

一、对汽车舒适系统 CAN 总线进行故障自诊断操作

各种汽车最新版本的专用故障诊断仪均能够对该车型的 CAN 数据总线系统进行故障检测诊断。例如大众汽车可以用 VAS5051（图 8-34 和图 8-35）进行 CAN 数据总线的故障检测诊断。可选功能列表为：01-查询控制单元版本，02-查询故障记忆，03-执行元件诊断，05-删除故障记忆，06-结束输出，07-控制单元编码，08-阅读测量数据块，10-自适应。

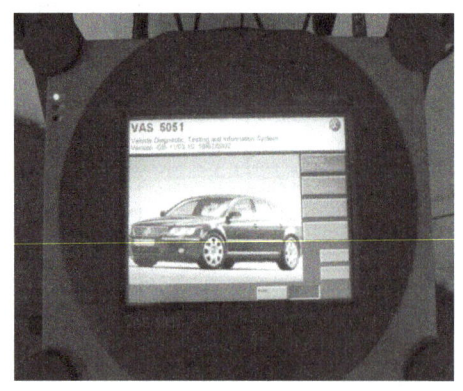

图 8-34 VAS5051 故障诊断仪界面

图 8-35 VAS5051 故障诊断仪

诊断步骤如下：

1) 输入舒适系统的地址码：46-舒适系统。

2）输入 02 功能：查询故障记忆。注意：在故障记忆中，有 2 个 CAN 数据总线的特殊故障代码。

① 01328-舒适系统数据传递故障：如果两个或多个控制单元间数据传递出现故障，便存储该故障记忆。可能的故障原因有：控制单元故障；两条数据线断路；插头和插座连接故障。

② 01329-应急运转模式：该故障记忆表明 CAN 数据总线系统已经进入应急运转模式。可能故障原因：某一根数据总线断路；插头和插座连接故障。

3）输入 08 功能-阅读测量数据块，调取 012 通道（中央控制单元）：显示与 CAN 数据总线相关的 4 组数据区域，如图 8-36 所示。

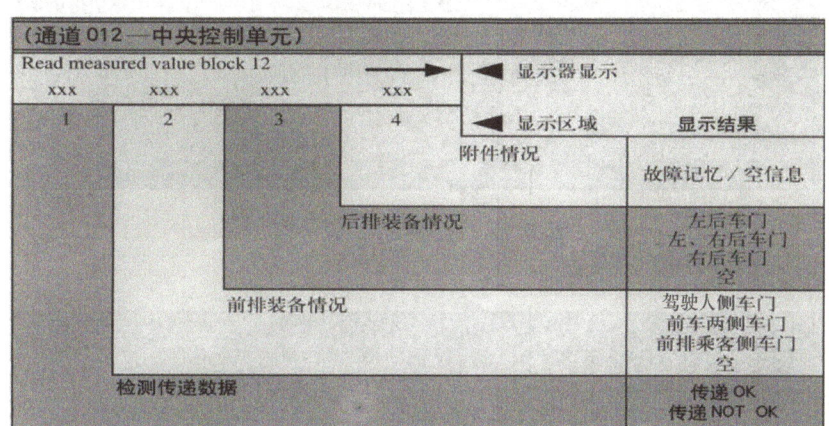

图 8-36 测量数据块

数据区域 1：检测传递数据——该区域显示数据传递正确与否（如单根数据线故障）。

数据区域 2：前排装备情况——该区域显示前排车门控制单元在传递数据过程中是否匹配。

数据区域 3：后排装备情况——该区域显示后排车门控制单元在传递数据过程中是否匹配。

数据区域 4：其他附件情况——该区域显示座椅与后视镜调整记忆系统是否合适，舒适系统与记忆系统是否交换数据。

二、CAN 总线系统波形测试识别

在检查数据总线系统之前，须保证所有与数据总线相连的控制单元无功能性故障。功能性故障指影响某一系统功能流程的故障，如某传感器损坏，其结果就是传感器信号不能通过数据总线传递。这种功能性故障对数据总线系统有间接影响，会影响使用该传感器信号控制单元的通信。如存在功能性故障，会有故障码存储，应对这些故障进行排除。当功能性故障都排除后，如果控制单元间数据传输仍不正常，应检查数据总线系统。

如果整个网络均不能通信，可分别拔开两个控制单元的插头，测量每个控制单元连接总线两个插脚之间的电阻是否符合规定值，然后测量两根 CAN 总线是否存在断路和短路故障。正确的总线波形如图 8-37 所示。CAN 高位的短路波形如图 8-38 和图 8-39 所示。

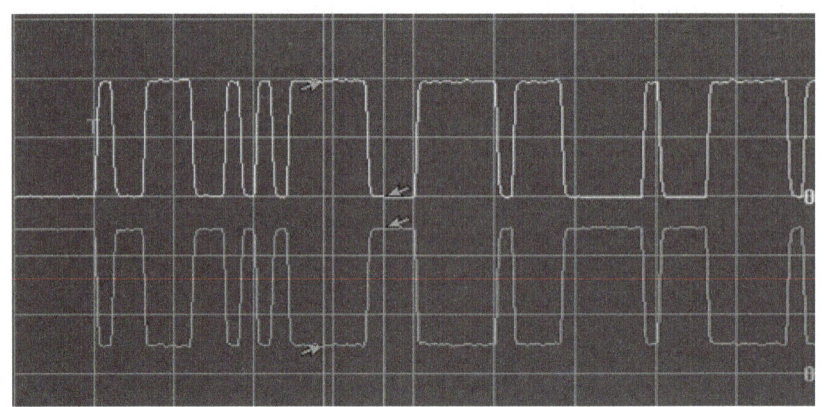

图 8-37　正确的总线波形

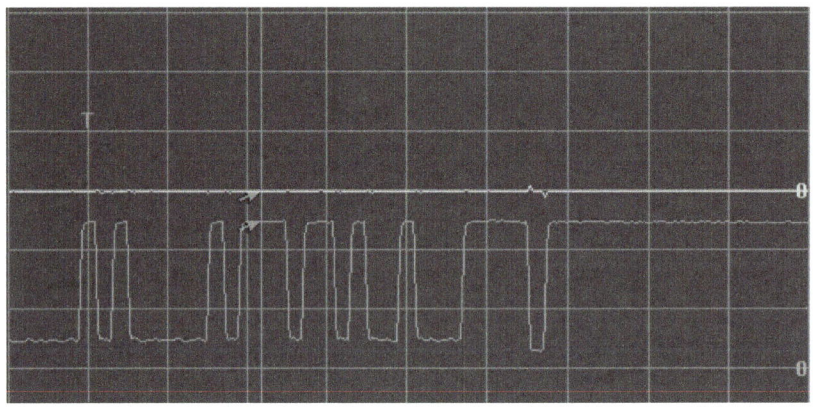

图 8-38　CAN 高位对地短路波形

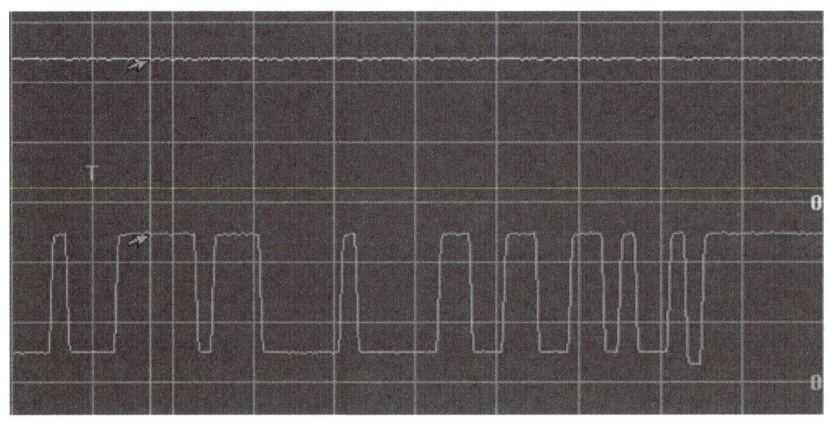

图 8-39　CAN 高位对正极短路波形

任务测评

按照表8-26对本次任务的完成情况进行任务测评。

表8-26 任务测评表

评价项目		评价标准	配分	得分
专业知识技能	40分	能描述CAN总线系统的功用、组成、信号传输功能及特点	10	
		能描述CAN总线系统各部件的构造特点	10	
		能用专用诊断仪对舒适系统CAN总线进行自诊断	10	
		能对CAN总线系统故障进行检查诊断	10	
任务完成情况	40分	任务完成的情况（圆满完成、基本完成、未完成）	15	
		任务完成的质量（优秀、良好、不及格）	15	
		在小组完成任务过程中所起的作用（主要、协助、未参与）	10	
职业素养	20分	能积极主动参与学习	10	
		能与小组成员团结协作	5	
		能服从工位安排，执行实训室"6S"的管理规定	5	
综合评议				

任务练习

1. 对于CAN数据传输系统，汽车通常采用_____、_____、_____三套通信网络，每套网络的总线分别与_____相连。

2. CAN数据传输系统中每块ECU的内部各有一个CAN_____和CAN_____。

3. CAN数据总线分为CAN_____和CAN_____数据线两种，两者的电压和为_____。

4. 当车辆的CAN数据总线系统出现故障时，可用_____进行故障诊断与检测。

附录　捷达轿车电路图

发电机，蓄电池，起动机，点火开关

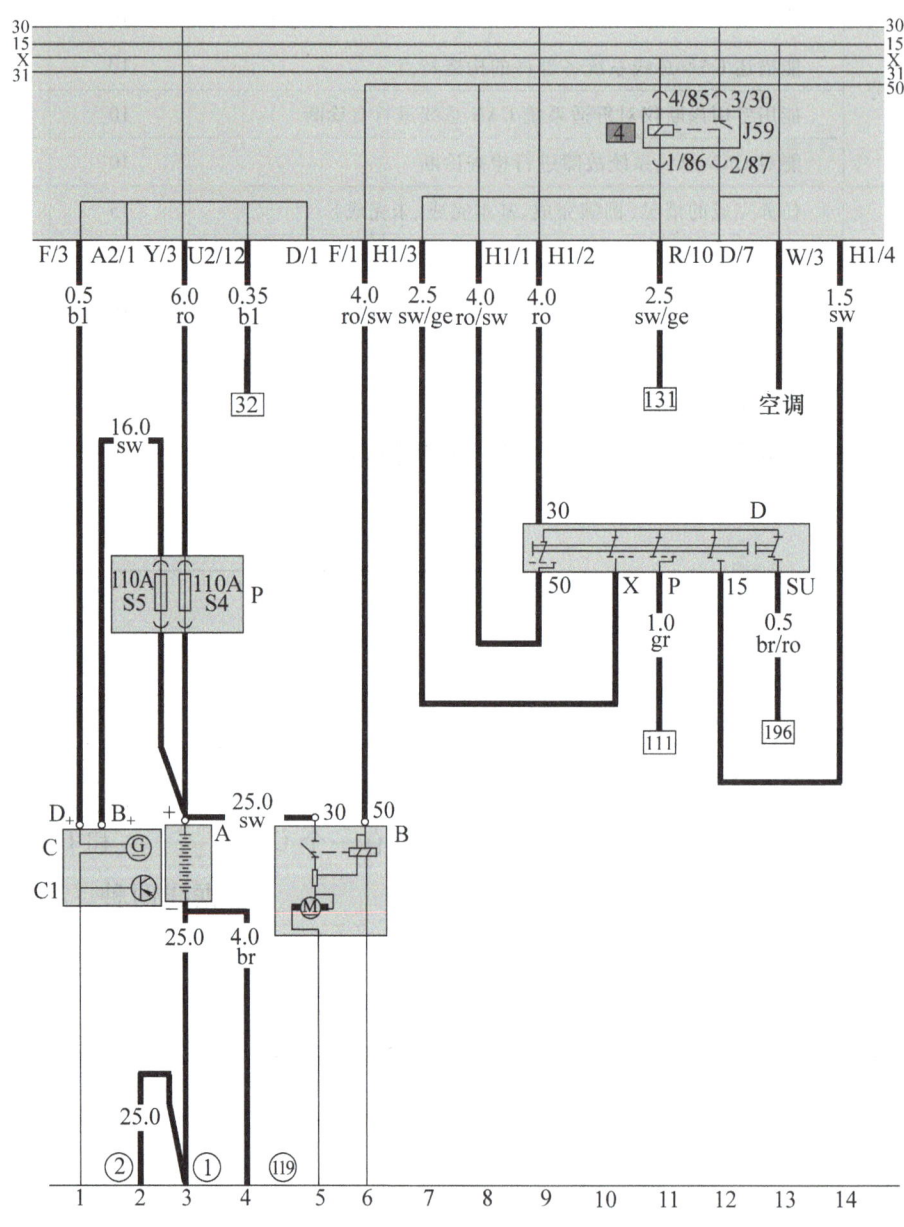

A — 蓄电池
B — 起动机
C — 发电机
C1 — 电压调节器
D — 点火开关
J59 — X-触点卸荷继电器
P — 主熔体丝盒，位于蓄电池上方

① — 搭铁点，蓄电池-车身
② — 搭铁点，变速器-车身
⑲ — 搭铁点，中央继电器盒

ws=白色
sw=黑色
ro=红色
br=棕色
gn=绿色
bl=蓝色
gr=灰色
li=紫色
ge=黄色

附录图　捷达

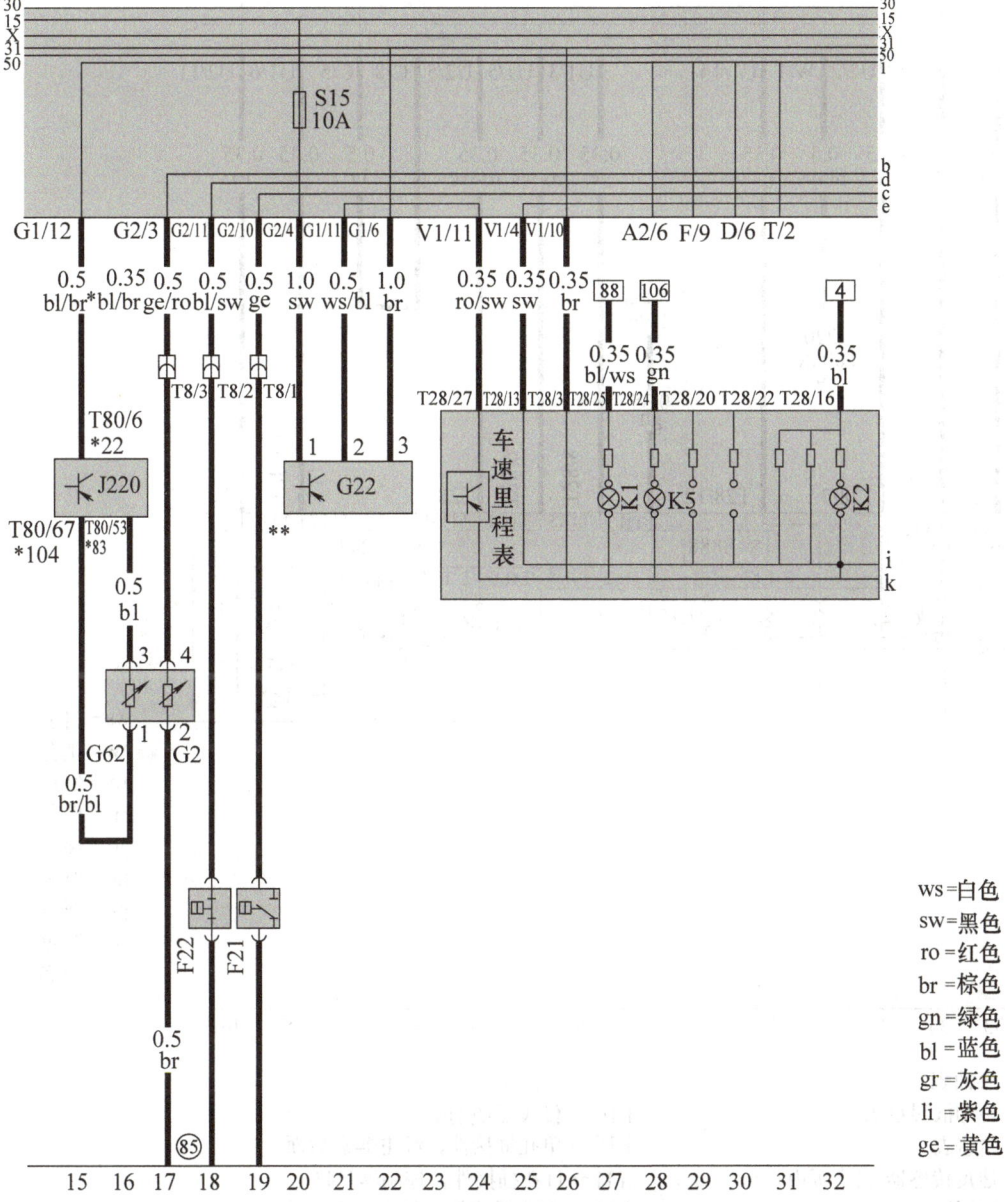

仪表板连接，油压开关，冷却液温度传感器，车速传感器

F21 — 油压开关，1.8bar
F22 — 油压开关，0.3
G2 — 冷却液温度传感器(冷却液温度表)
G62 — 冷却液温度传感器(发动机ECM)
K1 — 远光警告灯
K2 — 发电机警告灯
K5 — 转向警告灯

J220 — 发动机控制单元(5V)
G22 — 车速传感器，位于变速器上
T28 — 28孔插头，在仪表板上
T8 — 8孔插头，黑色，发动机舱流水槽内
* — 用于2V电喷发动机
** — 用于电子组合仪表
㊄ — 搭铁点，在气缸盖上

ws=白色
sw=黑色
ro=红色
br=棕色
gn=绿色
bl=蓝色
gr=灰色
li=紫色
ge=黄色

轿车电路图

笔记栏

仪表连接，燃油表，冷却液温度表，声光油压报警，数字式时钟，转速表

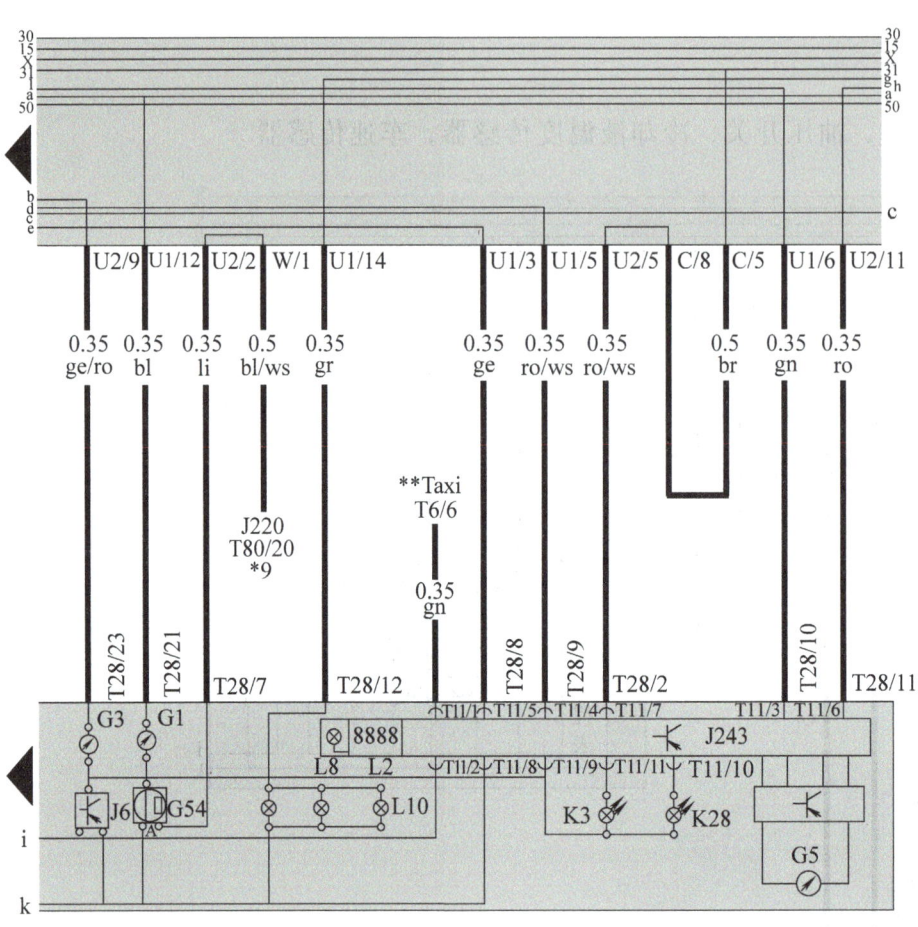

ws = 白色
sw = 黑色
ro = 红色
br = 棕色
gn = 绿色
bl = 蓝色
gr = 灰色
li = 紫色
ge = 黄色

G1 — 燃油表
G3 — 冷却液温度表
G5 — 转速表
G54 — 速度传感器(仪表板内)
J6 — 稳压器
J243 — 油压和冷却液报警及转速控制单元
K3 — 油压警告灯
K28 — 冷却液温度警告灯
L8 — 时钟照明灯
L10 — 仪表板照明灯
L1d — 单孔插接件，继电器盒后面
T11 — 11孔插接件，控制器J243上
T28 — 28孔插接件，仪表板旁
Y2 — 数字式时钟
* — 用于2V电喷发动机
** — 仅适用于出租车车型

附录图 捷达

驻车制动，燃油泵，燃油液面传感器

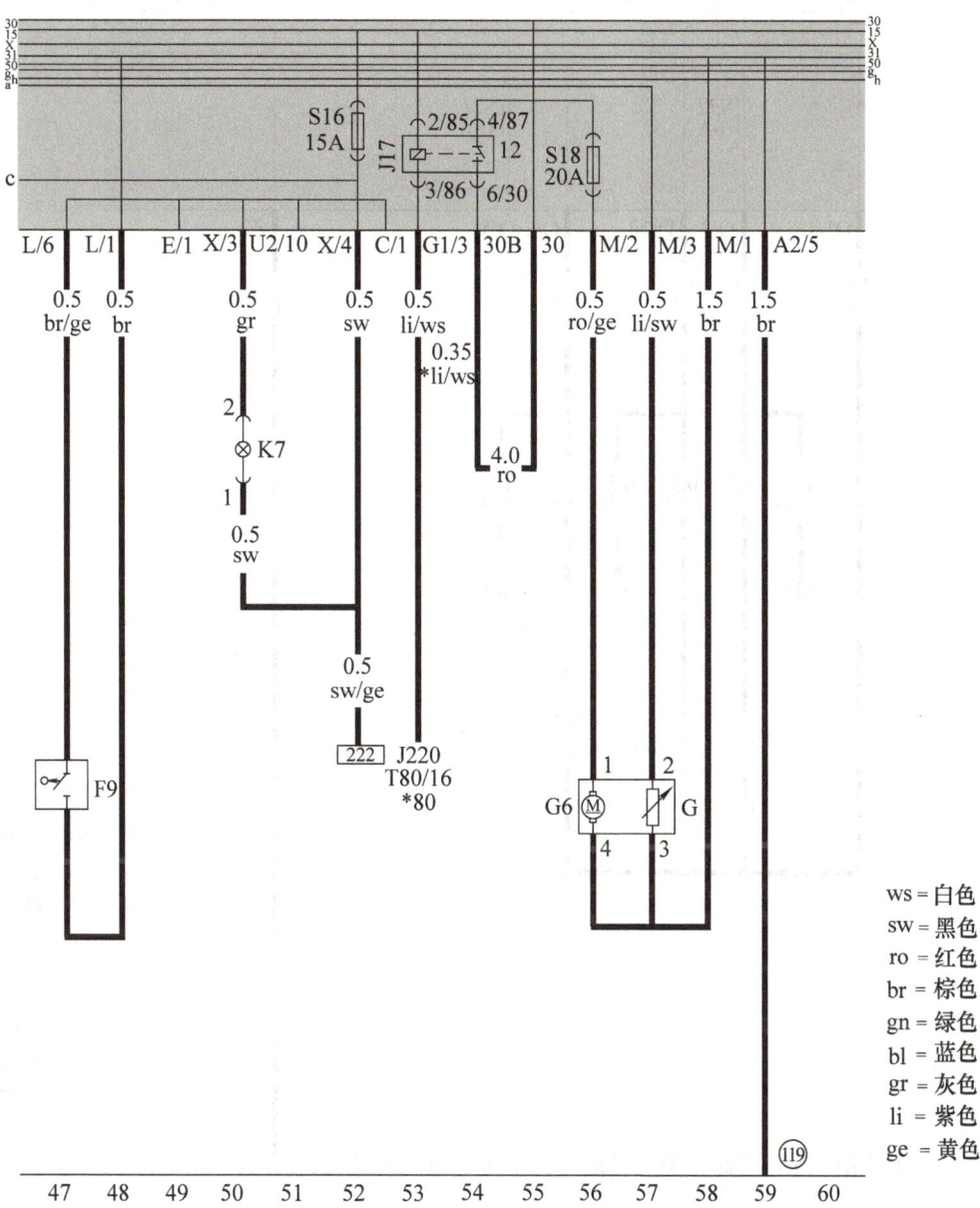

F9 — 驻车制动指示灯开关
K7 — 制动指示灯
G — 燃油表传感器
G6 — 燃油泵
T4 — 4孔插头，在燃油箱上

J220 — 发动机控制单元(5V)
J17 — 燃油泵继电器
* — 用于2V电喷发动机
⑲ — 搭铁点，前照灯线束内

轿车电路图（续）

笔记栏　　点烟器，空调控制板照明

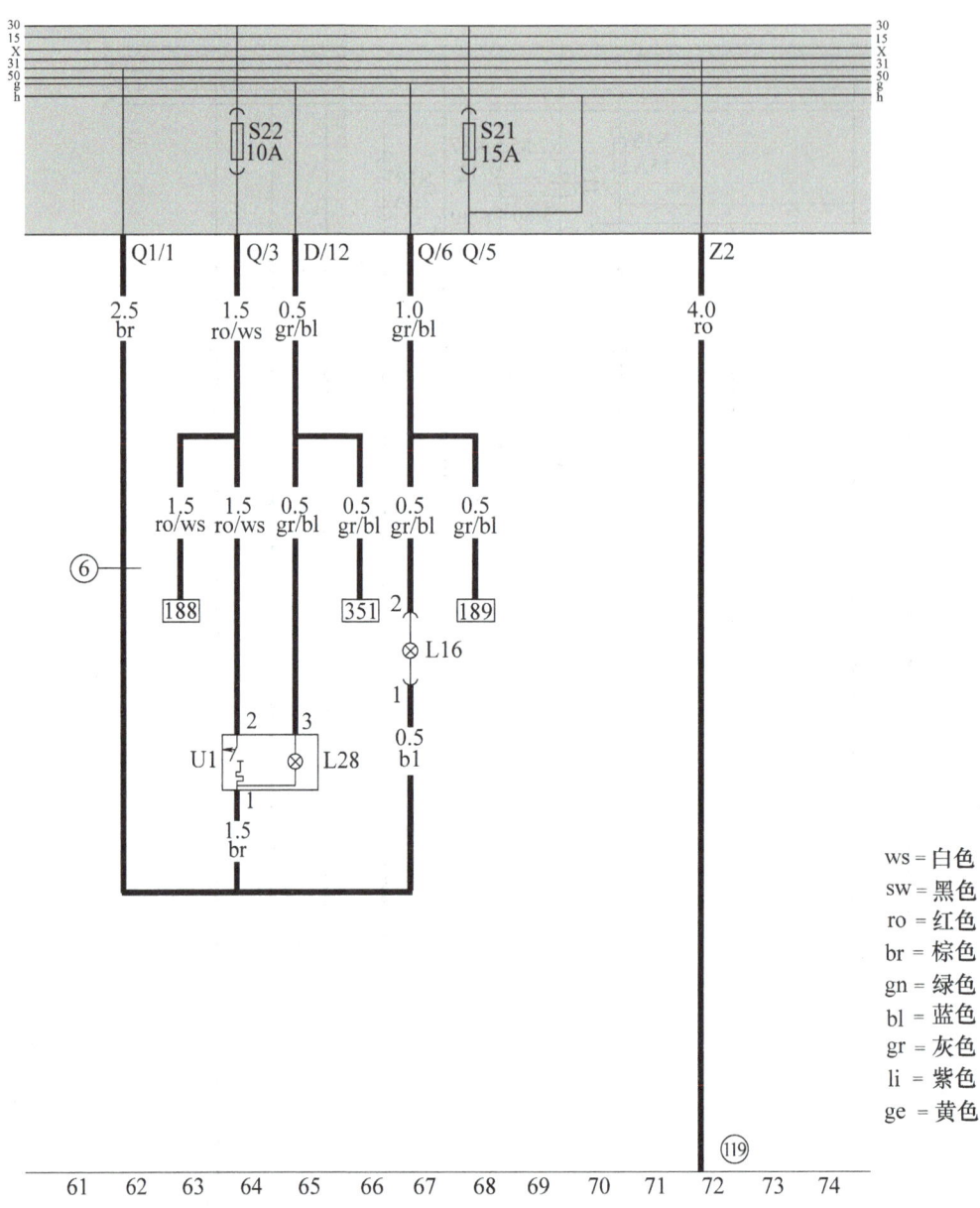

L28—点烟器照明灯
U1—点烟器
L16—空调控制板照明灯
⑥—接线点，空调线束内
⑲—搭铁点，前照灯线束内

附录图　捷达

室内灯，行李舱灯，牌照灯

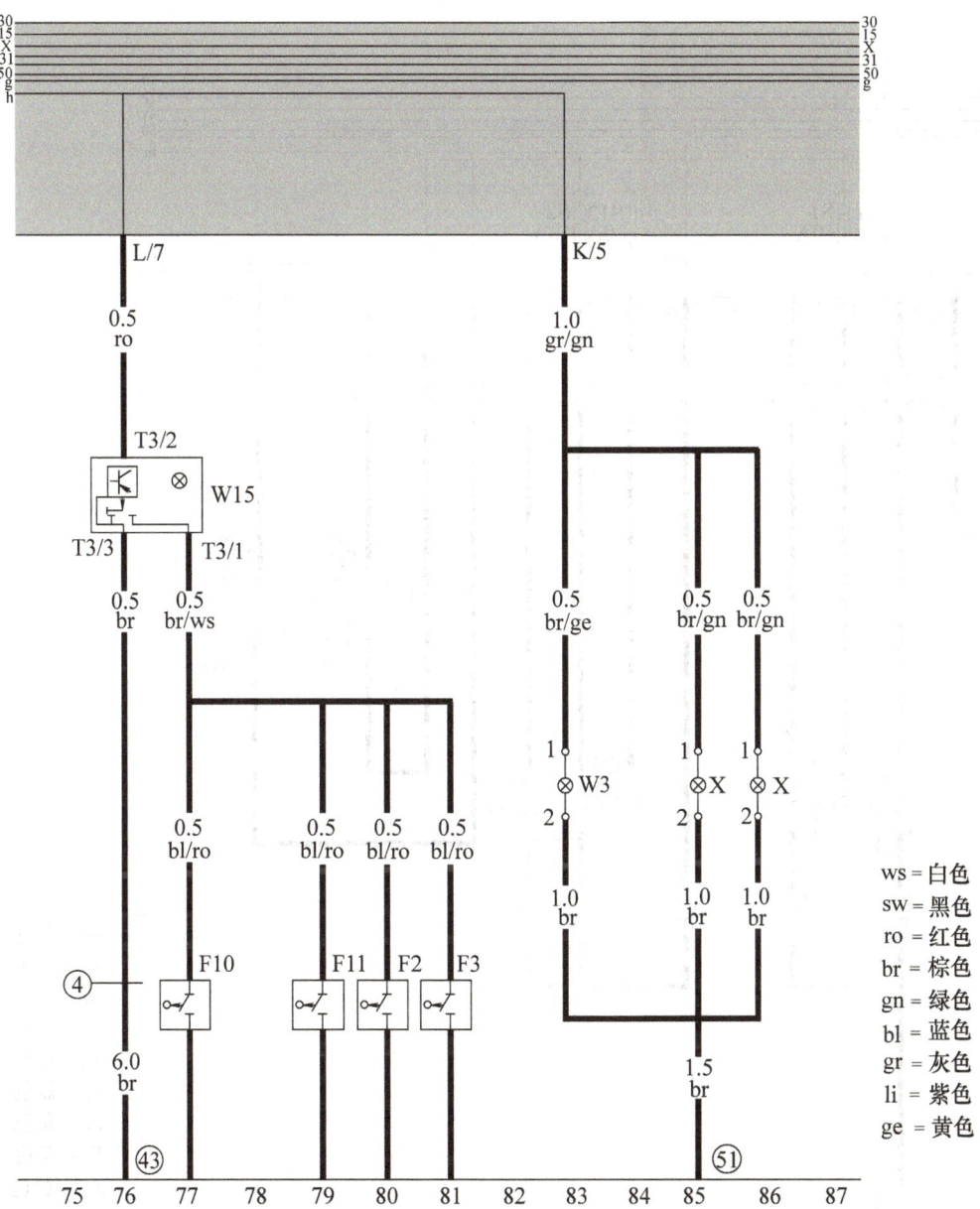

F2 — 左前门联锁开关　　　W15 — 室内灯
F3 — 右前门联锁开关　　　X — 牌照灯
F10 — 左后门联锁开关　　　㊸ — 搭铁点，继电器盒旁车身处
F11 — 右后门联锁开关　　　㊿ — 搭铁点，行李舱左侧
W3 — 行李舱灯　　　　　　④ — 接线点，车身线束内

轿车电路图（续）

笔记栏

前照灯，停车灯，变光灯及转向灯开关

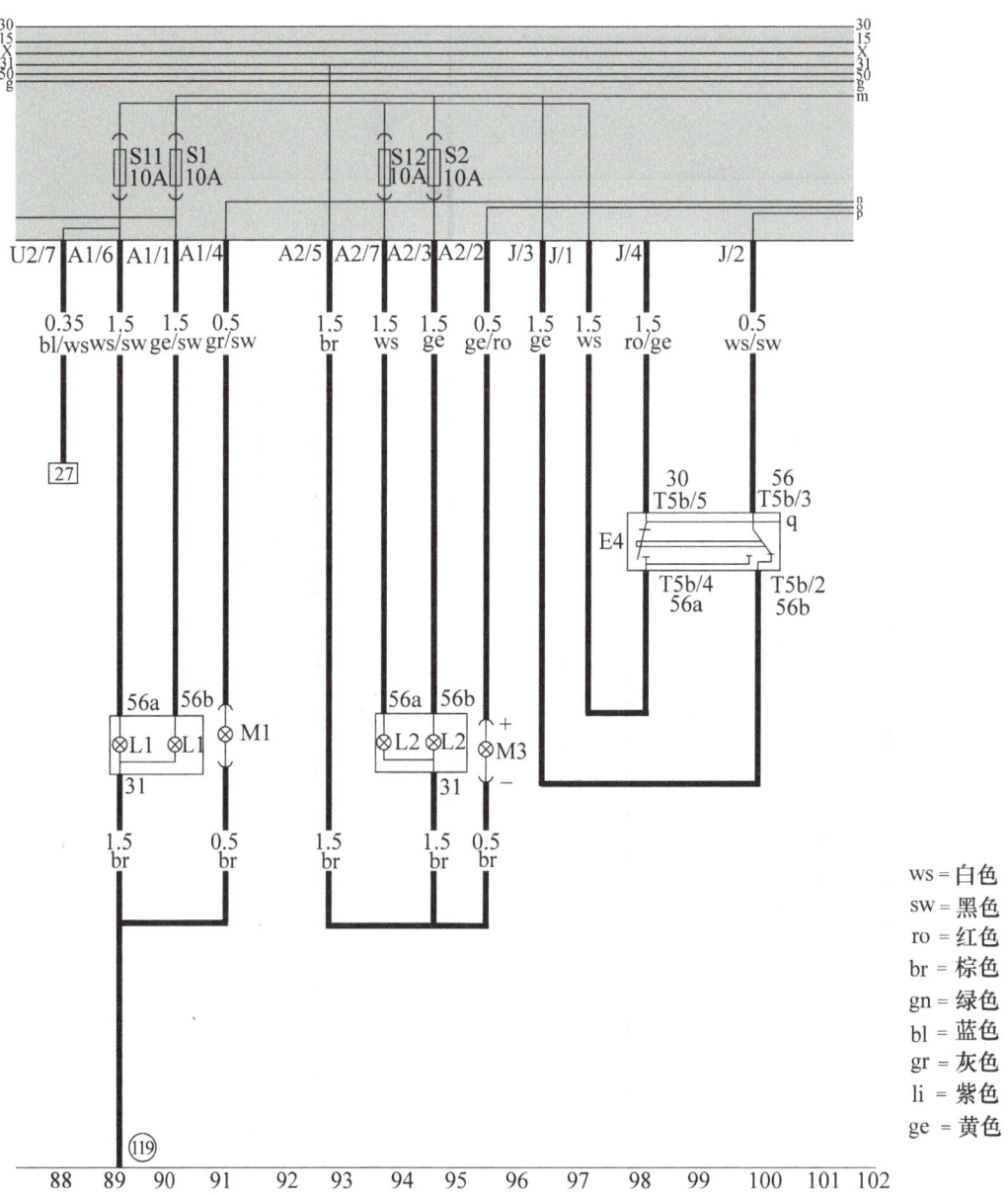

L1—左前照灯，远、近光双灯泡　　M1—左停车灯
　　　　　　　　　　　　　　　　M3—右停车灯
L2—右前照灯，远、近光双灯泡　　E4—变光及转向灯开关
　　　　　　　　　　　　　　　⑲—搭铁点、前照灯线束内

ws = 白色
sw = 黑色
ro = 红色
br = 棕色
gn = 绿色
bl = 蓝色
gr = 灰色
li = 紫色
ge = 黄色

附录图　捷达

转向灯及遇险警告灯开关，驻车灯开关

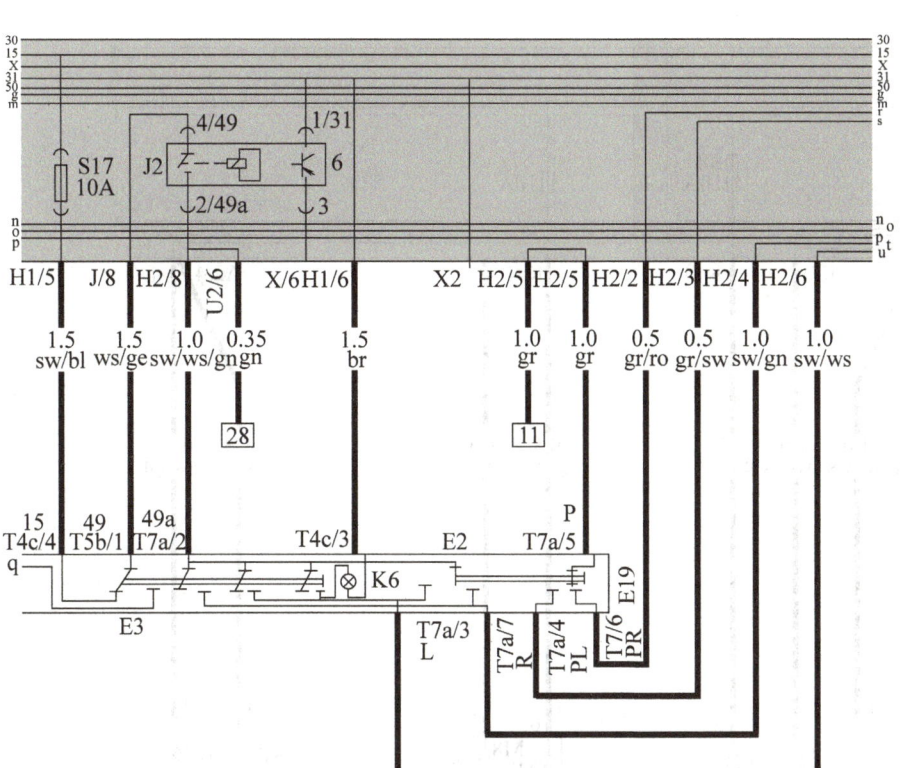

ws = 白色
sw = 黑色
ro = 红色
br = 棕色
gn = 绿色
bl = 蓝色
gr = 灰色
li = 紫色
ge = 黄色

E2 — 转向灯开关　　　J2 — 遇险警报继电器
E3 — 遇险警告灯开关　T4c — 4孔插接件，转向柱开关后
E19 — 驻车灯开关　　 T5b — 5孔插接件，转向柱开关后
K6 — 警告灯开关　　　T7a — 7孔插接件，转向柱开关后

轿车电路图（续）

笔记栏

转向灯，尾灯

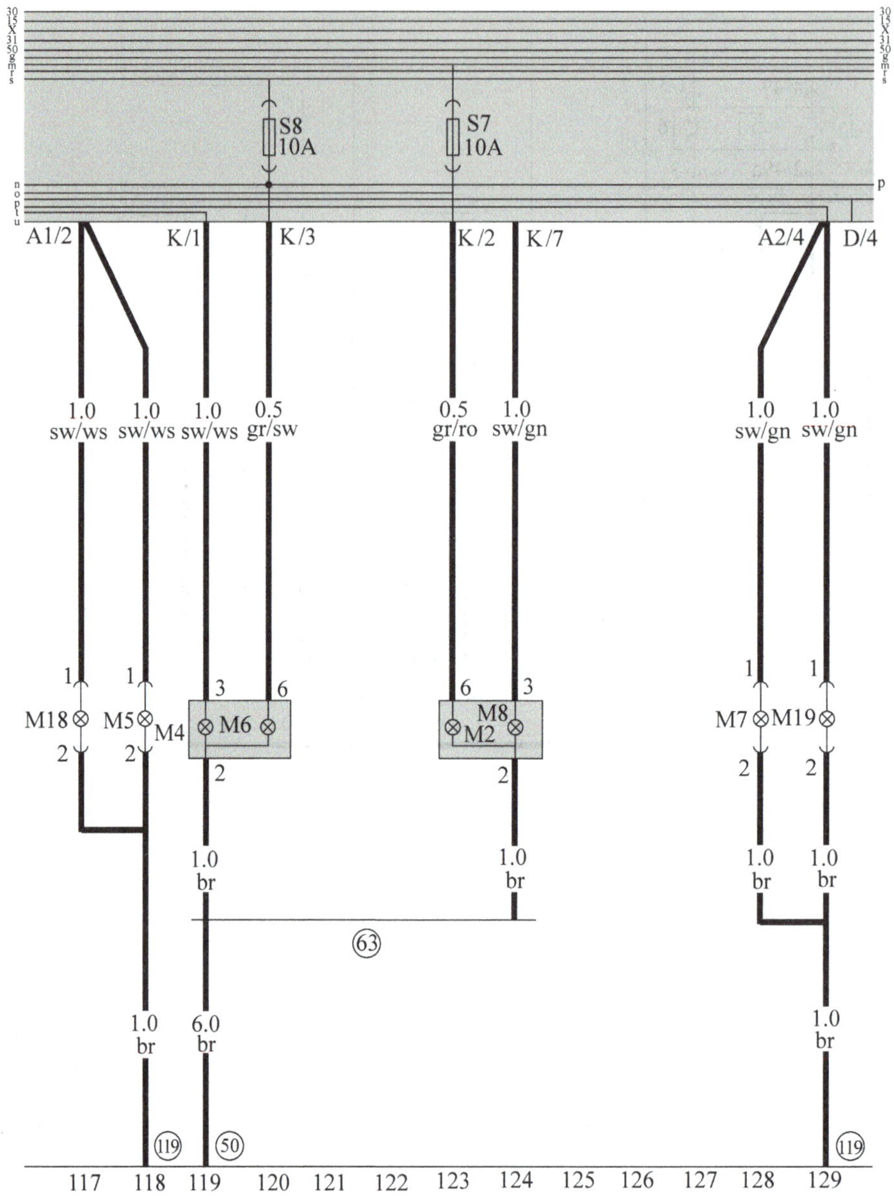

ws = 白色
sw = 黑色
ro = 红色
br = 棕色
gn = 绿色
bl = 蓝色
gr = 灰色
li = 紫色
ge = 黄色

M2 — 右尾灯
M4 — 左尾灯
M5 – 左前转向灯
M6 — 左后转向灯
M7 — 右前转向灯
M8 — 右后转向灯
M18 — 左侧转向灯
M19 — 右侧转向灯
㊿ — 搭铁点 -行李舱锁下部
(119) — 搭铁点 -前照灯线束内
(63) — 接线点 -车身内部线束内

车灯开关,制动灯

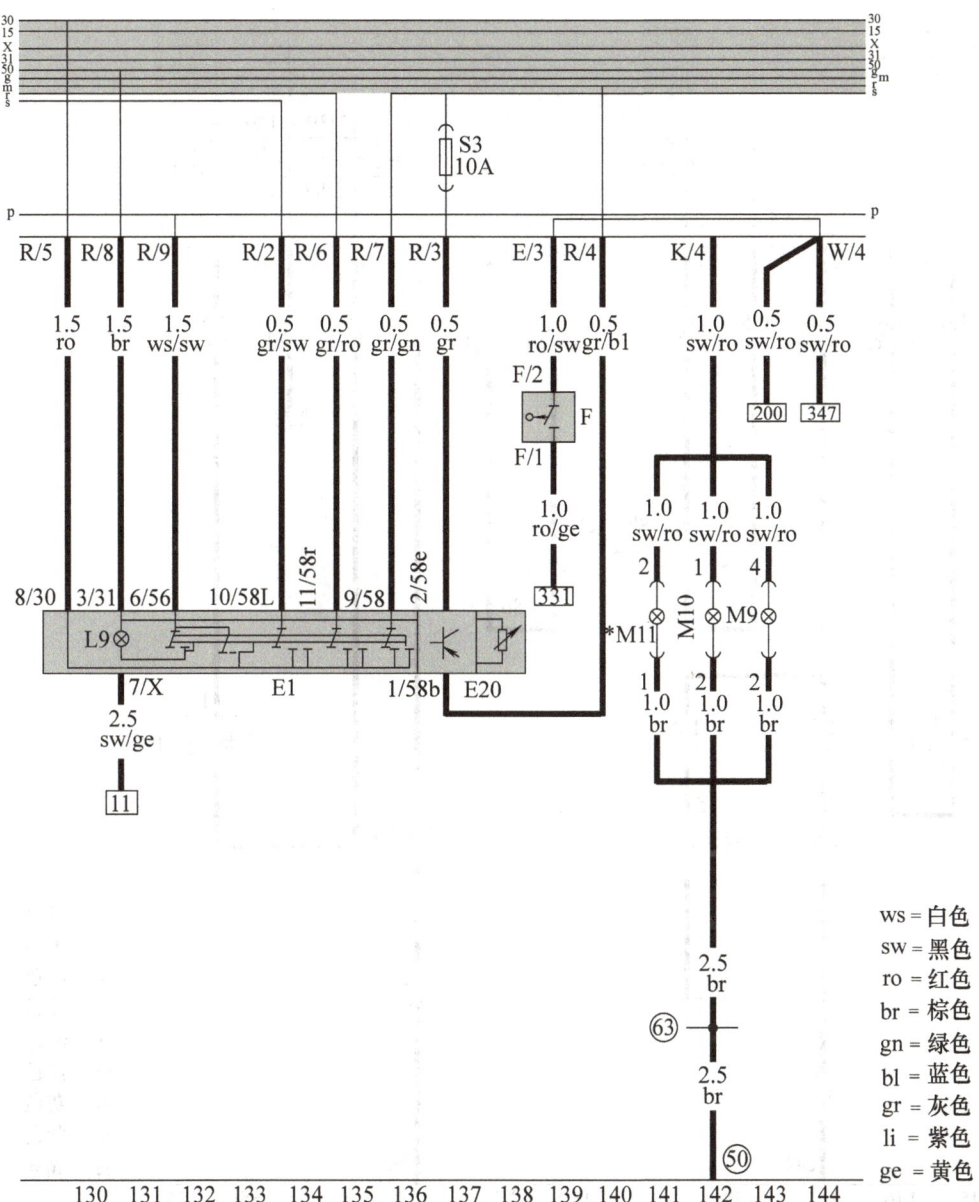

E1 — 前照灯开关
E20 — 车灯控制开关和仪表
R — 制动灯开关
M9 — 左制动灯
M10 — 右制动灯
M11 — 高位制动灯
L9 — 车灯开关照明灯
* — 带高位制动灯的车
63 — 接线点,车身内部线束内
50 — 搭铁点,行李舱锁下部

轿车电路图(续)

笔记栏

倒车灯，后风窗加热，喇叭

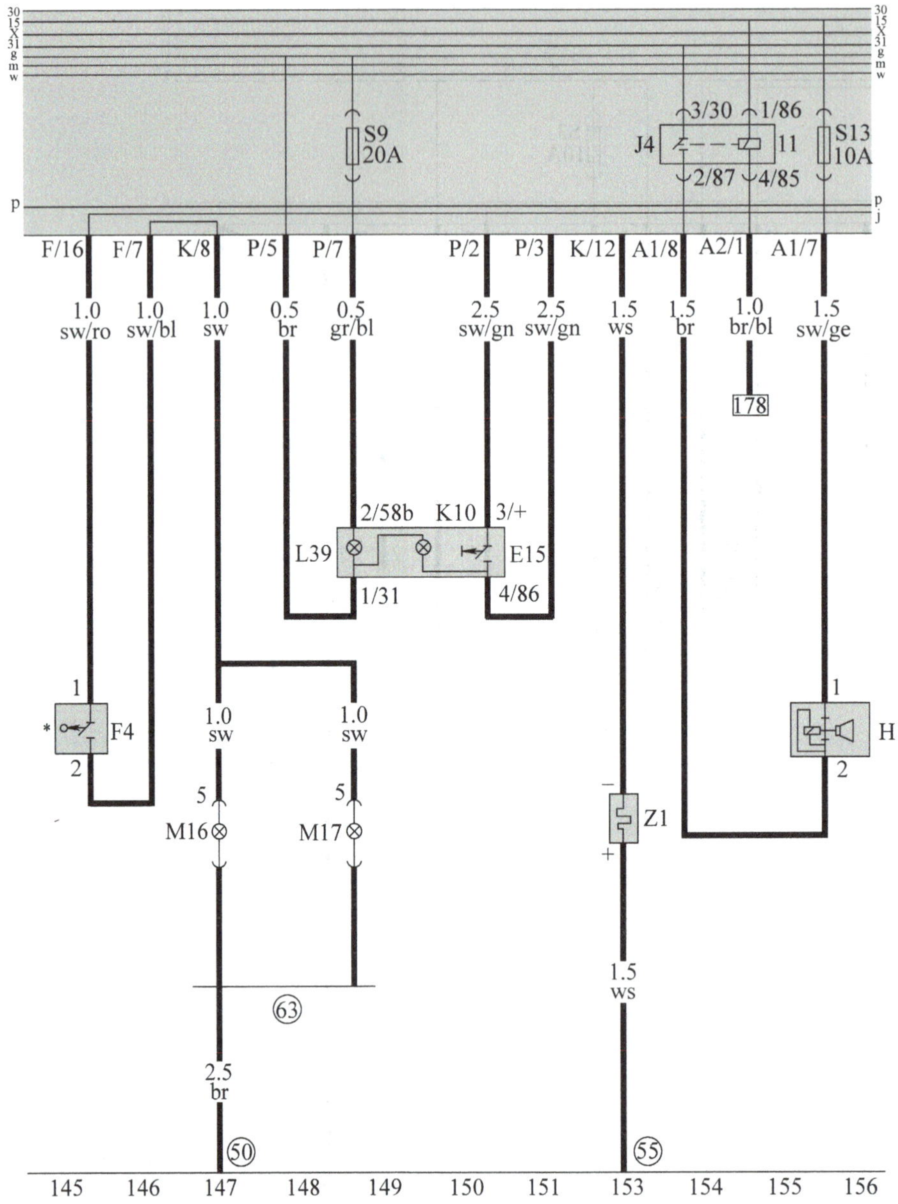

ws = 白色
sw = 黑色
ro = 红色
br = 棕色
gn = 绿色
bl = 蓝色
gr = 灰色
li = 紫色
ge = 黄色

E15 — 后风窗加热开关
F4 — 倒车灯开关
H1 — 喇叭
J4 — 喇叭继电器
K10 — 后风窗加热指示灯
L39 — 后风窗加热开关照明灯
M16 — 左倒车灯
M17 — 右倒车灯
Z1 — 后风窗加热
* — 用于手动变速器
(63) — 接线点，车身内部线束内
㊿ — 搭铁点，行李舱锁下部
(55) — 搭铁点，行李舱上部右侧

前后雾灯

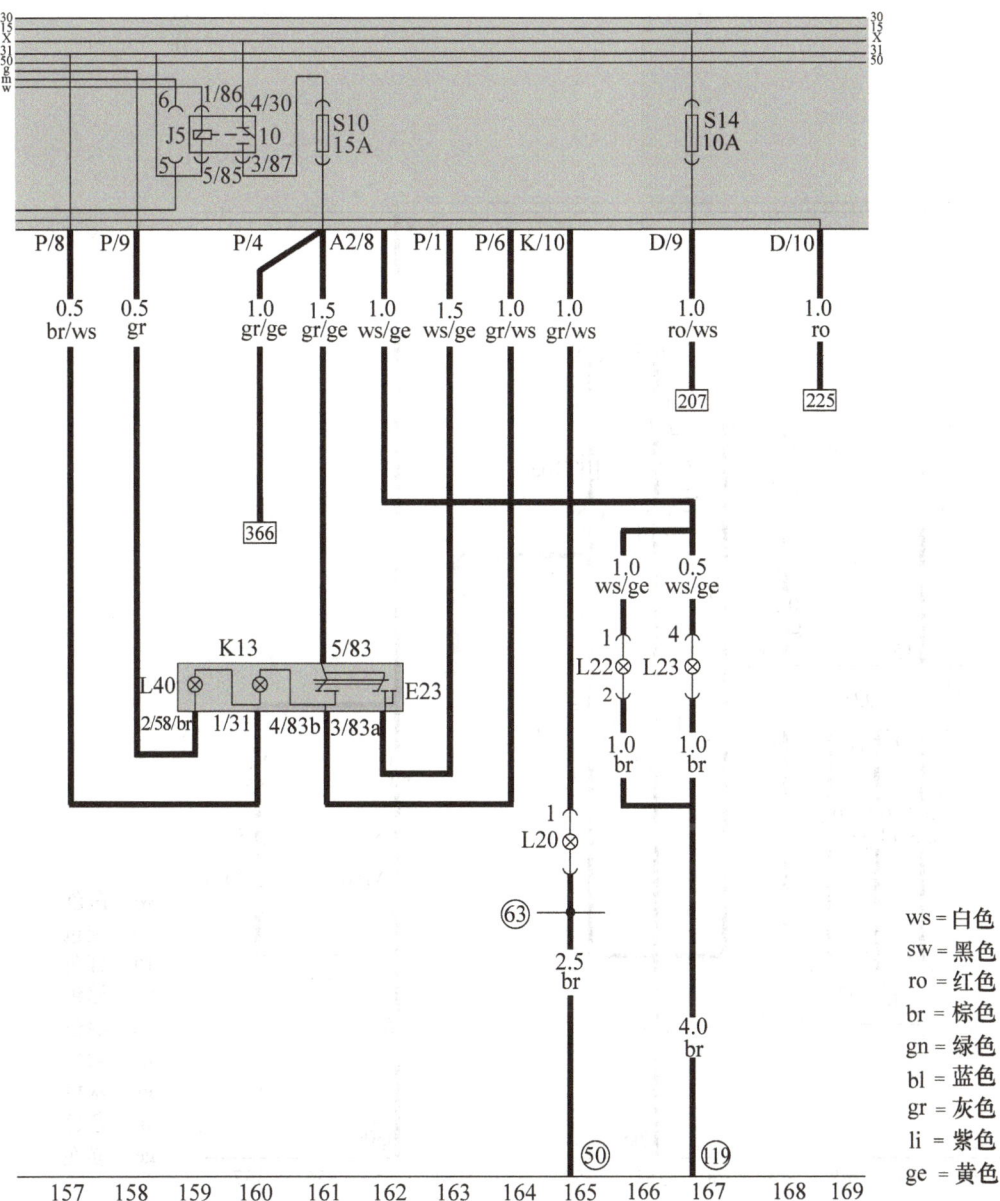

E23—前后雾灯开关
K13—后雾灯指示器
L40—前后雾灯开关照明灯
J5 —雾灯继电器
L20—后雾灯

L22—左前雾灯
L23—右前雾灯
⑲—搭铁点，前照灯线束内
㊾—搭铁点，行李舱锁下部
㊿—搭铁点，车身内部线束内

轿车电路图（续）

倒车灯，变速杆灯

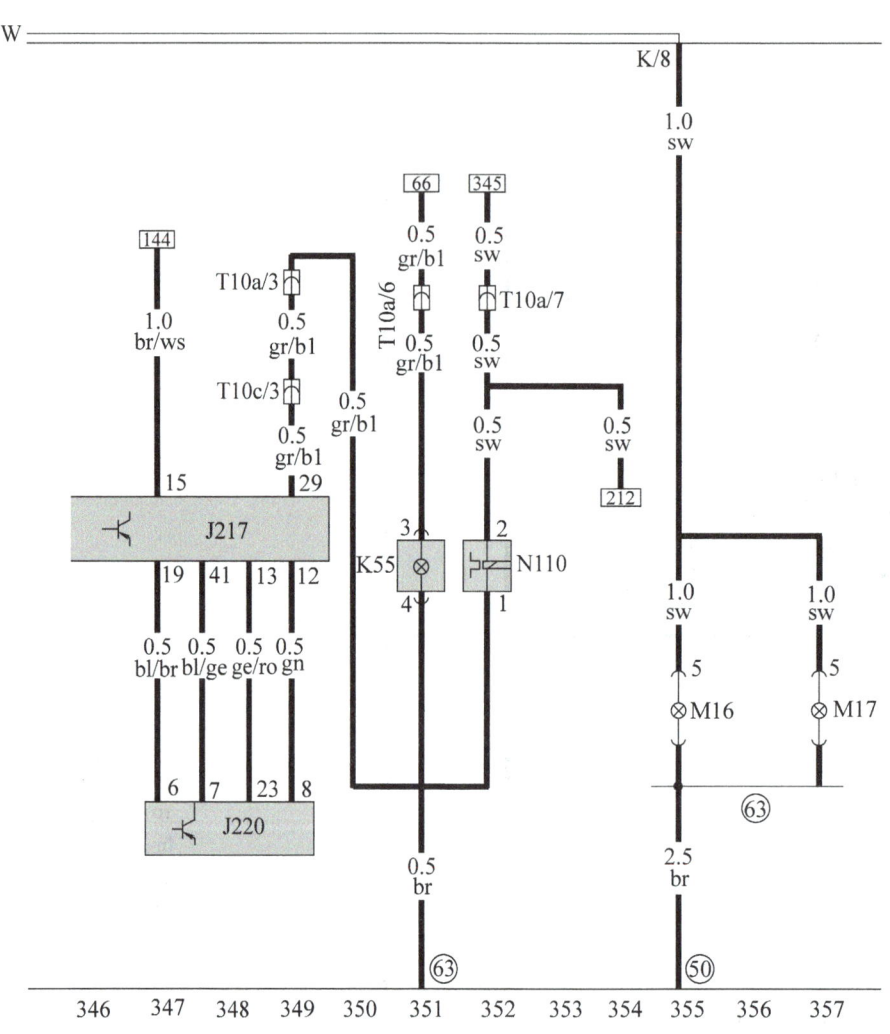

J217 — 自动变速器控制单元 T10c — 10孔插头，桔色，继电器盒上方
J220 — 发动机控制单元 T10a — 10孔插头，黑色，继电器盒上方
K55 — 变速杆灯 N110 — 变速杆锁止电磁铁
M16 — 左倒车灯 ⑥³ — 搭铁点，车身内部线束内
M17 — 右倒车灯 ⑤⁰ — 搭铁点，行李舱锁下部

附录图　捷达轿车电路图（续）

参 考 文 献

[1] 娄云. 汽车电路分析 [M]. 北京：机械工业出版社，2005.

[2] 于明进，于光明. 汽车电气设备构造与维修 [M]. 北京：高等教育出版社，2008.

[3] 扈佩玲，林冶平. 汽车电气设备构造与维修 [M]. 北京：机械工业出版社，2009.

[4] 岑业泉. 汽车车身电控系统维修 [M]. 北京：机械工业出版社，2011.

[5] 张明国，游光师. 汽车电气设备与维修 [M]. 北京：机械工业出版社，2012.